Gulliver Taschenbuch 5509

*Für Marion und Michael*

*Gabriele Osthoff-Münnix* studierte Philosophie, Mathematik und Pädagogik und ist heute Dozentin für Philosophie am Institut für Lehrerfortbildung Mülheim/Ruhr sowie Lehrbeauftragte der Universität Innsbruck.

Gabriele Münnix

# Anderwelten
Eine fabelhafte Einführung
ins Philosophieren

*Mit einem Vorwort
von Vittorio Hösle*

*Bilder von M. C. Escher*

www.beltz.de
Gulliver Taschenbuch 5509
Originalausgabe
© 2001 Beltz Verlag, Weinheim und Basel
Programm Beltz & Gelberg, Weinheim
Alle Rechte vorbehalten
Bildnachweis auf Seite 296
Einbandgestaltung von Max Bartholl
unter Verwendung einer Lithographie von M. C. Eischer
Lektorat Gabriele Leja
Gesetzt nach der neuen Rechtschreibung
Satz: H & G Herstellung, Hamburg
Druck und Bindung: Druckhaus Beltz, 69494 Hemsbach
Printed in Germany
ISBN 3 407 75509 0
2 3 4 5 6  06 05 04 03 02

Philosophie heißt in Wahrheit, von neuem lernen, die Welt zu sehen, und insofern kann eine schlichte Erzählung – erzählte Geschichte – ebenso »tief« die Welt bedeuten wie eine philosophische Abhandlung.

*Maurice Merleau – Ponty*

# Inhalt

# Vorwort

Dass Kinder nicht philosophieren können, ja der Philosophie ge-
fälligst aus dem Wege gehen sollten, um nicht auf dumme, ihrem
Wesen unangemessene Gedanken zu kommen, ist eines der Vorurteile, dessen Überwindung der Bewegung der so genannten
Kinderphilosophie zur Ehre gereicht. Nicht nur hat diese Bewegung Bücher hervorgebracht, die zahllosen Jugendlichen Mut
gemacht haben, ihre wesentlichsten Fragen ernst zu nehmen –
Gabriele Münnix ist selbst Autorin dreier solcher, bei Klett er-
schienener Werke –. Die Kinderphilosophie, bei der Philosophen,
Psychologen und Pädagogen zusammenwirken, hat auch die
gedankliche Arbeit von Kindern und Jugendlichen studiert, be-
zeugt und gefördert.

Das vorliegende Buch integriert philosophische Fabeln in eine
Rahmengeschichte, die durch ihre Komplexität fesselt, denn am
Ende erscheint die Rahmenhandlung selbst eingebaut in einen
Traum, der gewissermaßen die Ferien antizipiert, die die beiden
jungen Helden, Phil und Feli, bei den Großeltern erleben. Aber
auch abgesehen von dieser überraschenden Volte besticht die
Spannung zwischen der drei Generationen übergreifenden Fa-
miliengeschichte und den geistigen Abenteuern, die eine Entdeckung auf dem Speicher des großelterlichen Hauses auslöst.
Das Stöbern auf den Speicher erinnert an C.S.Lewis, der auch
genannt wird, und doch ist Münnix' Geschichte durch und durch
realistisch. Die Beziehungen innerhalb der Großfamilie – zwischen den Paaren und über die Generationen hinweg, nicht zu

vergessen zwischen den Cousins – sind humorvoll und sympathisch gezeichnet. Besonders wichtig ist die Einsicht, dass die Zwillinge zum Teil deshalb so schrecklich sind, weil man sie für schrecklich hält. Ein interessantes Rätsel spielt eine wichtige Rolle, nicht minder dienen Eschers faszinierend reflexive Bilder immer wieder als Inspirationsquelle. Den roten Faden bilden aber die Fabeln, in denen die Differenz von Mensch und Tier immer wieder Anlass zu Überlegungen über Perspektivität gibt – ein Thema, über das Gabriele Münnix auch theoretisch gearbeitet hat. Aber das ist nur eines der Probleme, die in den Fabeln auftauchen, die die Kinder dazu einladen, ihren ganz persönlichen Zugang zu den großen Fragen zu suchen. Antworten werden nicht vorgegeben, auch wenn klar ist, dass Münnix den abstrakten Rationalismus ablehnt und nach einer Synthese von Vernunft und Emotionen sucht.

Und eben aus einer solchen Synthese erwächst ihr Buch, dem ich von Herzen Glück bei vielen jungen und vielleicht auch erwachsenen Lesern wünsche!

Vittorio Hösle, University of Notre Dame, Indiana

# 1. Im Auto unterwegs

»Feria, feriae – freie Zeit«, murmelte Phil vor sich hin. Er war vierzehn und hatte schon Latein, und es überraschte ihn immer wieder, wie viele alltägliche Wörter in der deutschen Sprache von den alten Römern stammten. Die Ferien hatten begonnen, und er saß mit seiner Schwester Feli auf dem Rücksitz des Wagens, der sie zu den Großeltern bringen sollte.

Feli war zehn und wies aufgeregt auf die Straße, die vor ihnen lag. »Sieh mal, dahinten ist die Straße nass! Und immer, wenn wir hinkommen, ist sie trocken, und es ist weiter hinten nass. Ich beobachte das jetzt schon eine ganze Zeit! Kann das so schnell trocknen?«

»Es ist eben nicht alles so, wie es scheint«, antwortete ihre Mutter zerstreut. »Das ist eine Luftspiegelung und sieht für uns nur wie Wasser aus.« Laura saß am Steuer und konzentrierte sich auf den Verkehr. »Es liegt an unserem Blickwinkel«, fügte sie noch hinzu. »Von woanders sähe es anders aus.«

Komisch, dachte Feli. Es gab Dinge, die waren anders, als sie aussahen. Und woher konnte man dann wissen, was richtig war? Diese Ferien waren besondere Ferien, dachte Phil. Ob es wohl langweilig werden würde? Oma und Opa hatten keinen Fernseher! Die Landschaft flog vorbei und wurde ländlicher. Immer mehr Bäume säumten die Straße. Schließlich fuhren sie in den Schwarzwald. Bisher war es zwar bei den Großeltern nie langweilig gewesen. Meistens waren sie zu Ostern oder im Herbst dort zu Besuch. Und natürlich zu Weihnachten, wenn es dort wie in einem weißen Märchenwald aussah. Aber dieses Mal

sollten sie mehr als einen Monat bleiben! Die ganzen Sommerferien!

Oft hatten Lutz und Laura, die Eltern von Phil und Feli, im Sommer ein Haus in Frankreich gemietet – meistens in der Nähe vom
Meer – und man konnte schwimmen, Sandburgen bauen, Muscheln suchen, mit den Rädern unterwegs sein und über Märkte
stromern. Oder einfach Wind und Sonne genießen.

Doch in diesem Jahr war alles anders. Lutz musste ins Krankenhaus und sich am Rücken operieren lassen. Dabei war er selber
Arzt! Für Phil war das ein Schock.

Krank – das waren immer nur die anderen; und sein Vater
konnte sie wieder gesund machen. Doch nun war Lutz selber
krank und musste in eine Klinik. Es war eine Spezialklinik in
der Nachbarstadt. Damit Laura genug Zeit hatte, ihn im Krankenhaus zu besuchen, kamen Phil und Feli für die Sommerferien
zu den Großeltern.

Phil und Anne – Phil war nach seinem Großvater genannt worden – waren nun beide im Ruhestand und freuten sich wie immer
riesig auf den Besuch ihrer Enkelkinder.

Sie hatten ein großes Haus mit viel Platz, denn ihre Kinder hatten
nun selber Familien. Aber für Besuch stand es immer offen. Und
besonders gern hatten die beiden Familienbesuch.

Würde es langweilig werden?, fragte sich Phil wieder insgeheim. Er wusste, das lag eigentlich nur bei ihm. Immerhin
war das Haus voller Bücher – für den Fall schlechten Wetters –
und es gab einen großen Garten und einen kleinen Wald in der
Nähe. Und alte Fahrräder! Anne und der »große« Phil – so
nannte Oma ihn, wenn auch der »kleine Phil« da war, damit sie
wussten, wer gemeint war – wohnten nämlich am Rande eines
kleinen Schwarzwalddorfes. Der große Phil hatte gewollt, dass
seine Kinder auf dem Land aufwuchsen und eine Beziehung zur

Natur entwickelten. Und doch waren sie dann beide in die Stadt gezogen.

Und so hatten Phil und Feli ihre Freunde in der Stadt und nicht auf dem Land. Doch nun waren alle sowieso in den Ferien. Und sie saßen im Auto.

»Auto«, das heißt »selbst«, das wusste Phil.

»Weshalb heißt das Auto eigentlich Auto?«, fragte er seine Mutter. »Wir fahren doch gar nicht selbst!«

»Sicher fahre ich selbst!«, sagte Laura und strich sich über ihr dunkles Haar. »Oder glaubst du, dass mich jemand fernsteuert?«

»Aber wir brauchen doch Benzin und der Motor muss funktionieren, damit so ein schweres Auto überhaupt von der Stelle kommt!«

»Ach so«, meinte Laura zerstreut. »Sicher hast du Recht. So viel mache ich ja gar nicht selbst, das stimmt ja eigentlich. Ich muss mich eben darauf verlassen, dass alles funktioniert. Bloß von ganz allein, also ohne mich, könnte das Auto ja auch nicht fahren! Aber es heißt wohl doch zu Unrecht Auto.«

»Und wieso hat es dann einen so falschen Namen?«, fragte Feli interessiert.

Laura hatte sich immer viel Zeit für ihre Kinder genommen und sich Mühe gegeben, alle ihre Fragen zu beantworten. »Ja, weshalb heißt das Auto Auto?«, fragte sie sich laut. »Früher sagte man noch Automobil, das heißt selbstbeweglich. Aber es stimmt, es bewegt sich gar nicht wirklich selber. Das können nur Menschen und Tiere, oder gibt es noch anderes?«

»Flüsse, zum Beispiel!«, rief Feli. »Oder die Wolken!«

»Also manchmal ist es schwierig, zu entscheiden, ob sich etwas selbst bewegt oder bewegt wird«, sagte Laura. »Dass ich hier im Auto sitze und zu Oma und Opa fahre, hat ja auch einen Grund.«

»Aber wieso sind die Leute auf die Idee gekommen, ›Automobil‹ zu sagen?«, fragte Feli.

Feli hieß eigentlich Felicitas, und das bedeutet »Glück«. Sie wusste, weshalb sie so hieß! »Was für ein Glück!«, hatte Lutz bei ihrer Geburt gerufen, denn er hatte sich nach Phil, der wie er blond war und braune Augen hatte, eine »kleine Laura« gewünscht. Und dieser Wunsch war in Erfüllung gegangen. Die »kleine Laura« saß auf dem Rücksitz und schaute aus dem Fenster. »Automobil, wenn es sich doch gar nicht von selbst bewegt!«, rief Feli entrüstet.

»Na ja, ich vermute, die Leute haben so gesagt, weil es nicht von Pferden gezogen werden musste wie die Kutschen, die man bis dahin kannte«, sagte Laura.

»Ha, stellt euch mal vor jedem Auto zwei Pferde vor!«, lachte Feli, denn diese Vorstellung fand sie komisch. Sie hatte eine lebhafte Phantasie. »Dann hätten wir nicht nur Autostaus, sondern auch Pferdestaus. Und Lastwagen brauchten vielleicht zehn Pferde, weil sie so schwer sind. Aber sie kämen vielleicht besser die Steigungen hoch! Die Pferde müsste man füttern und tränken, es müsste also statt Tankstellen mit Benzin Pferdeauffüllstellen mit Heu und Wasser geben. Und es gäbe bessere Luft!«

»Aber wir würden viel länger bis zu Opa und Oma brauchen!«, sagte Phil. »Ein Pferd kann bestimmt nicht mit hundertzwanzig Stundenkilometern über die Autobahn rasen. Wie schnell sind Pferde eigentlich, Laura?«, fragte er.

»Jedenfalls langsamer als wir jetzt«, antwortete Laura, weil sie die genaue Antwort nicht wusste. »Wir kämen nicht schneller, aber vielleicht besser voran.«

Doch nach einer Weile setzte sie hinzu: »Aber ich bin trotzdem froh, dass es Autos gibt. In einer halben Stunde bin ich von uns aus in Papas Krankenhaus und in knapp einer Stunde bei den

Großeltern. Manchmal scheint die Zeit zwar ganz langsam zu vergehen. Diese Strecke zieht sich auch, finde ich. Aber das scheint uns nur so.«

»Ja, wenn es interessant ist, vergeht die Zeit ganz schnell. Und bei Langeweile gehen die Stunden gar nicht vorbei«, rief Phil.

Und auch wenn man Angst hat, fügte Laura für sich selbst hinzu.

Sechs Wochen sind sechs Wochen, dachte Phil bei sich. Würden es lange oder kurze Ferien werden?

## 2. Ankunft

Der große Phil und Anne standen vor dem Haus und warteten. Laura hatte vom Auto aus angerufen und gesagt, sie seien gleich da und man solle doch schon mal die Kaffeemaschine anwerfen. Das hatte Anne sofort getan. Sie wurde gern vorgewarnt, aber den Kuchen hatte sie schon am Morgen gebacken. Sie war früher Leiterin einer Versuchsküche gewesen – zumindest seit die Kinder aus dem Gröbsten raus waren – und probierte immer noch gern neue Rezepte aus. Überall im Haus standen deshalb Schalen mit Gebäck auf kleinen Tischchen neben den Sesseln. Das fanden alle Enkelkinder natürlich wunderbar, wie auch den Plätzchenduft, der zum Haus gehörte wie die vielen Bücher. Es gab alle Arten von Büchern: über ferne Länder, über Kunst, über Forscher und Entdecker, über Musiker und Philosophen. Als die Kinder aus dem Haus waren, hatten Phil und Anne sich einen Hund angeschafft. Er hieß nicht Bello oder Ajax oder wie man Hunde sonst so nannte. Kant war ein Mops und auch so etwas wie ein Ersatzkind, um das man sich nun kümmern musste und das sie in Bewegung hielt. »Kant« hieß er, weil er immer so ernst und sorgenvoll dreinblickte, wie das ein Mops nun einmal so tut. Der große Phil war früher Philosophielehrer gewesen und der Philosoph Immanuel Kant hatte ihn immer besonders beeindruckt. Der wirkte auf Abbildungen immer so ernst, und Phil hatte sich oft gefragt, ob Kant wohl jemals gelacht hatte? Es ging immer um Pflicht und Selbstbeherrschung und um Achtung fürs Gesetz. Damit war das Sittengesetz gemeint. Gefühle schien Kant zu verachten.

Der große Phil hatte oft über diesen Philosophen nachgedacht, doch er fühlte sich eigentlich eher zu anderen Denkern hingezogen. Aber er musste noch so viel lesen!

Der große Phil war nämlich auch Stellvertreter des Schulleiters gewesen, und die viele Organisationsarbeit, die in einer großen Schule anfällt, hatte ihm weniger Zeit zum Nachdenken gelassen, als er eigentlich gewollt hätte. Er hatte immer mehr nur für andere gelesen und überlegt, was für sie sinnvoll sein könnte.

Und dazu immer dieser Zeitdruck! Ein Leben, das vom Gong und vom Stundenplan regiert wird, das alle Inhalte in 40-Minuten-Portionen aufteilt, Lehrpläne, die vorgeben, was in welcher Zeit geschafft sein musste, und ewig diese Korrekturen, die ihm für gute Zeitungen und Filme und eben auch für seine Bücher oft nicht genug Zeit ließen! Das alles hatte ihn immer mehr mit einem Gefühl der Unzufriedenheit erfüllt. Er fühlte sich zunehmend fremd, so als würde er gar nicht richtig leben. Er war im falschen Film, jedenfalls nicht mehr in seinem eigenen. Mit der Regie war er zunehmend unzufrieden gewesen.

Da er nicht ohne Humor war, hatte er bei seiner Verabschiedung verkündet, er wolle nun endlich alle die Bücher lesen, über die er so lange Jahre geredet habe. Und das wollte er tatsächlich. Er wollte sie noch gründlicher lesen und mehr Zeit haben, um für sich selbst darüber nachzudenken. Was bedeuteten diese Bücher für ihn selber? Die Zeit gut zu füllen, das schien ihm das Wichtigste, und er musste sich noch über so viel klar werden.

Seit seiner Pensionierung trug der große Phil keine Armbanduhr mehr. Er konnte die Tageszeit am Stand der Sonne ziemlich gut abschätzen, und wenn sie mal nicht schien, war das auch nicht weiter schlimm. Schließlich gab es ja die Uhr im Küchenherd. Er wollte jedenfalls nicht mehr, dass die Uhr beständig in seine Zeit hineinregierte. Das war vorbei: Er nahm sich jetzt die Zeit, die ihm nötig schien. Er hatte auch viele Bücher, die er noch gar nicht oder nur flüchtig gelesen hatte – manchmal brauchte er nur eine bestimmte Stelle – und auf die er sich nun freute. Vor den Bücherwänden, die im ganzen Haus verteilt waren, standen bequeme Sessel. Man konnte sich je nach Tageszeit günstiges Licht suchen. In einem der Sessel lag meistens Kant zusammengerollt, besonders gern, wenn in ihm eine kuschelige Decke lag, wie sie Phil gelegentlich über seine Rheumaknie legte. Kant sah immer so aus, als ob er angestrengt nachdächte, über den Kummer des Lebens im Allgemeinen und die böse Welt im Besonderen. Dabei hatte er es wirklich gut. Ein Garten war vor der Tür und Phil und Anne machten regelmäßig mit ihm Spaziergänge. Kinder im Haus erfüllten ihn allerdings mit Skepsis. Bei den beiden Alten wusste er, woran er war. Aber Kinder kamen auf allerhand komische Ideen. Es drehte sich dann alles um sie und er konnte nicht mehr den Pascha spielen. Andererseits aber gab es immerhin mal etwas Abwechslung. Als das Auto vor dem Haus hielt, lief er nach draußen und wedelte mit seinem Kringelschwanz.

Die Kinder kletterten aus dem Auto und wurden von Phil und Anne in den Arm genommen.

»Lasst das Gepäck doch erst mal im Auto«, sagte der große Phil und umarmte Laura.

»Und kommt erst mal rein«, fügte Anne hinzu. »Der Kaffee ist fertig. Wie geht es Lutz?«

Und sie gingen in die Wohnküche. Das war ein heller großer Raum zu ebener Erde, mit einem großen alten Holztisch in einer Nische, um den auf drei Seiten gemütliche Bänke standen. Die Tür zum Garten stand offen und Kant kam hereingelaufen. In der Mitte des Tisches stand eine Vase mit Gartenblumen und auf einer Kuchenplatte ein gefüllter Streuselkuchen. Sicher hatte Anne wieder was Neues ausprobiert.

Laura ließ sich müde nieder. »Du hast ja eine neue Kaffeemaschine«, bemerkte sie sofort.

»Ja«, sagte Anne. »Feli hat doch neulich Milch in die alte gegossen, weil sie dachte, dann kommt sofort Milchkaffee raus, und da hat sie eben Verdauungsprobleme bekommen und ihren Geist aufgegeben.«

»Wer, Feli?«, fragte der große Phil und schob seine Lesebrille auf die Stirn.

»Nein, die Kaffeemaschine natürlich!«, lachte Anne.

»Aber eine Maschine hat doch gar keinen Geist!«, protestierte der kleine Phil sofort. »Na ja, das sagt man doch so«, sagte Anne. »Jedenfalls ist ihr das nicht bekommen.«

»Aber von Maschinen kann man doch nicht so reden, als wären es Menschen!«, sagte Phil.

Der große Phil brummte dazwischen: »Na, so lange man Menschen nicht so behandelt, als seien sie Maschinen ...«

»Mama tut das auch mit ihrem Computer, wenn er 'ne Macke hat!«, fuhr der kleine Phil fort. »›Jetzt spinnt er schon wieder!‹, sagt sie dann schon mal.« Laura programmierte Internetseiten und machte die Abrechnungen für Lutz, eine Arbeit, die sie immer unterbrechen konnte, wenn ihre Kinder sie brauchten.

»Ja, so ist das eben, wenn man eine enge Beziehung zu einer

Maschine aufbaut«, meinte Anne verschmitzt. »Also ich könnte euch da Sachen von meinem Herd erzählen …«

»Jetzt wird erst mal gegessen«, sagte der große Phil. »Ich durfte die ganze Zeit nicht von dem Kuchen probieren, und das bei diesem herrlichen Duft im Haus! Ich werde nicht von Gerüchen satt wie Till Eulenspiegel!« Und er dachte: Wieso erfüllt so ein Duft einen eigentlich so mit Wohlgefühl? Ist das Erinnerung an frühere Kuchen? Vorfreude? Was passiert im Kopf? Schade, dass man nicht reinsehen kann … Aber vermutlich würde man gar nichts sehen. Ist der Duft eigentlich für uns alle derselbe? Riecht Anne das Gleiche wie ich? Hunde können doch besser riechen als Menschen. Ist der Kuchenduft für Kant anders als für uns? Braucht er andere Gerüche, um sich wohl zu fühlen? Gibt es eigentlich einen Philosophen, der über Gerüche schreibt? Es gab einen Philosophen, der über Zahnschmerzen und Farbempfindungen geschrieben hatte, von denen wir auch nie wissen können, wie sie für andere sind. Aber Gerüche? Sind wir auch damit allein? Worüber man nicht reden kann, darüber muss man schweigen … Und laut sagte er: »Seht mal, Kant will wohl auch Kuchen. Oder will er nur bei uns sein? Ihr gebt ihm besser ein Stück Hundekuchen, sonst wird er noch zu fett.«

Anne schenkte den Kaffee ein. Die Erwachsenen bekamen Kaffee mit Milch, die Kinder wie immer warme Milch mit etwas Kaffee. Je älter man wurde, desto mehr Kaffee durfte es sein, das war eine ungeschriebene Regel.

»Ab wann ist eigentlich Kaffeemilch Milchkaffee?«, fragte Feli interessiert und rührte mit dem Finger in ihrer Kaffeemilch.

»Deine Tochter stellt vielleicht Fragen«, sagte Anne zu Laura, und weil Feli keine Antwort zu erwarten schien, schnitt sie den Kuchen an. »Und wie waren die Zeugnisse?«

»Na ja, eigentlich ganz gut«, sagte der kleine Phil und war schon mit den Gedanken woanders. »Aber nun haben wir ja Ferien. Habt ihr noch die alten Fahrräder im Schuppen?«

»Ja, und im Garten gibt es auch schon die ersten Kirschen«, sagte Anne. »Ihr werdet euch schon nicht langweilen. Kant ist da, und auf dem Speicher gibt es noch ein Puppenhaus und eine alte Truhe mit Faschingskostümen, und auch allerhand altes Spielzeug von eurem Vater. Und in zwei Wochen kommt Tante Sophia mit ihren Zwillingen zu Besuch. Feli schläft übrigens in Sophias altem Zimmer, da sind auch noch viele Kinderbücher. Und Phil geht in das alte Zimmer von Lutz. Das Fenster geht direkt in den Birnbaum. Es sind zwar in beiden Zimmern Etagenbetten, aber so hat jeder sein eigenes Reich.«

Lutz und Sophia hatten früher oft Freunde zum Übernachten einladen dürfen und so war nun viel Platz für Logierbesuch.

»Dann bringt mal euer Gepäck hoch«, sagte Laura und reichte Feli den Autoschlüssel. »Ich hoffe, die beiden strapazieren deine Waschmaschine nicht allzu sehr«, seufzte sie.

»Kinder müssen sich auch mal schmutzig machen dürfen«, sagte Anne. »Keine Angst, ich werde sicher nicht dauernd waschen und bügeln.«

»Sonst gibt die Waschmaschine auch noch den Geist auf!«, rief der kleine Phil fröhlich über die Schulter zurück.

## 3. Verwandlungen

Laura war noch am Abend in die Stadt zurückgefahren. Man war ja nicht »aus der Welt«, wie man seltsamerweise sagte, denn natürlich sind ja alle Menschen aus der Welt. Die Sprache war schon manchmal komisch! Sie würden täglich telefonieren.

Anne war nervös und unruhig, sie machte sich Sorgen um ihren Sohn. Und wie immer konnte sie sich am besten mit Backen ablenken; denn sie durfte ihre Sorgen nicht zeigen, um die Kinder nicht zu beunruhigen.

Als Feli am nächsten Morgen in ihrem Etagenbett erwachte – sie hatte beschlossen, abwechselnd oben und unten zu schlafen –, war die Sonne schon hoch am Himmel. Feli hatte absichtlich keinen Wecker mitgenommen. Das waren schließlich Ferien! Sie ging ins Bad, schlüpfte aus ihrem Nachthemd und begann eine Katzenwäsche. Schnell in Jeans und T-Shirt hinein! Sie machte sich einen Pferdeschwanz, weil sie sich so erwachsener fand. Wo waren doch nur die Turnschuhe? Ob sie mal Omas Lippenstift ausprobierte? Oma hatte immer so braunrosa Farben, ganz im Gegensatz zu ihrer Mutter, die leuchtende Rottöne liebte. Wieso hatte nur jede Frau eine andere Art, sich zu schminken? Na ja, besser, als wenn wir alle gleich aussehen, dachte Feli und probierte Omas Lippenstifte aus. Und da entdeckte sie Omas Haarfärbemittel. Komisch, sie hatte noch nie darüber nachgedacht, ob Omas braune Haarfarbe echt war. Viele Dinge sind anders, als sie scheinen, hatte Laura gesagt! Oma wollte jünger aussehen, das war klar. Wahrscheinlich hatte sie inzwischen graue Haare und keiner wusste es! Und sie selbst wollte älter aussehen, als sie war. Das Leben war schon seltsam. Niemals wollte man so sein, wie man gerade war. Oder galt das nur für Frauen?

Feli ging in die Küche hinunter und fand die beiden Phils am Küchentisch. Anne hatte Kipfel gebacken und selbst gemachte Marmelade dazugestellt. Feli machte sich etwas Milch warm und tat Honig hinein. Tannenhonig! Den gab es so gut nur hier, im Schwarzwald.

»Na, ausgeschlafen?«, fragte Anne und räumte die Spülmaschine ein.

Der »kleine Phil« hatte ein Problem. »Eigentlich stimmt das mit unseren Namen nicht mehr«, sagte er zu seinem Großvater. »Ich bin jetzt fast so groß wie du, Opa. Sollen wir uns nicht umbenennen? Schließlich bin ich nicht mehr klein! Vielleicht sollten wir sagen der ›junge‹ und der ›alte‹ Phil?«

Der große Phil zuckte zusammen. Alt war er noch lange nicht! »Ja, aber Alter ist genauso relativ wie Größe«, sagte er laut. »Du wirst auch älter, nicht nur ich!«

»Ja, aber ich kann dich mit dem Alter nicht einholen wie mit der Größe!«, entgegnete der kleine Phil. »Da wird immer ein Unterschied bleiben!«

»Ach, weißt du«, sagte der große Phil, »es ist schon so eine Sache mit dem Alter! Anne bleibt für mich immer ein junges Mädchen, was sie für dich natürlich nie war. Und manche jungen Leute sind immer schon steif und uralt gewesen, und viele Alte bleiben so lange jung, dass ich überhaupt nicht mehr weiß, was Alter ist.«

»Dann machen wir es eben wie die Römer. Die haben ihre Kinder immer durchnummeriert. Du könntest Philippus primus sein, der Erste, und ich wäre eben secundus, der Zweite.«

»Aber mein Großvater hieß auch schon Philipp«, meinte der große Phil zögernd, »also müsste der eigentlich der ›Erste‹ sein! Und sicher hat es vor ihm auch noch welche gegeben.«

»Na gut, dann sind wir eben senior und junior!«, rief der Enkel.

»Der Ältere und der Jüngere! Ja, damit kann ich leben«, sagte der Großvater zustimmend.

Feli ging an ihnen vorbei, nahm sich ein Hörnchen und kaute vergnügt. »Ihr habt vielleicht Probleme!«, murmelte sie.

Anne stand neben dem Herd und rollte einen Hefeteig aus. Mittags sollte es Pizza geben und der Teig musste noch gehen. Dann durfte sich jeder sein Viertel des Backblechs so belegen, wie er wollte. Das hatten ihre Kinder schon immer gern gemocht.

Feli ging ins Wohnzimmer und entdeckte Kant schnarchend in einem Ohrensessel.

»Na, noch nicht ausgeschlafen, Kant«, rief sie munter, worauf Kant müde ein Auge öffnete und ein Ohr aufstellte. Sie ging an ihm vorbei und zur offenen Terrassentür. Wie sich der Garten verändert hat, dachte sie erstaunt und ging hinaus. Das letzte Mal waren sie an Ostern zu Besuch gewesen. Die Enkelkinder durften wie immer im Garten Ostereier suchen; und damals waren die Sträucher und Bäume gerade erst in Knospen. Nur die Forsythien standen schon in Blüte und ein paar Primeln und Narzissen.

Und nun schien der Garten ein völlig anderer – wieder anders als im Herbst und zu Weihnachten. Es war alles so grün! Und wundervolle Rosen gab es! Die Baumblüte war vorbei, es gab schon Kirschen und Pflaumen und bald auch die ersten Äpfel und Birnen … Und dann gab es Sonnenblumen und herrlich duftende Dahlien in Weiß und Rosa.

Feli war begeistert und lief zu der Schaukel, die an einem Ast des Birnbaums befestigt war. Es war alles so anders!

Und plötzlich wurde auch Kant ein anderer. Wie der Blitz schoss er aus der Terrassentür und jagte durch den Garten. Phil senior trat in den Garten und lachte.

»Da wird er wohl eine Fährte aufgenommen haben, ein Kaninchen, schätze ich«, sagte er belustigt.

Gemeinsam folgten sie Kant bis in den hintersten Winkel des Gartens, wo dieser an einen kleinen Bach grenzte. Kant lief am Ufer des Baches hin und her und bellte.

So eine kleine Jagd dann und wann war doch eine Freude! Und

er freute sich auch, als Feli einen Tennisball warf, und stürzte sich hinterher. Dabei war er sonst doch immer so eigenwillig!

Bis zum Mittagessen tobten sie mit Kant im Garten herum, bis Pizzaduft sie in die Küche lockte. Auf dem Herd brutzelten frisch geputzte Pilze in einer Pfanne, und Feli beobachtete interessiert, wie sie sich in der Hitze veränderten. Sie wurden dunkler und fielen etwas zusammen. Und natürlich schmeckten sie anders, besser!

Und auch der Pizzakäse hatte sich verwandelt! Er war gehobelt gewesen, und nun, so konnte man durch das Sichtfenster des Herdes sehen, veränderte er seine Form und Farbe, lief ineinander und warf schließlich Blasen. Und dieser Duft! Der war vorher auch anders, man konnte noch gar nicht von Duft reden, höchstens von Geruch.

»Ist es überhaupt noch der gleiche Käse?«, fragte sie Anne.

»Na, du bist ja auch noch die gleiche Feli«, sagte Anne vergnügt.

»Auch mit meinem Lippenstift! Und du veränderst dich ja auch! Deine Haare wachsen, deine Nägel, du wirst größer oder wie ich wieder etwas kleiner, du wirst dicker oder dünner und bleibst doch immer der, der du bist!«

»Die!«, sagte Feli, und als Oma verständnislos guckte, sagte sie: »Die, die du bist! Ich bin eine Die!«

»Ach so, ja natürlich, du hast völlig Recht!«, entgegnete Anne.

»Und stell dir mal vor, sogar deine Seele kann sich verändern, du kannst trauriger werden oder alberner – das gibt es auch im Alter, stell dir mal vor – und du bleibst immer noch dieselbe. Es ist eben alles in dir. Als Möglichkeit, meine ich. Du bleibst du.«

»Wieso eigentlich?«, fragte Feli sich.

»Natürlich hast du noch etwas andere Möglichkeiten als Pizzakäse«, sagte Anne.

Doch Feli ließ nicht locker. »Ich meine doch: Wieso bin ich immer ich?«, fragte sie. »Wenn ich doch immer auch anders sein kann! Und so viel in mir habe. Oder bin das dann etwa auch ich? Und weshalb?«


## 4. Der große Phil


Das Mittagessen war vorüber. Die Kinder hatten den Schuppen inspiziert. Es stand viel Werkzeug darin herum, ein Rasenmäher, Gartengeräte, ein alter Gartentisch und Stühle, und von der Decke hingen kopfüber ein paar Fledermäuse und hielten ihren Tagesschlaf. Und da standen auch die alten Fahrräder von Oma und Opa und die Jugendräder von Lutz und Sophia. Sie waren zwar etwas rostig geworden, aber noch funktionsfähig, und so hatten sich die Geschwister mit den Rädern auf den Weg ins Dorf gemacht. »Das Terrain sondieren« nannte Phil junior das. Er tat das auch jedes Mal in Frankreich, wenn sie ein neues Ferienhaus bezogen hatten. Nur dass er das Dorf hier schon kannte. Aber es konnte sich ja etwas verändert haben!

Phil senior saß mit einem Buch in einem Ohrensessel und blickte durch die halb offene Terrassentür nach draußen. Die Natur war seine Kraftquelle, ging es ihm durch den Kopf. Nur so hatte er seinen Beruf, den er sehr geliebt hatte, unbeschadet überstehen können. Und auch die Philosophie hatte ihm geholfen.

Es gab so viel, worüber er nachzudenken hatte. So viele Bücher, die er sich für diesen Monat vorgenommen hatte. Für die Volkshochschule der nahen Kleinstadt musste er manchmal noch Vorträge halten, aber er sagte nur noch solche Themen zu, die ihn selber interessierten.

Was für eine Bedeutung hatte doch die Philosophie für das praktische Leben! Wie spiegelte sie die geistige Situation ihrer Zeit! Er hatte über vieles seine eigenen Ideen und freute sich, wenn er mit anderen darüber reden konnte.

Immer mit der Ruhe, sagte er sich. Das war einer seiner Leitsprüche, der ihm durch viele Zeiten starker nervlicher Beanspruchung geholfen hatte. Das war auch der Grund, weshalb Lucius Annaeus Seneca einer seiner Lieblingsphilosophen war. Sein ältester Sohn hatte deshalb den Namen Lutz erhalten.

Seneca konnte einem nicht nur helfen, Gemütsruhe zu erlangen, sondern hatte auch Gutes »über das glückliche Leben« geschrieben und konnte einem für das eigene Leben etwas sagen! Kaum zu glauben, dass diese Sätze vor fast 2000 Jahren geschrieben worden waren, so überraschend aktuell waren sie:

›Vor nichts also muss man sich mehr hüten, als dass man wie das Herdenvieh den Vorangehenden nachlaufe, indem man da geht, wo die Menge eben zu gehen pflegt, nicht da, wo man gehen sollte. Nichts verwickelt uns in größere Übel, als wenn wir uns nach dem Gerede der Leute richten und das für das Beste halten, was mit großem Beifall angenommen wird, … wenn wir uns nicht nach der eigenen Vernunft richten, sondern nach Vorbildern. So entsteht eine Ansammlung von Menschen, von denen immer einer über den anderen stürzt. Wie es bei einem großen Gedränge geht, wenn das Volk sich drückt …, so dass die Vorderen den Nachfolgenden zum Verderben gereichen. So kann man es im ganzen Leben beobachten: Niemand irrt für sich allein, sondern er ist auch Grund und Ursache des Irrens anderer.‹

Der große Phil ließ das Buch auf die Knie sinken und dachte über die Sätze nach, die er gerade wieder gelesen hatte. Die vielen jungen Leute kamen ihm in den Sinn, die nichts aus ihren glänzenden Möglichkeiten und Fähigkeiten machten. So viele hatte er gesehen, die irgendwann in der Pubertät anfingen, sich an der Masse zu orientieren. Sie liefen Idolen und Ideen nach, die ihnen sagten, was gerade in war, egal ob es Tattoos oder Piercings oder bestimmte Turnschuhe waren, weil sie um jeden Preis dazugehören wollten. Auch Opposition gegen alles und jedes gehörte dazu und musste keineswegs ein Zeichen eigenen Denkens sein. Davor hätte er immerhin Respekt gehabt! Er las weiter:

›Es ist schädlich, sich an die Vorhergehenden anzuschließen, und wie ein jeder lieber glauben als urteilen will, so wird besonders über das Leben niemals recht nachgedacht, sondern immer nur anderen geglaubt. Es treibt und jagt uns ein immer von einem zum anderen sich fortpflanzender Irrtum und das Vorbild anderer stürzt uns ins Verderben. Wir können gerettet werden, wenn wir uns nur vom großen Haufen losmachen. So aber steht die Menge, des eigenen Übels Verteidiger, der Vernunft entgegen.‹

Es kam also darauf an, dachte der große Phil, sich in der ganzen Hetze und Betriebsamkeit der Welt nicht wegtreiben und mitreißen zu lassen. Über die Prinzipien nachzudenken, nach denen Menschen ihr Leben aus eigener Überzeugung leben konnten. Sie durften sich nicht einfach leben lassen! Jeder musste seine eigene Haltung zum Leben finden und Boden unter den Füßen gewinnen. Jeder musste sich selber ein Bild machen und seine eigenen Überzeugungen vertreten. Doch das geschah viel zu selten. Wie viele Menschen ließen sich treiben, passten sich bloß an und bezogen ihre Meinungen aus dem Fernseher! Dabei konnte man kein Gespür für das Wesentliche bekommen. Und was das war, das musste eigentlich jeder für sich selbst entdecken. Aber wer dachte heute noch selber? Wer dachte noch über sich selbst nach?

›Aber was hilft das Fliehen? Kann man sich selbst doch nicht entfliehen; das Ich geht überall mit hin, der lästige Begleiter. Nicht an den Orten liegt der Fehler, sondern in uns selbst ...‹

Das konnte er auswendig, so oft hatte er es mit seinen Schülern besprochen. Wer war er selbst?, fragte er sich. Und war er immer er selbst?

Kant schnarchte im Sessel gegenüber. Der große Phil seufzte und wandte sich wieder seinem Buch zu. Was war das Wesentliche? In seinem Leben, das ihn immer noch und immer wieder neu faszinierte, gab es vieles, auf das er nicht hätte verzichten mögen.

Er dachte an seine eigenen Kinder und Enkel. Wie kommt es, dass man auf geheimnisvolle Art immer neue Züge von sich, ja sogar Eigenschaften seiner Eltern in seinen Kindern und Enkeln entdeckte? Von nichts kommt nichts, dachte er.

Das Leben geht immer weiter, vieles bleibt uns dunkel und verborgen, so wie manche Waldwege hier im Schwarzwald es waren. Weshalb war sein erster Sohn gestorben?

Und dann gab es immer wieder Lichtungen, die einen mit Helligkeit und purer Freude überfielen. Lichtungen im Sein! So hatte Heidegger das genannt. Martin Heidegger war ein umstrittener deutscher Philosoph gewesen, bei dem Phil noch studiert hatte, damals in Freiburg. Obwohl er politisch durchaus anders dachte, fühlte er sich ihm oft nah. Das lag wohl am Schwarzwald ... Phil dachte an seinen Vortrag, den er demnächst für die Volkshochschule halten sollte:

›Martin Heidegger, meine Damen und Herren‹, so formulierte er in Gedanken, ›wird heute viel kritisiert. Manchen von denen, die ihn noch gekannt haben, erschien er als eine skurrile, weltfremde Figur. Er liebte es, sich vom Alltagstrubel zurückzuziehen, in eine Hütte, die gar nicht weit von hier ist, wie Sie ja sicher wissen. Dort lebte er einfach und bescheiden, um besser nachdenken zu können. Er hatte sich von der Gesellschaft zurückgezogen, aber damit verlor er vielleicht etwas zu sehr an Urteilsvermögen ... Und doch hat er großen Einfluss auf die Philosophie gehabt, nicht nur auf das Denken seiner Zeit, sondern mehr noch auf spätere Denker, bis in die heutige Zeit!

Er kritisierte ein rein rationales Denken, das nie an sich zweifelt und beständig nach Gründen und Begründungen sucht, um sich zu rechtfetigen und unanangreifbar zu machen. Solches Denken vergisst das Sein, das reale Leben! Überhaupt hat sein Wort von der Seinsvergessenheit für mich eine große Bedeutung. Wir müssen über das Sein nachdenken! Und gerade darauf kam es Heidegger an. Wir müssen über das Leben nachdenken und dürfen es nicht aus dem Blick verlieren! Heidegger wollte die Menschen auf die Notwendigkeit einer richtigen »eigentlichen« Existenz aufmerksam machen. Es ist natürlich einfach, wenn jeder nur tut, was alle tun. Man muss nicht mehr nachdenken, kann die Verantwortung abgeben und hat immer eine Entschuldigung. Das »Man« bestimmt ein solches Leben: Die Menschen leben, wie *man* lebt, sie urteilen, wie *man* urteilt, und sie handeln, wie *man* handelt. Das ist zwar bequem, aber so gehen alle besonderen und individuellen Unterschiede unter.

So können wir unser Ich verlieren! Oder wir lernen uns gar nicht erst kennen, weil wir uns so sehr nach anderen richten. Wir müssen aus uns selbst heraus leben! Wir dürfen nicht zu einer anonymen Masse werden.

Wir müssen uns also sorgen, auch dies ist ein Ausdruck von Heidegger, um uns selbst und um andere, dass wir unser Leben nicht verfehlen, und das halte ich für einen wichtigen Gedanken. Auch den französischen Philosophen Sartre hat Heidegger damit beeinflusst. Sartre war der Überzeugung, dass der Mensch gar nicht anders kann, als Verantwortung für sich selbst zu übernehmen, und dass die Freiheit, mit der er sein Leben selbst entwerfen und gestalten muss, Angst machen kann. Dennoch gibt es keinen anderen Weg … Und wenn unsere Wege oft dunkel sind wie Heideggers berühmte »Holzwege« und im Dickicht blind enden – er verwendet oft Bilder, die uns Schwarzwäldern unmittelbar einsichtig sind –, so gibt es doch immer wieder »Lichtungen im Sein«, die uns mit Licht und Luft, mit Helligkeit und Freude beglücken …‹

Phil dachte an seine Familie. Lichtungen im Sein! Die glänzenden Augen seiner Frau nach der Geburt der Kinder zum Beispiel, Familienfeste, erste Schultage – diese ganze Erwartungsfreude und Offenheit für Neues hatte ihn jedes Mal berührt. Und dann gab es wieder dunkle Zeiten.

Er dachte an die schwere Krankheit seiner Frau, die sie zusammen durchgestanden hatten. Damals sah sie nicht mehr hübsch aus, so fremd, und ihre übliche Fröhlichkeit war wie weggeblasen. Es war schwierig gewesen, Anne nicht merken zu lassen, wie sehr ihn die Verwandlung entsetzte. Diese Frau hatte er nicht geheiratet! Insgeheim hatte er immer Furcht davor gehabt, wie sie sich im Alter wohl verändern würden und ob sie sich dann noch aushalten könnten. Von daher war Annes Krankheit auch eine Probe für ihre Beziehung gewesen. Zum ersten Mal war ihm die Tragweite seines Versprechens aufgegangen, in »guten wie in schlechten Zeiten« zueinander zu stehen.

Konnte man so etwas überhaupt versprechen? Worauf ließ man sich da ein? Wie hatte aber auch er selber sich verändert? Entsprach er noch dem Bild, das Anne sich von ihm gemacht hatte? Gedankenvoll strich er sich über die schütter gewordenen Haare. Ist der Mensch nicht verpflichtet, wenn das Leben lebenswert sein sollte, die Liebe wachzuhalten? Wie konnte das gehen? Damals war er so hilflos gewesen.

Gott sei Dank war Anne gesundet und hatte ihre fröhliche, optimistische Art wiedergefunden. Damals wohl hatte Lutz beschlossen, Arzt zu werden. Und nun waren Lutz und Laura selber von Krankheit betroffen. Es wiederholte sich alles!

Aber Krankheit war auch eine Chance. Man wurde sich bewusst, wie wichtig man einander war und wie kostbar das Leben war. Jedenfalls musste man sich umeinander sorgen, sonst war das Leben nicht lebenswert.

Aber er wollte keine einsame Hütte im Wald wie Heidegger und keinen Rückzug von der Welt, dann geriet man in Gefahr, die Dinge nicht mehr richtig einschätzen zu können. Er wollte genau dieses Haus mit all seinen Erinnerungen mitten im Leben. Phil sah durch die Terrassentür hinaus in den Garten. In solchen Momenten sah er Lutz und Sophia als Kinder über die Wiese tollen und Ostereier suchen.

Was war Vergangenheit und was war Gegenwart?

Die europäische Zeitvorstellung schien ihm, je älter er wurde, immer fragwürdiger: Ein Zeitpfeil wies von der Vergangenheit durch die Gegenwart in die Zukunft. Wie auf einem Maßband gab es lauter gleiche Einteilungen. Das lag nicht in der Natur der Sache, das hatten sich natürlich die Menschen ausgedacht, und es war ihm zu geradlinig. Vergangenheit und Zukunft lagen so im Dunkel, die Vergangenheit war unwiderruflich vergangen. Doch das stimmte für die Lebenszeit gar nicht! Es war nichts vergangen, es war alles immer noch da, so wie bei den Indianern die Geister der Ahnen im Großen Manitou weiterlebten, und der war überall. Und so war auch das Vergangene mitten in der Gegenwart immer noch vorhanden. So wie bei einem Baum sich immer neue Jahresringe anlagerten, ohne dass die alten inneren Ringe deshalb weniger vorhanden waren, so fühlte er sich in seinem Inneren noch oft wie ein kleiner Junge. Das war wie bei diesen russischen Holzpuppen! Unter vielen Hüllen war im Kern immer noch das kleine Kind versteckt. Und nur Anne wusste davon. Im Jetzt war doch alles Vergangene enthalten, es war immer noch da, so wie er seine Kinder immer noch lachen hören konnte. Und dann konnte er sich wundern, wenn plötzlich der große Lutz, mit genau dem gleichen Lachen und der Tolle, die er schon früher gehabt hatte, als erwachsener Mann zur Tür hereintrat. Dabei war er doch eben noch als Junge durch den Garten getobt! Oder wenn Sophia mit ihren Zwillingen anreiste. Dabei hatte sie doch eben noch mit ihrem Puppenhaus gespielt! Es war eben alles im Bewusstsein aufgehoben. Auch Anne, die für ihn auf diese Art eigentlich immer jung blieb, ihn durch alle Hochs und Tiefs begleitet hatte und ohne die er diese herrlichen Kinder und Enkel nicht gehabt hätte. Das Leben war immer noch ein wunderbares Abenteuer, dachte Phil dankbar. Aber man musste etwas dafür tun!

»Gott segne euch in euren Kindern und Enkeln«, kam ihm in den Sinn. Wo hatte er diesen Satz nur schon gehört? Aber der Satz war falsch, denn er weckte eine falsche Vorstellung.

Es war nicht einfach Segen, der einem sozusagen vom Himmel in den Schoß fiel und der einem zuteil wurde, wenn man Glück hatte – oder auch nicht. Man musste etwas dafür tun; hart daran arbeiten … Man musste zum Beispiel Kinder zum Denken anregen. Und Liebe konnte man nicht einfach besitzen, sie war nicht einfach da und blieb immer unverändert; und sie wurde auch nicht von selbst immer tiefer.

Das bloße Leben war nicht genug, es musste auch ein gutes, ein menschliches, ein erfülltes Leben sein … Und mit diesen Gedanken fiel er in seinen üblichen Mittagsschlaf.

# 5. Der alte Speicher

Der große Phil und Anne hatten keinen Fernseher. Es gab zwar ein Radio und täglich zwei Zeitungen, eine deutsche und eine französische. Denn Phil hatte auch Französisch studiert und konnte die Bücher der neueren französischen Philosophen lesen, die noch nicht übersetzt waren. Man muss immer mindestens zwei Seiten einer Sache bedenken, sagte er immer. Er wollte Ruhe zum Lesen und Denken haben und war immer wütend auf das Fernsehen gewesen, weil es schon Kindern beibringt, das eigene Denken abzuschalten. Oder zumindest nur noch in vorgegebenen Bahnen zu denken.

Man lernt nur, die Dinge an sich vorüberrauschen zu lassen und sich unterhalten zu lassen!, hatte er immer gesagt. Die ewigen Spiele- und Quizshows, Talkrunden und Seifenopern waren immer gleich gestrickt, man konnte sie sich inzwischen denken. Fernsehen tötet die Phantasie! Das war immer seine Überzeugung gewesen.

Doch zumindest bei seiner Tochter Sophia hatte es nichts zerstören können. Sophia schrieb Kinderbücher und ihr fielen immer neue originelle Geschichten ein. Sie konnte mit Worten und Bildern selber Welten schaffen, in denen man sich gern aufhielt.

Phil verachtete auch Computerspiele: Man spielte nicht, man wurde gespielt ... Das Programm gab den Zeitrahmen vor, innerhalb dessen man nur noch reagieren musste. Der kleine Phil hatte zwar versucht, ihn vom Reiz dieser Spiele zu überzeugen, doch der Großvater blieb uneinsichtig.

Kein Fernsehen! Was also konnte man mit der Ferienzeit anfangen?

Phil und Feli waren am späten Nachmittag von ihrem Radausflug zurückgekehrt und erinnerten sich, dass Oma von interessanten Dingen auf dem alten Speicher gesprochen hatte. Die Kostümtruhe und das alte Puppenhaus!

Auf dem Speicher gab es keinen Elektroanschluss und es würde bald dämmern. Phil junior nahm also eine alte Petroleumlampe aus dem Schuppen, in dem sie ihre Räder wieder abgestellt hatten, und die Geschwister gingen die hölzerne Speichertreppe am Ende des Obergeschosses hoch. Man musste einen großen rostigen Schlüssel in ein altmodisches Schloss stecken und zweimal herumdrehen. Die Speichertür quietschte und öffnete sich und man war in einer anderen Welt. Hier landete alles, was unten im Weg war oder nicht mehr gebraucht wurde, aber eigentlich zu schade zum Wegwerfen war. Vielleicht würde man es ja doch noch mal brauchen können … Zum Beispiel stand hier auf einem staubigen Tisch Tante Sophias altes Puppenhaus, das für ihre eigenen zwei Jungen nicht interessant war.

Obwohl Feli gar nicht verstehen konnte, wieso! Schließlich durften Jungen ja auch bei ›Mutter und Kind‹ mitspielen und auch beim Puppenhaus spielte man ja ›Familie‹.

Das Puppenhaus war aus dunkelbraunem Holz und hatte helle Holzschindeln auf dem Dach. Anne hatte sie in mühsamer Kleinarbeit aufgeklebt. Im Erdgeschoss hatte das Haus zwei Zimmer. Eine Treppe führte in den ersten Stock, wo es noch mal drei Räume gab. Die unteren Zimmer waren als Küche und Wohnzimmer eingerichtet, die oberen als Elternschlafzimmer, Kinderzimmer und Bad. Ganz wie Omas und Opas Haus! Es gab auch Spielfiguren: Vater, Mutter, Sohn und Tochter, und man konnte Geschichten erfinden und spielen, zum Beispiel Familienkrach.

Die Kinder konnte man im Elternschlafzimmer verstecken, wenn sie zum Helfen gesucht wurden. Am großartigsten aber fand Feli den alten Küchenherd und den alten Badeofen mit der Badewanne. Sie war ganz begeistert, obwohl sie sich fast schon ein bisschen alt für Puppen fühlte. Aber hier konnte man auch die Einrichtung verändern! Feli nahm sich vor, alles gründlich zu entstauben. Einige verblichene Tapeten wollte sie mit Geschenkpapier überkleben und dann konnte man auch Teppiche stricken.

Aber nun schien es wirklich zu dämmern – es sah nun alles so geheimnisvoll und verwunschen aus! Die Schatten wurden immer dunkler. Phils Petroleumlampe gab nur ein schwaches Licht und es gab natürlich auch Spinnweben und überall viel Staub. Ordentlich war es hier nicht. Hier stand zum Beispiel ein altes hölzernes Schaukelpferd mit Kindersitz – man konnte so nicht herausfallen – mit einem langen Schweif aus Pferdehaaren. Dann gab es ein ganzes Regal mit Spielen von Lutz und Sophia. Wenn man den Staub wegblies, war alles noch gut zu gebrauchen. Auch Spiele, die sie gar nicht mehr kannten, waren dabei, und oft fehlten die Spielanleitungen. Ob trotzdem rauszukriegen war, wie sie gespielt wurden? Oder ob man selber sinnvolle Regeln erfinden konnte? Dann gab es Kleiderschränke aus Zelttuch mit Reißverschluss und alten Sachen von Opa und Oma. Teilweise waren das richtig komische Sachen, wie sie heute kein Mensch mehr trug. Auch Omas Brautkleid war dabei, sie hatte es nie weggeben wollen.

Phil entdeckte eine Kiste mit Sachen von seinem Vater – jedenfalls stand LUTZ darauf. Er klappte die Pappdeckel hoch. Alte Schulbücher und Hefte kamen zum Vorschein. Phil staunte, wie unordentlich sein Vater gewesen war. Dabei war er jetzt so ordentlich. Nur seine Schrift war heute noch schlechter. Und es waren auch nicht immer nur Hausaufgaben im Matheheft, es stand auch schon mal ein blöder Spruch dazwischen oder ein Käsekästchen. Lutz war also kein Musterschüler gewesen!

Für Phil und Feli war das alles hochinteressant! Sie hatten sich ihren Vater nie als Schüler vorstellen können und hier war diese Vorstellung plötzlich greifbar. Ihr Vater war mal genauso alt gewesen wie sie, hatte wie sie die Schulbank gedrückt und war sicher nicht immer ein Engel gewesen! Es gab sogar eine alte Schiefertafel, einen Griffelkasten und einen Wischlappen aus Baumwolle, den wohl Anne gehäkelt hatte. Und im Griffelkasten war Platz für ein kleines Tafelschwämmchen. Heute schrieb man gar nicht mehr auf Schiefertafeln. Eigentlich schade, dachte Phil.

Phil stellte sich seinen Vater mit kurzen Hosen und Schulranzen vor – der Tafellappen musste immer außen raushängen, weshalb wohl? – und musste lachen.

Und nun lag Lutz im Krankenhaus und hatte selber nichts zu lachen. Morgen sollte er operiert werden. Laura hatte angerufen und gesagt, dass so weit alles in Ordnung sei; er sei in der Klinik bei lauter Spezialisten gut aufgehoben. Sie sollten sich keine Sorgen machen. Phil seufzte tief und suchte mit seiner Lampe die Verkleidungskiste. Da standen ja noch ein Emaillieröfchen und ein paar alte Backformen! Zum Beispiel war da auch die Form, mit der Anne wohl immer zu Ostern das Osterlamm machte. Sie hatten sich schon gewundert, wieso das immer gleich aussah! So also bekam der Teig die Form! Feli entdeckte einen alten Koffer mit Kostümen für ein Krippenspiel. In dem hatten Lutz und Sophia mitgewirkt! Maria und Josef, Hirten, und am prächtigsten natürlich die Kostüme der drei Könige. Phil schlüpfte in einen alten Hirtenzottelpelz. Feli musste lachen, denn im Halbdunkel mit der Petroleumlampe in der Hand sah Phil ziemlich echt aus.

Feli hatte sich eine große goldene Krone aufgesetzt. Sie war aus starker fester Goldfolie mit aufgeklebten bunten Steinen. Sie legte sich einen braunen Umhang mit Goldfäden um und kam sich ziemlich bedeutend vor. Sie bewegte sich gleich anders, viel würdevoller, und fühlte sich richtig königlich. Was so ein paar Kleider bewirken konnten! Huldvoll streckte sie ihre Hand aus. Ob man mit den Kleidern auch die Persönlichkeit wechseln konnte? Oder blieb sie doch immer sie selbst? Was hatte Oma gesagt? Es ist alles in einem drin?

Schließlich hatte Feli die alte Truhe entdeckt, in der die alten Faschingskostüme aufbewahrt wurden. Aber sie konnte den Deckel nicht heben, er war zu schwer.

Deshalb rief sie Phil zu Hilfe. Phil, oder besser der Hirte Phil, kam mit einem Hirtenstab – oder war es der Bischofsstab von Opas Nikolauskostüm? – und setzte die Petroleumlampe auf den Speicherboden neben die Truhe. Gemeinsam stemmten sie den schweren Deckel hoch und wühlten in den Karnevalskostümen.

Einiges kannten sie, weil sie es sich schon ausgeliehen hatten. Phil entdeckte einen Indianerhäuptling – natürlich das Kostüm – und setzte sich den Federschmuck auf.

Dazu gab es eine Friedenspfeife, die mit bunten Federn geschmückt war. Der Zottelpelz passte nun natürlich nicht mehr.

Feli hatte ihren Königsumhang abgelegt und begeistert ein Prinzessinnenkostüm hervorgezogen. Während Phil die Augenklappe eines Piraten probierte – was zu dem Federschmuck irgendwie komisch aussah, aber vielleicht gab es ja auch Indianerpiraten – und mit dem passenden Plastiksäbel durch die Luft hieb, versuchte Feli, das rosa Schnürmieder über ihr T-Shirt zu streifen. Wo war nur das Krönchen, es musste doch irgendwo ein Krönchen geben? Die große Krone war ihr schon beim Bücken in die Truhe gefallen und die passte auch nicht zu einer Prinzessin.

Feli wühlte in der Truhe. Da war ein Clown, ein Chinese, Pippi Langstrumpf, eine Holländerin – gab es etwa auch Holzschuhe in der Truhe? – und da war ein Zauberer! Jedenfalls die Gewänder.

Phil junior griff begeistert nach dem schwarzen Umhang und dem schwarzen spitzen Hut. Oma Anne hatte ihn wohl aus schwarzer Pappe gebastelt und mit silbernem Flitter beklebt und auch auf dem Umhang glänzte und glitzerte es geheimnisvoll.

Einen Zauberstab gab es auch. Er war schwarz mit weißen Enden, mit Klarlack lackiert und dann in Flitter gewälzt.

Phil legte sich den Umhang um und setzte sich den spitzen Hut auf. Er schwang den Zauberstab und überlegte, welcher Zauberspruch wohl dazu passen würde. Ob es Leute gab, die wirklich zaubern konnten? Was war eigentlich ein Zauber?

Zauberer Phil schrieb mit dem Zauberstab eindrucksvolle Kringel in die Luft und murmelte beschwörend dazu.

Prinzessin Feli, die eigentlich immer noch nach ihrem Krönchen suchte, fühlte sich sehr königlich. Man konnte so leicht in ein anderes Ich schlüpfen! Oder hatte Phil sie etwa verzaubert?

Sie bückte sich immer tiefer und suchte auf dem Boden der Truhe unter den Kostümen.

Und da sahen sie es.

Auf dem Boden der Truhe lag ein Buch. Es sah alt und geheimnisvoll aus und hatte zwei Metallspangen, die es verschlossen hielten.

»Ich weiß! Ich weiß! Das ist das Zauberbuch! Zu einem richtigen Zauberer gehört ein Zauberbuch!«, rief Feli begeistert. Prinzessin Feli hob statt ihres Krönchens das Buch aus der Truhe und strich über den Buchrücken. Sie öffnete beide Spangen, was etwas schwierig war, denn sie schienen verrostet. »Das Buch hat bestimmt schon lange hier gelegen«, sagte sie. »Es muss wohl sehr alt sein! Ob es ein echtes Zauberbuch ist? Wie kann man das wohl feststellen?«

»Quatsch, das gibt es nicht«, sagte Phil junior.

»Es sind alles nur Tricks! Hokuspokus! Übrigens ist das ein guter Name für einen Zauberer. Er hört sich so lateinisch an! Ist Hokus ein Vorname? Und was bedeutet er?«

»Jedenfalls ist Pokus ein seltsamer Nachname«, entgegnete Feli. »Ich kenne niemanden, der so heißt.« Und sie öffnete das geheimnisvolle Buch. Es war in dunkles Leinen gebunden. Aber sie konnten selbst mit der Laterne, die sie mitgebracht hatten, im Dämmerlicht nicht mehr viel erkennen. Man musste wohl Petroleum nachfüllen, denn das Licht flackerte nur noch schwach. Auf dem Buchdeckel war ein geheimnisvolles Symbol zu erkennen, und innen drin gab es beschriftete und leere Seiten. Oder waren da Zaubersprüche notiert?

»Wir heben uns das Buch eben für morgen auf«, sagte Prinzessin Feli.

Sie beschlossen, am nächsten Vormittag auf den Speicher zu steigen, um das merkwürdige Buch näher in Augenschein zu nehmen. Sie legten es wieder auf den Boden der Truhe und deckten es mit den Kostümen zu, als ob sie es vor Entdeckung schützen wollten.


# 6. Ein unheimlicher Traum


Am nächsten Morgen waren Phil und Feli früh wach. Feli hatte einen abenteuerlichen Traum gehabt. Zunächst schien alles ganz wirklich zu sein.

Sie hatte im Traum ein Buch geöffnet, und daraus war wieder ein Buch hervorgekommen. Ein Buch im Buch! Konnten Bücher andere Bücher hervorbringen?

Aus dem neuen Buch war ein Zauberer gestiegen und hatte einen Zauberstab geschwungen, an dessen Spitze kleine Funken blitzten, wie von einer Wunderkerze. »Gestatten, Pokus, mein Name«, hatte er sich vorgestellt. »Was soll ich zaubern?«

»Dass Papa gesund wird!«, hatte Feli geantwortet. Dabei versuchte sie, das Gesicht des Zauberers zu sehen. Aber sie konnte nichts erkennen. Da, wo sein Gesicht hätte sein müssen, war es ganz dunkel. Das war unheimlich! Nur die Funken blitzten und blinkten. Das machte Feli Angst.

»Wer bist du?«, hatte sie bange gerufen. »Bist du jemand?«

»Ich bin, der ich bin«, hatte Pokus bedeutungsschwer gesagt.

Wo hatte Feli das nur schon mal gehört? Es war gemein, einen mit seinen Fragen so allein zu lassen! War das etwa eine Antwort? Sie konnte sein Gesicht immer noch nicht erkennen. Und weil sie sich so fürchtete, hatte sie das Gefühl, in ein tiefes Loch zu fallen wie Alice ins Wunderland. Ob sie dabei auch immer kleiner wurde? Jedenfalls schien der Zauberer immer größer zu werden.

Feli fühlte sich winzig klein werden. Musste sie aufpassen, nicht von einem Schuh zertreten zu werden? Sie fühlte sich völlig ohnmächtig.

»Hilfe, ich bin so klein geworden«, schrie sie.

Aber wenn ihre Stimme auch klein geworden war, konnte sie sicher niemand hören. Sie hatte das Gefühl, unsichtbar zu sein. Konnte man sie überhaupt noch wahrnehmen? Es war, als ob sie gar nicht mehr da wäre, obwohl sie natürlich doch noch da war. Aber keiner würde wissen, dass sie noch da war! Sie war die Einzige, die noch von sich wusste. Konnte man so aus dem

Leben verschwinden? Sie konnte sich nicht mehr bemerkbar machen, und bald würde es für die anderen sein, als wäre sie nie dagewesen. Feli war verzweifelt. Hatte der Zauberer sie verzaubert? Wollte er ihr nur seine Macht zeigen? Dann konnte es vielleicht einen Gegenzauber geben. Aber wenn er nun vergessen hatte, was er gezaubert hatte, und sich nicht mehr an sie erinnerte, so winzig wie sie jetzt war? Sie musste selber in einem Zauberbuch nach einem passenden Zauberspruch suchen. Aber wie sollte sie das schaffen? Wie sollte sie das riesige schwere Buch mit ihren kleinen Händen öffnen? Sie geriet in Panik.

Da hörte sie ein Pfeifen. Was hatte das nun schon wieder zu bedeuten?

Vielleicht hatte sie Kräfte, von denen sie nichts wusste. Konnte sie den Zauberer vielleicht kleiner machen, damit sie selbst wieder größer wurde? Schließlich konnte Aladin den Geist auch wieder in die Lampe zurückbringen. Ob sie den Zauberer wohl wieder zurück in das Buch bringen könnte, aus dem er aufgestiegen war? Dann hätte er wieder eine andere Art von Wirklichkeit. Er wäre nicht mehr so bedrohlich. Das Pfeifen wurde lauter und Feli wurde wach.

Es war Annes altmodischer Wasserkessel gewesen, mit dem sie jeden Morgen das Teewasser für ihren Kräutertee machte.

Feli rieb sich die Augen und war erleichtert. Es war nicht mehr dunkel und sie war nicht winzig klein. Draußen war es schon hell und sie saß in Tante Sophias Bett und hatte ihren gewohnten Körper. Wo war er in der Zwischenzeit gewesen? Feli betastete ihre Arme. Im Traum war sie geschrumpft. Aber vielleicht war es ihr auch nur so vorgekommen, weil der Zauberer gewachsen war. Und die ganze Zeit war ihr Körper offenbar so geblieben, wie sie ihn jetzt fühlen konnte. Aber woher wusste sie das? Sie konnte es eigentlich nur annehmen. Was war die wirkliche Welt? War sie im Kopf oder draußen? Ihre Angst vorhin war so lebendig gewesen. Und jetzt wirkte alles das so unwirklich! Das Pfeifen des Wasserkessels hatte inzwischen aufgehört. Hatte er sie überhaupt geweckt? Oder hatte sie das auch geträumt? Sie hörte ein Bellen und betrachtete träumerisch die Bettwäsche, in der sie saß. Die rotweißen Karos wirkten sehr wirklich. Dann sah sie auf ihre Hände und befühlte sie. Die Morgensonne kam durchs offene Fenster.

Vielleicht waren ja Traumwelt und Tagwelt beide wirklich. Konnte es mehrere Wirklichkeiten geben? Und konnte sie aus der einen mühelos in die andere schlüpfen? Sie glitt aus dem Bett und schlüpfte in ihre Kleider. Ein bisschen Katzenwäsche, Laura war ja nicht da, um zu kontrollieren. Schließlich waren Ferien und Feli wollte hinunter in die Küche. Sie schlüpfte in ihre Jeans und Turnschuhe, zog eine Bluse an, kämmte sich kurz durch die Haare und lief die Treppe nach unten.

## 7. Anne

Das Frühstück war vorbei und der große Phil machte mit Kant seine »Runde«, wie er es nannte. Die alten Gedanken aus dem Kopf treiben, nannte er es für sich. Der Spaziergang tat ihm gut, und er war froh, dass Kant ihm den Anlass gab. Es war erstaunlich, was so ein frischer Morgen mit ihm anstellte. Und natürlich musste Kant an die Luft, sonst wurde er zu fett. Sonst machte Phil seine Runde eher abends, doch Anne wollte heute Eier vom Nachbarn, der Hühner hielt, mitgebracht haben.

Phil und Feli halfen Anne beim Aufräumen der Küche und bekamen jeder eine große Schüssel in die Hand gedrückt. Zum Mittagessen sollte es Obstpfannkuchen geben und die Kinder durften im Garten Kirschen pflücken. Am Kirschbaum stand eine Leiter und die Kinder durften hineinklettern.

»Und wenn es mehr ist, mache ich Marmelade draus!«, rief Anne ihnen noch fröhlich nach. »Und natürlich dürft ihr auch naschen!« Phil und Feli stiegen begeistert in den Kirschbaum und füllten die Schüsseln und sich selbst. Doch nach einer Weile dachten sie wieder an das Zauberbuch auf dem Speicher.

»Wir wollen wieder auf dem Speicher spielen«, sagten sie, als sie die Kirschen in der Küche ablieferten. Feli hatte sich Doppelkirschen als Ohrringe über die Ohren gehängt. »Können wir ein paar Kekse auf den Speicher mitnehmen, Oma?« Sie bekamen eine Dose mit Annes Versuchskeksen.

»Sagt mir mal, welche euch davon am besten schmecken«, rief sie ihren Enkelkindern noch nach. So ist es mit Kindern, dachte sie. Immer muss man sie gehen lassen. Das Leben ist Abschiednehmen.

Sie hatte sich schwer getan, Lutz und Sophia gehen zu lassen, und dachte daran, wie gut ihr ihre Enkel taten. Sie kam nicht so viel ins Grübeln. Manchmal dachte sie, dass sich alles immer wiederholt. Nur ihr ungeborenes Kind, das sie kurz vor der Geburt verloren hatte, hatte sie nie verlassen. In ihrer Vorstellung blieb es immer, wie es war: acht Monate alt. Sie hatte es nicht einmal sehen dürfen, aber in ihren Gedanken war es immer ganz nah bei ihr. Es wurde nie groß. Aber andererseits war es auch wunderbar zu sehen, wie Kinder groß und verständig wurden und wie sie ihren Platz in der Welt fanden.

Anne hatte ihre Fröhlichkeit wiedergefunden, doch die Trauer verließ sie nie mehr.

Wenn sie nur das Gesicht hätte sehen dürfen!

Sie hatte gelernt, die Trauer in den Hintergrund zu drängen. Und doch war sie immer da. Es wäre ein Junge geworden, aber sie hatte ja später Lutz gehabt. Und obwohl sie ursprünglich keine Beziehung zu Kindern gehabt hatte – diese plärrenden, anstrengenden Wesen hatten sie immer genervt –, hatten ihre eigenen Kinder ihr die Augen geöffnet für die Wunder des Lebens, die sie sonst nie gesehen hätte. Sie war nicht das geborene Muttertier gewesen und doch hatten ihre Kinder sie mit Glück und Freude erfüllt. Kräfte, die sie sich früher nie zugetraut hatte, waren ihr zugewachsen. Sie war eine gute Mutter geworden. Wenn sie ein Kind in sich wachsen spürte, fühlte sie sich im Zentrum des Lebens überhaupt. Sie wusste, wie wichtig sie für ihre Kinder war, und das gab ihr Mut, vieles durchzustehen. Aber die Kinder waren auch wichtig für sie gewesen. Sie hatten ihr einen neuen Bereich des Lebens eröffnet, zur dem sie ohne sie keinen Zugang gehabt hätte. Man lernte alles immer wieder wie neu mit Kinderaugen zu sehen. Das war herrlich! Nichts war selbstverständlich! Und man wurde dankbar, auch wenn man den Kummer kannte. Vielleicht gehörte er dazu, damit man die Freude umso intensiver empfinden konnte.

Auch mit dem großen Phil war es nicht immer einfach gewesen. Er konnte Ärger nicht immer gut bewältigen und war gelegentlich ungenießbar gewesen, obwohl man ihn in der Schule immer für einen Fels in der Brandung gehalten hatte … Und es hatte Zeiten gegeben, wo sie ihn dringend gebraucht hätte, er aber über den Büchern oder Korrekturen gehockt hatte. Sie hatte sich oft sehr allein gefühlt.

Dabei konnte sie sich im Großen und Ganzen nicht beklagen. Der große Phil war ein guter Mensch, und ihre Liebe war nach all den Jahren immer noch lebendig. Männer!, dachte sie, es ist diese blöde Erziehung. Sie selbst hatte sich immer Mühe gegeben, beide Kinder gleich zu behandeln und auch mit gleichen Aufgaben zu betrauen. Der Mensch wächst mit dem, was ihm zugetraut wird, dachte sie. Sophia hatte zum Beispiel gern Holz gehackt. Sie hatten schließlich einen Kamin zu füttern, der an kalten grauen Tagen für Gemütlichkeit sorgte, und Sophia liebte den Duft der Holzscheite. Und Lutz hatte immer Interesse für ihre Kocherei gezeigt und sie hatte ihn darin bestärkt. Oder war es doch nicht nur Erziehung? Waren Männer und Frauen von Natur aus anders? Manchmal hatte sie etwas Feingefühl vermisst. Hätte sie bei anderen Männern gefunden, was ihr fehlte? Geht das Denken auf Kosten des Fühlens?

Doch sie durfte nicht undankbar sein. Wo gab es schon hundertprozentiges Glück?

Und sie hatte wirklich sehr viel, wenn sie sich mit anderen Paaren verglich, die nur noch nebeneinander her lebten und sich nichts mehr zu sagen hatten. Wenn sie denn zusammengeblieben waren.

Der große Phil gab sich viel Mühe und hatte ihr immer bei der Hausarbeit geholfen, und das war damals durchaus nicht selbstverständlich. Und er sah auch, was sie alles für die Familie getan hatte. Sie wunderte sich, dass sie zwar äußerlich alterte – die Zeichen waren leider nicht zu übersehen –, sich aber innerlich immer noch oft wie das kleine Mädchen fühlte, das sie einmal gewesen war. Es gab verschiedene Schichten um diesen Kern, aber er war immer noch da.

Wie schön, wenn am Ende das Glück überwiegt, dachte sie. Und auch wenn wir uns verwandeln, bleiben wir die, die wir sind. Ihr Phil hatte zum Beispiel früher einen dicken Haarschopf gehabt. Aber weil die Haare unmerklich weniger geworden waren, fiel es ihr kaum auf. Nur wenn sie Fotos von früher sah. Wie viele Prüfungen die Liebe doch zu durchstehen hatte!

Und nachlassender Haarwuchs war sicher eine der geringeren. War man ursprünglich in ein hübsches Bild verliebt, hieß es, auch davon Abschied zu nehmen. Aber die Liebe wurde ja immer tiefer, eigentlich mit jeder überstandenen Prüfung, und Äußerlichkeiten wurden immer unwichtiger.

Und ihr Phil hatte viel zu bieten! Er war nicht leer wie ein ausgeblasenes Ei, das jedem Windstoß folgt. Er ließ sich nicht treiben wie so viele, die bloß immer obenauf bleiben wollten. Für Phil hatte das Leben Sinn und Wert, und er hatte immer versucht, diesen Sinn für das Wesentliche weiterzugeben. Selber denken und den Sinn für Qualität entwickeln, das war seine Devise. Ihm lag auch an der Qualität ihrer Beziehung. Dafür liebte sie ihn. Aber konnte es sein, dass Frauen doch ein bisschen näher am Wesentlichen waren als Männer, auch wenn sie darüber weniger redeten oder Bücher schrieben? Das Leben ging weiter, und sie war ein Teil davon, weil sie ihren Teil beigetragen hatte und immer noch beitrug. Sie fühlte sich vom Leben durchflutet! Und sie konnte viel intensiver genießen als früher. Anne war nicht nur äußerlich runder geworden.

## 8. Ein seltsames Buch

Phil und Feli waren mit einer Decke und mit der Keksdose versehen die Treppe zum alten Speicher hochgeklettert, hatten den alten Schlüssel umgedreht und die Tür zum Speicher aufgestoßen. Wie anders sah es aus als noch gestern Abend! Durch die

Dachluke kam ein breiter Lichtstrahl, der einen Teil des Speichers in fahles Licht tauchte. In diesem Lichtstrahl tanzten feine Stäubchen. Er warf ein helles Viereck auf den Speicherboden und auf diesem Lichtviereck breitete Phil die Wolldecke aus. Auf dem Holzboden zu sitzen war zu unbequem. Feli lief zur Truhe, öffnete sie mit großer Mühe – den Piratensäbel konnte man zu Hilfe nehmen, der lag noch daneben – und holte das schwere Buch unter den Kostümen hervor. Sie setzten sich auf die Decke ins Licht, stellten die Keksdose zwischen sich und öffneten die Metallriegel, die das Buch verschlossen hielten. Im Tageslicht konnten sie nun auch das geheimnisvolle Symbol auf dem Buchdeckel besser sehen. Eine Art Schlange kringelte sich in vielen Windungen um sich selbst und biss sich in den eigenen Schwanz. Was das wohl zu bedeuten hatte? Feli schlug das Buch auf.

»Mal sehen, ob es ein Zauberbuch ist«, sagte sie.

Die erste Seite war bis auf den Titel ganz leer.

PHILOFABELN, entzifferte Feli.

Sie wunderte sich, was nun kommen würde. War es doch kein Zauberbuch? Sie blätterten um. Da stand mitten auf der nächsten Seite nur ein Satz. Es hörte sich rätselhaft an. War das ein Zauberspruch? Sie lasen:

HABE DEN MUT,
DICH DEINES EIGENEN VERSTANDES
ZU BEDIENEN
(Kant)

»Was, Kant hat ein Buch geschrieben?!«, alberte Feli herum. »Das gibt es doch gar nicht. Hunde schreiben keine Bücher.«

»Das ist doch nur der Philosoph, nach dem Kant benannt ist«, sagte Phil. »Weil er seine Denkerstirn immer so runzelt.«

»Wer, Kant?«

»Nein, unser Kant!«, lachte Phil.

»Ach so«, sagte Feli und blätterte weiter. »... den eigenen Verstand ... und wieso gehört dazu Mut?«, fragte sie Phil.

Aber der hatte nicht zugehört. »Ich glaube, das ist eher ein Geschichtenbuch als ein Zauberbuch«, sagte er.

Denn auf der nächsten Seite hatte er ein Inhaltsverzeichnis entdeckt. Da stand:

»Toll, dreißig Geschichten!«, rief Feli begeistert. »Für jeden Tag im Monat eine! Diese Ferien werden nicht langweilig.«

Phil blätterte weiter. »Das ist aber ein komisches Buch«, sagte er verwundert.

»Sieh mal, da sind die Geschichten, und auch ein paar Bilder, und dazwischen sind lauter leere Seiten. Und dann gibt es Bilderrahmen ohne Bilder! So ein Buch habe ich noch nie gesehen. Nach jeder Geschichte sind leere Blätter! Wer druckt denn so was!«

»Vielleicht waren da ja früher Buchstaben und jemand hat sie weggelesen«, meinte Feli. »Oder sie sind davongeflogen!«

Laura hatte ihr mal eine Geschichte vorgelesen, wo eine Sängerin die Noten vom Notenblatt wegsang. Mit jedem gesungenen Ton war eine Note verschwunden. Aber das war ja nur eine Geschichte gewesen. Der Dichter hieß Po oder so ähnlich.

Die leeren Blätter beschäftigten sie.

»Wofür das wohl gut sein soll?«, wunderte sie sich. Dann fiel ihr etwas ein.

»Das ist wie ein Poesiealbum oder wie Omas und Opas Gästebuch!« Sie dachte nach. »Ich weiß!«, rief sie plötzlich. »Man soll etwas hineinschreiben!«

»Aber ja, na klar!«, rief Phil. »So macht der Satz am Anfang Sinn!«

Feli blätterte nach vorn zurück. »Habe den Mut, dich deines eigenen Verstandes zu bedienen!«, las sie langsam. »Was das wohl heißen soll? Vielleicht sind die Geschichten ja nur halb und wir sollen sie zu Ende schreiben!«

»Lass mal sehen«, meinte Phil. Und sie lasen die erste Geschichte.

### Froschperspektiven

*Es war einmal ein Frosch. Der lebte allein auf dem Grund eines tiefen Brunnens, und wenn er nach oben sah, konnte er den Himmel sehen. Aha, dachte er, der Himmel ist also eine kreisrunde Scheibe. Und was ist dahinter? Oder träume ich das vielleicht nur? Eigenartig: Ich weiß nicht, ob ich bin oder nicht bin. Aber wer kann das schon wissen? Und er quakte melancholisch in seiner Einsamkeit.*

*Da hörte er aus der Ferne ein anderes Quaken. Aha, dachte er. Da ist vielleicht noch jemand, der wie ich auf dem Boden eines Brunnenschachts sitzt und so allein ist wie ich.*

*»Bin ich wirklich? Und ist der Himmel eine Kreisscheibe?«, quakte er. »Aber ja, ich bin davon überzeugt«, quakte es zurück. »Ich quake, also bin ich. Und außerdem: Wenn du quakst und jemand hört dich, dann bist du bestimmt wirklich. Sein ist Wahrgenommenwerden! Deshalb ist der Himmel auch so, wie du ihn siehst. Und außerdem sehe ich ihn auch so. Er liegt wie ein Deckel auf unseren Brunnenschächten! Aber der Deckel muss Löcher haben, denn ab und zu kommt Wasser durch. Auch ich frage mich, was wohl dahinter ist. Es ist sicher kein Zufall, dass wir das Gleiche denken. Die Wirklichkeit muss eben so sein . . .«*

*Da schaltete sich von irgendwoher ein dritter Brunnen-*

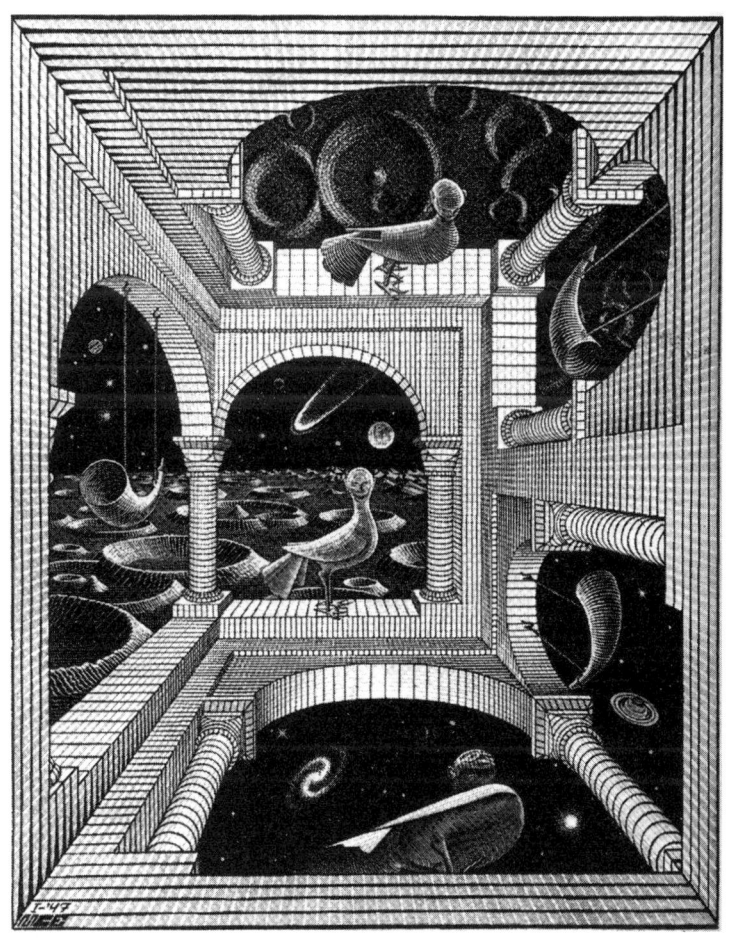

»Kann man die Perspektive wechseln?«

frosch ein. »Wenn ich das schon höre!«, quakte er. »Ich kann mir ja auch bloß einbilden, dass ich euch höre! In dieser Dunkelheit kriegt man ja Halluzinationen! Unsere Brunnendeckel sind doch völlig uninteressant – außer dass sie in den schönsten Farben leuchten können. Was mich beschäftigt, ist eine ganz andere Frage: Sind alle Frösche Brunnenfrösche, oder gibt es welche, die mehr sehen als wir? Aber das Einzige, was ich sicher weiß, ist: Die Grenzen meines Brunnens sind die Grenzen meiner Welt. Über anderes kann man nicht sprechen. Und worüber man nicht sprechen kann, darüber muss man schweigen. Quak.«

Und da saßen nun die drei Brunnenfrösche am Grund ihrer Brunnen. Sie wunderten sich, dass sie sich in der gleichen Sprache sprechen hörten und sich verstehen konnten, so verschieden sie offenbar auch waren. Sie fragten sich, wozu sie da waren und welchen Sinn ihr eintöniges Dasein wohl hatte.

»Der Sinn könnte darin bestehen, immer mehr vom Leben zu verstehen!«, quakte der erste. »Und ich finde, es muss gar keinen Sinn geben. Warum muss alles immer logisch sein?«, fragte der dritte. »Warum soll nicht mal was so richtig verrückt sein? Wir können ja selber einen Sinn erfinden – jeder einen anderen! Oder ganz viele!«

»Aber ich kenne den Sinn!«, quakte da der zweite ganz aufgeregt. »Wir sind verzauberte Prinzen! Und wenn eine goldene Kugel in den Brunnen fällt, werden wir aus unserer Dunkelheit befreit und kommen in eine jenseitige Welt voller Licht. Das ist dann unser eigentliches Sein. Wir müssen nur geduldig warten.«

»Na, da kannst du lange warten! Das halte ich für ein Mär-

*chen«, quakte der dritte. So tauschten sie ihre Weisheiten aus. Und wenn sie nicht gestorben sind, dann quaken sie noch heute.*

»Na so was«, sagte Feli. »Wenn alle nur einen Teil von etwas sehen, glauben sie, das ist schon alles. Und wenn mehrere das Gleiche sehen, meinen sie, das ist die Wirklichkeit.« Sie dachte an ihren Traum. War er nur deshalb unwirklich, weil sie ihn allein gehabt hatte?

Die Sache mit den Brunnendeckeln beschäftigte sie. »Wie sind die Frösche auf den Grund der Brunnen gekommen? Haben sie keine Ahnung von der Welt?«

»Na ja, eben nur von ihrer Welt«, antwortete Phil. »Und heraus können sie nicht, sie können auch nicht mit dem Auto mal eben irgendwohin fahren wie wir.«

»Genau wie wir auch nicht eben mal in den Weltraum fliegen können«, meinte Feli.

»Opa sagt doch immer, erst mehrere Blickwinkel zusammen geben das richtige Bild«, wunderte sich Phil. »Aber das stimmt ja dann gar nicht! Denn die Frösche irren sich doch alle. Und keiner kann den anderen über seinen Irrtum aufklären. In der Dunkelheit können sie ja auch gar nichts mehr erkennen.«

»Wir Menschen wissen es eben besser«, meinte Feli und biss in einen Keks.

»Auch Menschen können gar nicht immer erkennen, was sie wissen wollen. Weshalb denkt Opa sonst so viel nach?«, überlegte Phil.

»Aber viele sind sich immer ganz sicher!«, rief Feli. »Meine Lehrerin zum Beispiel! Wieso kann man sich eigentlich immer so sicher sein?« Sie kramte aus der Tasche ihrer Strickjacke einen Bleistiftstummel hervor. »Weiterschreiben kann ich die Geschichte nicht«, meinte sie. Und sie schrieb auf die leere Seite nach der Geschichte:

*Liebe Frösche, ihr wisst es nicht, aber außerhalb eurer dunklen Brunnenröhren gibt es eine herrliche und bunte Welt, von der ihr keine Ahnung habt. Das könnt ihr auch nicht! Ihr könnt ja nicht raus.*

*Über der Welt ist ein unendlicher Himmel. Das müsst ihr einfach glauben. Er ist unendlich hoch und unendlich weit und hat niemals die Form eines Deckels mit Löchern. Die Idee ist komisch!*

*Und wenn einer glaubt, er wird durch eine goldene Kugel in einen Prinzen verwandelt, das gibt es wirklich nur im Märchen.*

*Aber ihr seid ja auch in einer Geschichte.*

Phil nahm ihr den Bleistiftstummel aus der Hand. »Ich muss unbedingt mal in einem von Opas Wörterbüchern nachsehen, was VERSTAND genau bedeutet. Ich glaube, wir sollen uns eigene Gedanken machen.« Und er schrieb:

*Was ist der Sinn? Gibt es überhaupt einen? Oder viele? Wie kann man sich sicher sein? Kann ich glauben, was ich höre?*

*Wie kann man etwas prüfen? Ist immer richtig, was viele glauben?*

*Ist das, was man sieht, schon die ganze Wirklichkeit? Woran merkt man, dass man sich täuscht?*

Junge, Junge! Phil war richtig klug, fand Feli. So viele Fragen! Sie war beeindruckt.

Und das waren Fragen, auf die es keine schnellen Antworten gab. Sie hatten genug nachzudenken.

»Das ist wie mit den Erwachsenen«, meinte sie. »Die meinen auch immer, dass sie Recht haben und dass ihre Sicht die richtige ist. Aber Kinder haben schon mal eine andere Ansicht, auch wenn die Erwachsenen das nicht glauben können.«

Sie hatte sich das Prinzessinnenkostüm wieder angezogen und kam auf Phil zu.

In der Hand hatte sie einen alten gelben Tennisball, den sie ihm zuwarf. Phil sah sie erstaunt an. »Jetzt küsse ich dich und du wirst ein Prinz!«, sagte sie.

»Igitt!«, rief Phil. »Küssen verboten! Ich bin doch kein Frosch!« Und er sprang auf. »Zeit fürs Mittagessen!«, verkündete er. »Ich habe Hunger! Und die Kekse sind auch alle.« Er klappte das Buch zu, verstaute es auf dem Boden der Truhe unter den Kostümen und warf den Deckel zu. »Schluss für heute!«, rief er.

Feli nahm die leere Keksdose und die Wolldecke.

»Lass die Wolldecke ruhig hier«, sagte Phil. »Wir kommen jeden Tag hoch und lesen eine Geschichte.« Und er ging zur Speichertür und öffnete sie.

Von unten drang ein herrlicher Duft nach oben.

»Ihr wart ja so still wie die Mäuschen«, sagte Anne, als sie in die Küche kamen.

»Ja, so ein alter Speicher ist eben immer spannend«, meinte Phil junior und stürzte sich auf das Essen.

## 9. Zurück in der Anderwelt

Am nächsten Tag regnete es. Also gingen sie gleich nach dem Frühstück hoch auf den Speicher.

Feli fand das Fabelbuch interessanter als die vielen Bilderbücher in Tante Sophias altem Zimmer. Manche Bilder in den Kinderbüchern gefielen ihr, aber viele auch nicht besonders. Und die Geschichten waren oft so unlogisch! Wahrscheinlich, weil die Erwachsenen, die solche Bücher schrieben, glaubten, Kinder könnten nicht richtig denken. Solche Bücher waren so langweilig wie die Bilder in ihnen.

Aber wenn man sich selber seine Bilder im Kopf machte, war es anders. Feli stellte sich die Frösche auf dem Grund ihrer Brunnen vor und schmückte das Bild in Gedanken aus. Die Bilder im Kopf waren eine andere Welt, die man sich selber geschaffen hatte. Sie gehörte nur ihr! Zuerst waren die Bilder unscharf, doch mit etwas Phantasie konnte man sie immer genauer machen. Und weil man das selber tat, wurde es auch nie langweilig. Jetzt wusste sie auf einmal, was sie mit den leeren Bilderrahmen im Buch machen sollten! Selber etwas reinmalen! Dann kamen die eigenen Bilder vom Kopf aufs Papier. Ob sie drei Frösche in drei Brunnenschächten malen konnte? Und jeden Frosch mit einem anderen Charakter? Das war schwer. Und jeder hatte eine eigene Welt! Und eine andere Welt.

Ihr fiel das Gedicht von Michael Ende ein, das sie in der Schule besprochen hatten. Es ging um die Anderwelt, und die Lehrerin hatte gefragt, was man sich denn unter dieser Anderwelt genau vorstellen konnte. Auch dieser Speicher war eine Anderwelt, dachte Feli. Dunkel und geheimnisvoll!

Weil es regnete, war es hier oben viel dämmriger als gestern, und Phil junior lief noch einmal runter, um die alte Petroleumlampe zu holen.

»Du siehst müde aus«, hörte er Phil senior gerade zu Anne sagen. »Ruh dich etwas aus. Heute koche ich!«

Anne hatte wirklich nicht gut geschlafen. Lutz sollte nun doch erst heute operiert werden und sie hatte nachts wach gelegen und an ihren Sohn gedacht. Er war selber Arzt. Ob er deshalb wohl mehr oder weniger Angst als andere hatte?

Phil junior lief mit der Lampe wieder nach oben. Er hatte ein Wörterbuch philosophischer Begriffe aus einem von Opas Regalen mitgebracht, in dem er gestern noch nachgeschlagen hatte. Er las Feli vor: »VERSTAND. Hier steht es: Mittel zur Lösung bestimmter theoretischer und praktischer Aufgaben ... die Fähigkeit, durch Denken Bedeutungen, Beziehungen und Sinnzusammenhänge zu erfassen und zu erschließen, sowohl im Dienste der Erkenntnis wie des praktischen Lebens ...«

»Puh, kannst du das mal auf Deutsch sagen?«, fragte Feli. »Weshalb schreiben die das so kompliziert?«

»Na ja«, sagte Phil junior. »Das heißt ungefähr das, was wir uns schon gedacht haben. Dass man durch Denken zu mehr Wissen kommt und dann auch praktische Probleme lösen kann.«

»Na dann los!«, rief Feli.

Sie hatten das Fabelbuch aus der Truhe geholt und zwischen sich auf die Decke gelegt. Die Lampe stellten sie daneben. Phil schlug das Buch auf und blätterte, bis sie die zweite Geschichte vor sich hatten. Da stand:

*Die vier Elemente*

»*Das Wichtigste auf der Welt ist die Erde*«, *sagte der große Regenwurm zum kleinen Regenwurm.* »*Sie gibt uns Wärme und Schutz. Sie ist wertvoll und kann Regen aufnehmen, wenn wir sie gut vorbereiten und schön locker halten. Sie kann Pflanzen Halt geben und ernährt alle. Menschen können auf ihr leben, Häuser bauen und arbeiten. Ohne sie würde nichts Bestand haben und deshalb ist sie das wichtigste Element in der Welt. Das sieht man auch schon daran, dass unser Planet nach ihr benannt ist.*
*Vor zu viel Wasser musst du dich hüten. Es ist tödlich, also pass auf, dass du nie zu nah an einen Bach oder See kommst. Und hüte dich vor Gefahr aus der Luft! Es gibt Feinde, die mit spitzem Schnabel blitzschnell zuschlagen können! Am besten immer in Mutter Erde verkriechen, da bist du sicher. Die Erde bewahrt Leben und bringt immer neues hervor … Wir leben im edelsten Teil der Welt und sind für ihn verantwortlich, denke immer daran!*«

»*Das Wasser, musst du wissen*«, *sagte ein großer dicker alter Fisch stolz zu einem kleinen, noch ganz unerfahrenen,* »*ist der Ursprung alles Lebens. Es ist daher das wichtigste Element der Welt. Außerdem bedeckt es den größten Teil der Oberfläche unseres Planeten. Komisch, dass sie ihn nicht nach unserer Heimat benannt haben! Denn das erste Leben hat es im Wasser gegeben, und das war auch nicht anders möglich. Von hier ist alles ausgegangen. Das Meer ist ewig und riesig. Es verdunstet zwar immer etwas, aber das kehrt als Regen zu uns zurück und bringt gleichzeitig der Erde etwas von unserer Lebenskraft. Sonst ist sie nicht fruchtbar! Ohne Wasser keine Pflanzen, und auch Tiere und Menschen müssten verdursten. Und alles kehrt über Bäche und Flüsse zu uns zurück. Alles fließt! Das ist das Prinzip des Lebens. Merk es dir gut und sei stolz auf dein Element!«*

*»Ich erhalte das Leben«, sagte das Feuer. »Aber ich kann es auch vernichten. Ich spende Licht und Wärme, in meiner Nähe kann man nicht erfrieren; man fühlt sich wohlig warm. Ich helfe den Menschen bei der Zubereitung ihrer Nahrung und mache Rohes gar. Erst durch mich können die Menschen Eisen schmieden, Stahl machen und Gold schmelzen. Ich habe die Kraft, neue Dinge entstehen zu lassen. Aber ich kann auch vernichten und deshalb bin ich am mächtigsten von allen Elementen. Ich kann ganze Wälder zerstören, wenn ich will. Ich töte den, der mir zu nahe kommt, und ich verschlinge Abfallhaufen. Ich töte auch Krankheitskeime, ich läutere und reinige, und ich habe die Macht über Leben und Tod. Wer ist schon mächtiger als ich?«*

*»Und wir können uns über jedes Feuer erheben«, sagte ein Zugvogel zum anderen. »Und das ist nur mit der Luft möglich. Die Luft trägt uns, was wären wir ohne sie?*
*Sie ist über allem, über Wasser, Erde und Feuer. Sie erlaubt auch uns, über allem zu sein. Und auch die Menschen, Tiere und Pflanzen brauchen Luft zum Atmen.*
*Luft ist also lebensnotwendig. Auch das Wasser wird ohne Sauerstoff trüb und die Fische sterben. Und sogar das Feuer kann nicht leben ohne Luft! Man muss einfach einsehen, dass die Luft das wichtigste Element der Welt ist.«*

»Ist jedes Element eine Welt für sich?«

*Die Sonne in weiter Ferne sah und hörte alles und kam ins Nachdenken. »Komisch«, sagte sie zu sich, »dass alle auf diesem Planeten sich für das Wichtigste in der Welt halten. Dabei ist doch alles zusammen wichtig! Von hier aus habe ich ja einen guten Überblick, ich bin ja weit genug weg. Obwohl ich mich natürlich dem Feuer verwandt fühle, kann ich das schon klar sehen. Aber was wären sie alle ohne mich! Ohne meine Wärme, mein Licht! Und meine Schwerkraft hält sie erst auf ihrer Bahn! Ich bin das Zentrum . . .«*

*»Ich weiß nicht, ob ich bin oder nicht bin«, wunderte sich das Schwarze Loch. »Man vermutet mich nämlich nur. Denn man kann mich nicht sehen, weil ich so viel Schwerkraft habe, dass ich sogar das Licht nicht weglasse. Wenn es mich gibt, dann hält meine Schwerkraft alle Sonnen der Galaxie auf ihrer Bahn. Und dann bin natürlich ich – falls es mich gibt – das Zentrum der Zentren . . .«*

»Was ist eine Galaxie?«, fragte Feli.
»Das ist nur ein anderes Wort für Milchstraße«, antwortete Phil. Astronomie war sein Hobby. »Und im Mittelpunkt jeder Milchstraße soll ein solches Schwarzes Loch sein. Jedenfalls vermuten das die Forscher. Und wenn es viele davon gibt, gibt es dann überhaupt ein Zentrum der Zentren?« Phil kam ins Nachdenken.
»Ja, und wenn man alles überblicken kann, sieht man den Zusammenhang. Und man sieht wahrscheinlich alles richtig. Oder man sieht alles im richtigen Verhältnis. Aber woher weiß man, ob man alles im Blick hat? Ob es einen solchen Punkt gibt?«, fragte er.
»Aber dann sind wir ja nur ein winziges Stäubchen im Weltall«,

meinte Feli. »Da ist es ja wirklich komisch, dass sich jeder so wichtig nimmt.«

Phil junior hatte einen Kuli eingesteckt. Nach der Fabel gab es wieder eine freie Seite. Er schrieb:

*Alle vier Elemente sind wichtig. Aber jeder nimmt sich zu wichtig. Sie sind doch aufeinander angewiesen. Und die Sonne kann das sehen.*

*Aber weshalb nimmt sie sich auch zu wichtig? Sie ist auch nur eine von vielen Sonnen im Weltall.*

*Was heißt überhaupt All?*

*Alles? Kann es dann Grenzen geben? Kann man draußen sein?*

*Gibt es überhaupt einen Punkt, von dem aus man alles im Blick haben kann?*

*Wer hat den totalen Überblick?*

Feli überlegte. »Von meinen Freundinnen glaubt auch jede, dass sie die Beste ist und Recht hat. Die streiten sich dauernd. Das würde ja bedeuten, dass in Wirklichkeit keine so richtig Recht hat!« Und mit ihrem Bleistiftstummel schrieb sie hinzu:

*Gibt es unparteiische Richter?*

*Weshalb sind alle immer so eingebildet?*

*Weshalb kann niemand das Ganze sehen?*

Aber was war »das Ganze«? Feli seufzte, denn sie dachte an die Keksdose, die sie heute vergessen hatten. Beim Kekseknabbern konnte sie so gut nachdenken. Vielleicht würden ihr ja später noch weitere Fragen einfallen.

## 10. Geheimsprachen

»Wobo sibind Obomabas Kebeksebe?«, fragte Feli in der Küche. Das war die Geheimsprache, die sie mit ihren Freundinnen schon mal benutzte, wenn sie unter sich sein wollten. Doch ab und zu verselbständigte sich diese Sprache. Ihre Freundinnen waren ja gar nicht hier! Im Wohnzimmer hatte sie keine Kekse mehr gefunden und war auf der Suche nach Annes Vorräten in die Küche gekommen.

»Bie witte?« Der große Phil starrte sie verständnislos an. Wenn er verdutzt war, verwechselte er schon einmal ein paar Buchstaben.

»Ibich subuchebe Obomabas Kebeksebe! Oder gibt es bald was zu essen?«

»Ach so, die B-Sprache!« Phil ging ein Licht auf. Er erinnerte sich schwach, dass schon Anne mit ihren Kindern diese Sprache geübt hatte. Aber das war lange her.

Sie hatten viel Spaß dabei gehabt. Wie ging das noch? Man musste einfach nur jeden Vokal mit einem B davor wiederholen.

»Gu-buck ma-bal da-ba hi-bin-te-ben na-bach!«, sagte er langsam und wies auf den Geschirrschrank. Er musste sich konzentrieren, um keine Fehler zu machen!

Der große Phil saß auf der Bank am Küchentisch und hatte die Brille auf der Nase. Er hatte einige Kochbücher vor sich und schüttelte den Kopf. Annes Bratkartoffelrezept kannte er: Sie würfelte eine große Zwiebel und dünstete sie in Öl und Paprikapulver an. Dann erst kamen die gewürfelten Kartoffeln dazu, die Anne am Vorabend gekocht und heute Morgen gepellt hatte. Die Pfanne stand auf dem Herd; er musste nur noch ordentlich pfeffern und salzen und immer wieder wenden.

Dazu wollte er Frikadellen machen. Und nun suchte er ein Rezept. Was um Himmels willen war eine Fleischfarce? Das war ja auch eine Geheimsprache!

Blanchieren, legieren, sautieren, die Sauce mit einem Ei abziehen, Mehl anschwitzen, Julienne, Piccata, lauter Begriffe, die ihm nichts sagten. Die Bedeutung würde sich ihm wohl nicht durch irgendein Lexikon mit weiteren Fremdwörtern erschließen. Was er brauchte, waren Bilder, die ganz genau zeigten, was zu tun war, wie man alle Zutaten und Geräte zu gebrauchen hatte. Der Gebrauch war entscheidend! Erst durch das Tun würden sich ihm die Bedeutungen erschließen. Erst durch die Praxis würde man die Bedeutungen lernen. Er entschloss sich, einfach ein Glas mit Würstchen aufzumachen, und stellte einen Topf mit heißem Wasser auf den Herd. Vielleicht Spiegeleier dazu? Die konnte er.

Anne saß im Wohnzimmer in einem Lehnstuhl über einer Zeitung und war etwas eingenickt. Er wollte sie nicht stören.

Aus ihren eigenen handschriftlichen Notizen wurde er auch nicht schlau. Aber er kam ja auch so zurecht. Schließlich hatte er ja auch eine Geheimsprache, die nicht jeder verstand. Es war die der philosophischen Fachbegriffe. Und er hatte sich immer viel Mühe gegeben, seine Schüler – er hatte immer nur Oberstufenschüler – in diese Geheimsprache einzuführen. Leider hatte sie auch einige Schüler verschreckt und abgeschreckt und das tat Phil Leid. Denn man konnte manches auch viel einfacher sagen!

Die deutschen Philosophen Kant und Hegel zum Beispiel hatten das, was sie sagen wollten, in eine komplizierte Sprache verpackt. Das musste nicht sein, wie die englischen Philosophen bewiesen! Deshalb war ihre Philosophie nicht schlechter! Es war nicht rufschädigend, wenn man sich in einer klaren und deutlichen Sprache ausdrückte. Er erinnerte sich, wie der französische Philosoph Descartes ironisch von manchen Philosophen des Mittelalters und ihrer Sprache gesprochen hatte: Sie glichen Blinden, so hatte Descartes geschrieben, die ihre Gegner absichtlich in eine dunkle Höhle führen, um sich dort gefahrlos mit ihnen schlagen zu können!

Es war nötig, eine klare verständliche Sprache zu finden, die nicht von vornherein ausgrenzte. Eigentlich war das sogar ein Prüfstein. Man konnte daran prüfen, wie klar einem die eigenen Gedanken waren. Und manchmal musste man einfach mehr übersetzen und besser erklären. Dann fühlten sich die Leser angesprochen. Das wurde ihm am Beispiel der Kochbücher wieder einmal deutlich. So wie er sich durch das Kochbuch-Chinesisch ausgegrenzt fühlte – dabei war er ja sicher nicht dumm –, so mussten sich Schüler fühlen, wenn sie ein philosophisches Buch in die Hand nahmen. Man wusste, es ging um wichtige Dinge, aber man bekam keinen Zugang dazu. Das war demütigend und ärgerlich. Und irgendwann stellte man dann auch das Bemühen darum ein. Das war wie mit der Mathematik: Entweder hatte man einen Draht dazu oder man gab auf.

Aber eigentlich waren die Dinge, mit denen sich die Philosophie beschäftigte, zu wichtig, um nur von wenigen verstanden zu werden. Man musste also dafür sorgen, dass philosophische Ideen verständlich wurden. Einige von ihnen hatten die Welt bewegt! Gerechtigkeit zum Beispiel.

Phil war überzeugt davon, dass philosophisches Denken das Leben bereichert, dass man erst richtig lebt, wenn man zu den Dingen eine Einstellung gefunden und sie durchdacht hat. Die Philosophie ist eine Tätigkeit und keine Lehre, hatte der Philosoph Wittgenstein gesagt, und er schien Recht zu haben. Und man musste immer auch mehrere Sehweisen prüfen und gegeneinander abwägen. Aber wie konnte man vermitteln, worum es ging?

Selbst Anne konnte er einige seiner Gedanken nicht erklären, die Fachsprache war im Weg. Und sie hatte wahrscheinlich auch gar kein Interesse daran.

Mit dem, was ihn wirklich beschäftigte, war er viel allein. Manchmal hatte er mit seinen Schülern diskutieren können. Dabei ging er sokratisch vor, denn er versuchte in fragend-entwickelnden Unterrichtsgesprächen die Schüler zu eigenen Einsichten zu führen. Er sah viele seiner Schüler noch ganz lebhaft vor sich. Doch die lebten jetzt ihr eigenes Leben.

Die Vorträge in der Volkshochschule waren eine gute Erziehung für ihn. Er hatte hier nicht die Aufgabe wie am Gymnasium, seine Zuhörer in die Fachsprache einzuführen und auf das Abitur vorzubereiten. Er versuchte, sich ganz allgemein verständlich auszudrücken. Aber das gelang nicht immer und es blieb etwas auf der Strecke.

Und ihm fehlte natürlich die Diskusssion, die sein eigenes Denken anregen konnte.

Man brauchte eben Denkpartner!

Der große Phil seufzte. Seine Bücher waren nun seine Denkpartner. Doch seine Philosophiekurse fehlten ihm. Es kam eben überhaupt nicht darauf an, bei den Schülern philosophiegeschichtliches Wissen anzuhäufen und ihnen immer neue Theoriesysteme zu vermitteln. Das war langweilig und ermüdend für beide Seiten. Und es wirkte so belehrend. Junge Leute fanden das in der Regel ätzend. Das wurde erst interessant, wenn man schon Fuß gefasst hatte in der Philosophie. Und diesen Punkt musste man erst einmal erreichen!

Er nahm die Zeitung von heute und schlug den Börsenteil auf. Er seufzte. Schon wieder eine Geheimsprache! Mühsam hatte er sich die wichtigsten Begriffe und Zusammenhänge beigebracht, schließlich waren die Sparbuchzinsen lächerlich.

Doch er tat sich schwer mit der Wirtschaft. Diskont, Lombard und Xetra, DAX und Disagio, thesaurierende Fonds und Blue Chips, NEMAX und dot.com-Firmen. Anne war da fixer als er, und er war froh, dass sie die Finanzen übernommen hatte. Er hatte Glück, dass er die praktischen Dinge des Lebens ihr überlassen konnte, auch wenn er sich immer bemühte, ihr dabei zu helfen.

Ich weiß, dass ich nichts weiß, sagte er sich. Wie Recht Sokrates doch gehabt hatte!

Doch das sah man nur ein, wenn man viel wusste. Oder eben vieles; und das war immer viel zu wenig. Man hielt nur einen kleinen Zipfel einer riesigen Decke in der Hand und sie schien ohne Ende. Das, was man alles nicht wusste, wurde einem immer mehr bewusst, wenn man anfing zu denken. Das zu begreifen macht bescheiden. Und das war ein Punkt, bei dem man anfangen konnte, ohne sich mit dem Ballast von Scheinwissen zu beschweren, das man doch nur von außen und gar nicht wirklich kannte. Jedenfalls bildete man sich nicht ein, wer weiß was alles zu wissen. Das konnte das Ende des Denkens sein.

Aber war das richtig, dass diejenigen, die etwas Wichtiges wussten oder sich darauf verstanden, daraus eine Geheimwissenschaft für eine kleine abgeschlossene Gruppe machten? Was half es, wenn man mit seinem Wissen isoliert dasaß? Man musste Wege finden, sich verständlich zu machen.

## 11. Rätsel

Heute war wunderbares Wetter gewesen und Phil und Feli hatten am Morgen den Nachbarhof besucht und Hühner beobachtet. Ein junges Kälbchen war auch da! Und Jakob wohnte dort. Er fuhr nicht in Ferien, weil er seinen Eltern auf dem Hof helfen musste. Jakob war fünfzehn und kannte sich mit Tieren aus wie kein zweiter, dachte Feli. Er hatte das neugeborene Kälbchen auch mit Stroh abgerieben, als es gerade auf der Welt war. Zu dritt hatten sie beobachtet, wie es bei seiner Mutter trank und auf staksigen unsicheren Beinen vorsichtige Schritte machte.

»Tiere sind Menschen ja so ähnlich«, bemerkte Feli.

»Na, aber es gibt auch ziemliche Unterschiede«, sagte Phil, als sie mit den Rädern zurückfuhren. »Zum Beispiel wird kein Kalb je einen Popsong komponieren und zum Besten geben.«

»Ich finde Tiere trotzdem sehr menschlich«, sagte Feli. »Die Tiere in unseren Geschichten zum Beispiel benehmen sich ja auch wie Menschen.«

»Das sind ja auch Fabeltiere!«, hatte Phil gesagt. »Solche Tiere gibt es nicht wirklich.«

»Aber woher wissen wir das?«, fragte Feli. Wieso waren die Menschen sich immer so sicher?

Der Vormittag war schnell vergangen.

Laura hatte gegen Mittag angerufen und ihnen erzählt, dass Lutz die Operation überstanden hatte. Er hatte jetzt ein Loch im Rücken und das musste erst zuheilen.

Außerdem mussten sie jetzt etwa eine Woche auf das Ergebnis der Untersuchung warten. Die weitere Behandlung seiner Krankheit hing von diesem Ergebnis ab. Lutz hing noch an Schläuchen, aber das würde nicht mehr lange dauern.

Anne war überhaupt nicht beruhigt, weil sie wusste, was diese Mitteilung bedeuten konnte. Sie hatte mit Laura noch in ein paar völlig rätselhaften Ausdrücken gesprochen.

»Was für eine Krankheit hat Vater eigentlich?«, fragten Phil und Feli.

»Das müssen die Ärzte ja jetzt erst noch herausfinden«, hatte Anne beruhigend gesagt.

Die Kinder waren optimistisch. Lutz hatte immer gesagt, wenn man gesund lebte, würde man mit Krankheiten besser fertig. Und er hatte schließlich gesund gelebt! Es gab wenig Süßes zu Hause. Vielleicht waren sie auch deshalb von Omas Keksen so begeistert.

Und so zogen sie nach dem Mittagessen mit der Keksdose wieder auf den Speicher. »Vielleicht gibt es ja dort oben auch einen alten Kleiderschrank, durch dessen Rückwand man in eine andere Welt gehen kann«, sagte Feli noch. Sie erinnerte sich an die phantastische Welt beim König von Narnia. Auf dem Speicher untersuchte Feli kurz die alten Schränke. Konnte man an einem alten Pelzmantel vorbei in eine andere Welt? Aber es gab keine Pelzmäntel; Anne hatte immer etwas gegen Pelze gehabt. Doch nach einiger Zeit verlor Feli das Interesse. Schließlich war das doch nur eine Geschichte. Sie wandte sich dem Puppenhaus zu und legte den Vater ins Bett des Elternschlafzimmers. Dann stellte Feli die beiden Kinder unten in die alte Küche. Der Junge machte an dem alten Küchenherd in einem Wasserkessel Wasser heiß – eingebildetes Wasser natürlich – und das Mädchen musste Zitronen auspressen. In die winzigen Gläser des Puppengeschirrs füllte sie nun heißes Zitronenwasser und gab eingebildeten Honig dazu. Das Mädchen brachte dem Vater im Bett dann den heißen Zitronensaft. Das war eines von Omas Allheilmitteln bei Erkältungen. »Honig ist gut gegen Bakterien«, sagte Feli. Das hatte sie von Lutz. Schließlich stellte sie fest, dass der Vater viel wärmer zugedeckt werden musste. Und sie ließ den Jungen die winzigen Sofakissen holen, die Anne für das altmodische kleine Sofa im Wohnzimmer genäht hatte. Erst als der Vater damit zugedeckt war, wandte sie sich wieder ihrem Bruder zu.

Phil hatte währenddessen die Kiste mit Lutz' alten Schulsachen inspiziert und hatte ein schmales zerfleddertes Heft in der Hand. Sein Vater hatte auch Latein gelernt!

»DE BELLO GALLICO« stand da. Das muss etwas von einem Hund oder über einen Hund sein, dachte er. Ein wütender Hund? Doch dann fiel ihm ein, dass bellum ja Krieg heißt. Etwas über einen Krieg also! Diese Römer hatten entschieden viel zu viel Krieg im Kopf gehabt. Er legte das Buch beiseite und ging zur Faschingstruhe.

Die Fabeln waren interessanter. Er holte das Buch hervor, setzte sich in einen alten Korbstuhl und öffnete es. Manche der Bilder gehörten wohl zu den Geschichten, andere schienen allein da zu stehen. Ob man dazu selber Geschichten erfinden sollte? Das war schon ein seltsames Buch! Auf den Bildern gab es fliegende Fische und Pferde, ganz seltsame Ameisen, die in einem verschlungenen Band krabbelten, aus dem es offenbar kein Entrinnen gab, Frösche auf einem anderen Stern – oder waren es Eidechsen? – und ganz seltsame Tiere, die es in Wirklichkeit gar nicht gab. Eben Fabelwesen.

Er blätterte durch und ließ sich von den Bildern gefangen nehmen. Sie wirkten so ungewöhnlich, so geheimnisvoll, obwohl es noch nicht einmal bunte Bilder waren.

Oder vielleicht gerade deshalb?

Und da entdeckte er auf der letzten Seite des Buches ein Gedicht in einer altmodischen Schrift. Vielleicht doch noch ein Zauberspruch? Da stand:

AUS ALT MACH NEU, AUS NEU MACH ALT
DIE LÖSUNG FINDET IHR WOHL BALD ...
DES BUCHS GEHEIMNIS MÜSST IHR SELBST ENTDECKEN.
DANN KANN ES ETWAS IN EUCH WECKEN.
ES GEHT MAL RAUF, MAL GEHT ES NIEDER;
IN IMMER NEUEN KLEIDERN KEHRT ES WIEDER.
KEIN MENSCH WEISS, WIE'S ENTSTANDEN IST.
ES IST GANZ SCHLIMM, WENN MAN'S VERMISST.
KEIN MENSCH KENNT SEINEN URSPRUNGSORT,
UND DOCH SETZT ES EIN JEDER FORT.
MAN MUSS NICHT IMMER NEU BEGINNEN;
DOCH OHNE MÜHE WIRD MAN NICHTS GEWINNEN.
ES WEIST DEN WEG, DEN WEG ZU FINDEN.
ES TRENNT, KANN ABER AUCH VERBINDEN.
ES HILFT EUCH, STARK UND FREI ZU WERDEN.
NUN RATET, WAS DAS IST AUF ERDEN.

Feli war neben Phils Korbstuhl getreten und hatte mitgelesen. »Das ist ein Rätsel!«, rief sie begeistert. »Und wir müssen es lösen! Der Anfang hört sich an wie ein Zauberspruch. Aber wir sollen ja etwas herausfinden. Was das wohl sein mag?
»ES GEHT MAL RAUF, MAL GEHT ES NIEDER ... das Buch kann damit ja wohl nicht gemeint sein, das ist immer hier oben. *Wir* gehen rauf und nieder, wenn wir auf den Speicher gehen, und wieder nach unten, und in immer neuen Kleidern, das könnte man einrichten, mit den vielen Verkleidungsmöglichkeiten, die man hier oben hat ...

Aber wir können ja wohl nicht gemeint sein. Wenn es nun jemand anders woanders gefunden hätte? Das Buch hat ein Geheimnis. Sicher, man soll was reinschreiben ...«

»Das war ja nicht schwer. Vielleicht ist da ja noch ein anderes Geheimnis«, meinte Phil. »KEIN MENSCH WEISS, WIE'S ENTSTANDEN IST ... das kann sich nicht auf das Buch beziehen und auch nicht auf sein Geheimnis. Wer das Buch gemacht hat, wird auch das Geheimnis kennen, vermute ich. AUS ALT MACH NEU, AUS NEU MACH ALT? Da werde ich nicht schlau draus.«

»Wir haben ja noch viel Zeit«, sagte Feli. »Opa sagt doch immer, gut Ding will Weile haben. Also lassen wir uns Zeit. Wir haben doch die ganzen Ferien zum Nachdenken.«

»Habe den Mut, dich deines eigenen Verstandes zu bedienen!«, murmelte Phil. Aber er konnte das Rätsel nicht lösen. »Auch ein guter Detektiv findet nicht immer alles sofort heraus«, tröstete er sich. Man musste eben gründlich sein.

»Vielleicht kommen wir ja eher drauf, wenn wir noch mehr Geschichten gelesen haben?«, schlug Feli vor.

»Na gut«, sagte Phil und er las vor:

### Die klare Luft des reinen Denkens

*Es war einmal ein junger Hahn, der konnte gar nicht gut krähen und schämte sich dafür. Es ärgerte ihn auch, dass sich die Hühner die wildesten Geschichten ausdachten und sie sich in immer neuen Versionen erzählten. »Ihr immer mit eurem Gefühlschaos!«, sagte er verächtlich. Er schaute sehnsuchtsvoll zum Kirchturmhahn hinauf, der hoch oben golden in der Sonne glänzte. So hoch über allem – da könnte man gut denken, dachte er und nahm allen Mut zusammen.*

*Weshalb nicht hoch hinauf?, fragte er sich und wies seine Hennen an, ihm den Misthaufen, auf dem er jeden Morgen versuchte zu krähen, immer höher zu machen. Hoch oben würden mich alle bewundern, so hoffte er, und ich kann mich endlich von den Niederungen des Alltags lösen und nachdenken. Da oben habe ich den vollen Überblick.*

*Die Hennen scharrten und scharrten und trugen folgsam Mist zusammen. Der Misthaufen wurde also tatsächlich von Tag zu Tag höher. Obenauf stand der Gockel und ließ sein Gefieder stolz im Sonnenlicht glänzen. Doch die Hennen waren zu eifrig, um ihn bewundern zu können. Er war fast ein bisschen gekränkt.*

*Der Misthaufen wuchs und wuchs, und der Gockel verglich seine Höhe täglich mit der des Kirchturms. Er wurde immer stolzer. Das Leben der anderen so tief da unten interessierte ihn immer weniger. Wie herrlich ist die klare Luft des reinen Denkens, so hoch über allem, schwärmte er; und der Misthaufen wuchs ihm nicht schnell genug. Er schimpfte die Hennen aus, aber sie konnten in der ganzen Umgebung keinen Mist mehr finden, der den Misthaufen noch höher gemacht hätte. »Dann müsst ihr eben etwas von unten wegnehmen und obenauf tun«, sagte er ihnen. »Ich brauche doch keine so breite Basis, ihr müsst es nur richtig machen. Der Kirchturm von nebenan ist doch auch unten nicht so breit und steht trotzdem sicher.«*

*Gesagt, getan. Der Misthaufen wuchs schnell in eine unglaubliche Höhe.*

*»Habt ihr schon mal einen so hohen Misthaufen gesehen?«, fragten die Zugvögel einander. »Er ist fast so hoch wie der Kirchturm!« Der Gockel platzte fast vor Stolz. Er*

73

*hoffte, sein Gefieder bald so glänzen zu sehen wie das des Kirchturmhahns.*

*Unterdessen wurde es für die Hennen immer schwieriger, den Mistturm zu befestigen. Sie nahmen ja immer etwas Mist von unten weg, damit der Turm noch wachsen konnte, und dadurch wurde er gefährlich instabil. Und eines Tages wurde der Gockel aus seiner denkerischen Höhe gerissen und kehrte sehr unsanft ins Leben zurück: Der Mistturm war eingestürzt. »Mist, elender!«, fluchte er und sah ziemlich kläglich aus.*

*»Jaja, Hochmut kommt vor dem Fall«, gackerte eine Henne.*

*»Es war einmal ein Riese«, gackerte ein anderes Huhn. »Der hieß Antaeus und war unwahrscheinlich stark. Allerdings nur, wenn er seine Mutter, die Erde, berührte. Dann war er unbesiegbar und keiner konnte sich mit ihm messen. Aber der starke Herkules kannte das Geheimnis des Riesen und hob ihn einfach hoch. Da war Antaeus hoch oben, aber machtlos, und Herkules konnte ihn besiegen ...«*

*»Ach, ihr immer mit euren Geschichten«, sagte der Gockel verächtlich.*

»Mhm«, schnaufte Feli zufrieden. »Da ist schon einmal von einem Geheimnis die Rede, wie im Rätsel.« Sie hatte sich zu Phils Füßen hingesetzt und die Augen geschlossen, während er vorlas. So konnte sie sich besser konzentrieren und sich die Sache in Gedanken ausmalen. »Antaeus ist nur stark auf der Erde. Der Gockel wäre auch mal besser unten geblieben. Was heißt eigentlich Basis?«

»Das heißt bloß Grundlage«, sagte Phil.

»Ach so«, meinte Feli und biss in einen Keks. »Und wieso lassen sich die Hühner eigentlich so einen Blödsinn befehlen?« Sie dachte an den morgendlichen Ausflug zum Nachbarhof. Auch dort hatte es einen Misthaufen gegeben und Hähne und Hühner hatten gemeinsam auf ihm gescharrt.

»Na, eigentlich ist es ja gar nicht schlecht, wenn man mal ausprobiert, wie weit man mit einer neuen Methode kommt«, meinte Phil. »Aber zu hohe Türme haben schon öfters für Ärger gesorgt.« Er dachte an den Turmbau zu Babel. Sie hatten diese Geschichte aus der Bibel in der Schule durchgenommen. War da etwa auch Hochmut im Spiel gewesen? Er konnte sich nicht mehr genau erinnern. Der Gockel war schlicht und einfach eitel und auch noch dumm dazu. Bloß weil er nicht gut krähen konnte, musste er stattdessen in der Sonne glänzen!

Und er schrieb in das Buch:

*Wieso verachtet der Gockel Geschichten?*

»Und Gefühle«, ergänzte Feli. »Der ist wirklich dämlich. Geschichten können viel Wahrheit enthalten.«

»Aber er will gar nicht nur hoch hinaus, um bewundert zu werden«, sagte Phil. »Da war doch eine Stelle, warte mal, ja: Er will den vollen Überblick haben!«

»Ja, das war doch auch schon in der Geschichte davor«, meinte Feli. »Aber die Sonne glaubt nur, dass sie den vollen Überblick hat. Etwas weiter weg zu sein heißt noch nicht, dass man alles im Blick hat. Aber man kriegt auch weniger mit, fällt mir nun auf. Man weiß nicht mehr so viel vom Leben, wenn man weit weg ist.«

Feli schrieb :

*Warum will der Hahn hoch hinaus und weg vom Alltag?*
*Warum macht er seinen Misthaufen nicht selber?*

*Warum bewundern die Hennen ihn gar nicht?*
*(Vielleicht aber die anderen Gockel?)*
*Müssen Männer und Frauen getrennte Welten haben?*
*(Männer hoch oben, Frauen tief unten?)*
*Warum kann der Hahn nicht zusammen mit den Hennen*
*auf der Erde bleiben?*
*Sind Männer dümmer als Frauen oder sind Frauen*
*dümmer als Männer?*

In der Geschichte sind sie alle gleich dumm, dachte sie. Aber aus unterschiedlichen Gründen. Und am Ende sind sie alle bestraft: die Hennen, weil sie so bereitwillig dümmliche Arbeit verrichtet haben, und der Hahn, weil er so sein wollte wie der Kirchturmhahn. Denn der war ja gar nicht lebendig. Und Eindruck machen konnte er auch nicht damit. Die Sache war ganz schön schief gegangen!

Phil dachte an die Jungen und Mädchen in seiner Klasse. In seinem Alter wollten sie für gewöhnlich nicht viel miteinander zu tun haben. Die Jungen blieben für sich und die Mädchen auch. Immer dieses Gekichere und Gegackere!

Und die Jungen gaben sich »cool«, obwohl sie es gar nicht waren. Aber das durfte niemand merken. Ganz schön blöd! Über Schwestern musste man abfällig reden, das gehörte zum guten Ton. Er durfte gar nicht erzählen, dass er sich meistens ganz gut mit Feli verstand. Und er setzte noch hinzu:

*Weshalb braucht man Anerkennung?*
*Wie kann man sie bekommen, ohne sich lächerlich zu*
*machen?*
*Wieso sind wir von der Meinung der anderen so*
*abhängig?*

Feli hatte mitgelesen und sagte zu Phil: »Die Jungen in deiner Klasse sind blöd.«

»Und deine Freundinnen sind dumm«, gab Phil zurück.

Feli fuhr entrüstet auf. »Du weißt ja kaum etwas von ihnen!«, rief sie.

»Aber das reicht mir auch schon«, gab Phil zurück.

»Du hast ja Vorurteile«, warf Feli ihm vor. Und kämpferisch schlug sie vor: »Wir müssen die nächste Geschichte lesen! Es gibt eine über Vorurteile!«

»Morgen«, erwiderte Phil. Er wollte sich mit Feli nicht streiten. An sich war sie ja ganz in Ordnung. Nur mit dem Rätsel waren sie noch nicht weiter.


# 12. Schopenhauer


Es war dunkel geworden. Kant hatte Phil und Feli mit freudigem Bellen begrüßt: Er hatte sie nun wohl als Hausgenossen akzeptiert. Phil junior hatte ihm sein Hundefutter gegeben und durfte mit ihm die Abendrunde machen.

Phil senior saß in einem Sessel und hörte Musik. Neben sich hatte er ein Glas Rotwein stehen. Er liebte Klaviermusik! Musik konnte die Seele heil machen. Wieso war das so? War es das Erlebnis von Harmonie? Musik war nicht einfach nur Geräusch. Sie war durch und durch geistig. Jemand hatte sie komponiert, der die Instrumente und ihre Möglichkeiten kennen musste, um sich dafür Musik auszudenken. Auch im Lesen von Noten und ihrer Umsetzung, in der Beherrschung von Instrumenten lag so viel Mühe und künstlerische Kraft.

Dass jemand sozusagen aus dem Nichts etwas Schönes, etwas Neues und Einzigartiges erschaffen konnte, das beeindruckte den großen Phil. Musik erfasst den ganzen Menschen, dachte er. Verstand und Gefühl kamen zusammen.

Dass eine bestimmte Folge von Tönen einen so mit Freude erfüllen konnte! Und gleichzeitig konnte man die Struktur erfassen, die der Komponist im Sinn gehabt hatte, die Art, wie er ein Thema aufbaut und wieder aufnimmt oder es immer neu abwandelt, aber stets so, dass man es noch wieder erkennt. Musik war durch und durch Kultur und er konnte sie genießen und war gleichzeitig konzentriert und entspannt dabei. Verstand und Gefühl kamen zusammen!

In seiner eigenen Kultur, der des Denkens, war das leider nicht mehr der Fall.

Wie war es dahin gekommen? Warum durfte sich ein vernünftiger Mensch nicht von seinen Gefühlen für andere Menschen leiten lassen? Der Philosoph Kant hatte Menschen, die sich Gefühlen und Neigungen nicht verschlossen, kritisiert. Die waren für ihn etwas Niederes, weil er sie auch bei Tieren beobachtet hatte. Der moralisch gute Mensch musste deshalb seiner Vorstellung nach mit der Vernunft seine Gefühle und Neigungen kontrollieren und notfalls auch unterdrücken. Hier Gefühl und da Verstand. Ein tiefer Graben war dazwischen. Entweder war man vernünftig oder man war emotional. Verstand durfte nichts mit Gefühlen zu tun haben, sonst war er minderwertig.

Deshalb lag dem großen Phil besonders an Schopenhauer. Der war zwar Zeit seines Lebens sehr pessimistisch gewesen, aber er hatte ein Gegenkonzept entwickelt.

›Meine Damen und Herren!‹, formulierte er in Gedanken, denn er sollte demnächst über diesen Philosophen sprechen. ›Der Begriff der Vernunft hat sich über die Jahrhunderte hinweg entwickelt und hat nicht immer das bedeutet, was wir heute darunter verstehen. Bei den Griechen hieß ›logos‹ auch noch so viel wie Wort, Rede, Sprache, Gedanke, Sinn und Weltgesetz, denn es ging um das, was unsere Welt durchdringt und zusammenhält. Doch im Verlauf der Geschichte des Denkens hat sich diese Vorstellung immer weiter verengt. Die Vorstellung einer rein logischen Vernunft hat zu einer Abwertung des Emotionalen, also von Gefühlen und Neigungen geführt. Wenn wir heute davon sprechen, dass etwas vernünftig ist, geht es uns oft nur noch um eine Art technisches Zweckdenken, das heißt, dass Vernunft und Verstand oft nur noch als Mittel gesehen werden, um vorgegebene Zwecke zu erreichen. Zum Beispiel wirtschaftliche oder technische Zwecke.« Und ein Dialog war dann wertvoll, wenn in ihm logisch und zweckdienlich argumentiert wurde. Man konnte sich so in seinen denkerischen Elfenbeinturm zurückziehen und so tun, als gebe es einen wichtigen Teil des Lebens gar nicht.

»Deshalb, meine Damen und Herren, halte ich Arthur Schopenhauer für bedeutsam.

Ihm war es nämlich wichtig, dass hinter jedem Denken ein Wille, ein Interesse steht. Der Mensch ist eine Einheit, keine Zweiheit!«

Die Trennung von Verstand und Gefühl war zwar analytisch interessant, aber sie hatte nichts mit dem Leben zu tun. Sie hatte zu grauenhafter Kälte geführt. Die schlimmsten Dinge hatte man tun können, weil sie zweckrational geboten schienen und man jegliches Gefühl ausblenden konnte!

Phil hatte das Regime der Nationalsozialisten in Deutschland nicht mehr bewusst erlebt. Bei Kriegsende war er zehn Jahre alt gewesen. Er hatte nur schlimme Erinnerungen an heulende Sirenen, an Bombennächte, brennende Häuser und an Hunger und Kälte.

Die ganze Kultur des Denkens hatte den Krieg nicht verhindert, das war die Katastrophe! Und Folter und Völkermord gingen in der Welt immer noch munter weiter. Schopenhauer hatte eine andere Moral gefordert als Kant. Keine vernünftigen Prinzipien, die für alle bindend waren und wie Gesetze befolgt werden sollten, sondern Einfühlung und Mitleid sollten die Menschen zu ihren Handlungen bewegen.

Der große Phil blickte auf das Buch, das vor ihm aufgeschlagen lag:

›Wenn nun aber meine Handlung ganz und gar des andern wegen geschehen soll, so muss sein Wohl und Weh unmittelbar mein Motiv sein … Dies aber setzt voraus, dass ich bei seinem Weh als solchem geradezu mitleide, sein Weh fühle wie sonst nur meines und deshalb sein Wohl unmittelbar will wie sonst nur meines. Dies erfordert aber, dass ich auf irgendeine Weise mit ihm identifiziert sei … Der hier analysierte Vorgang aber ist kein erträumter oder aus der Luft gegriffener, sondern ein ganz wirklicher, ja keineswegs seltener: Es ist das alltägliche Phänomen des Mitleids, d. h. der ganz unmittelbaren, von allen anderweitigen Rücksichten unabhängigen Teilnahme zunächst am Leiden eines anderen …‹

Nur wenn man sich in andere Menschen hineinversetzte und ihre Gefühle wie die eigenen empfand, konnte man moralisch handeln. Das war für Schopenhauer nicht-egoistisches Handeln. Es war nicht auf eigene Zwecke gerichtet, sondern hatte den anderen Menschen im Blick.

Wäre die Geschichte wohl anders verlaufen, wenn man weniger an Gesetze und Pflichten, sondern mehr an wirkliche, leidende Menschen gedacht hätte? Wenn man mit ihnen gefühlt hätte? Wenn man Gefühle nicht als minderwertig abqualifiziert hätte? Aber Nietzsche hatte die Oberhand behalten: Unempfindlich gegen das eigene und anderes Leid musste man hart an sich arbeiten, um »am Menschen wie an einem Kunstwerk zu gestalten«. Nur so konnte nämlich Nietzsches Übermensch geboren werden. Und diese Vorstellung vom Übermenschen hatte leider einen verhängnisvollen Einfluss auf die deutsche Geschichte gehabt.

Immerhin musste man Kant zugute halten, dass er nicht nur Selberdenken gefordert hatte, sondern auch, dass man sich »jederzeit in einen jeden anderen hineindenken« müsse. Das war ungeheuerlich, wenn man das ernst nahm! Nicht nur in den Nachbarn oder die beste Freundin oder den eigenen Sohn, und nicht nur, wenn einem gerade danach war oder wenn es einem leicht fiel. Nein: jederzeit und in einen jeden anderen! Auch damit wäre schon viel gewonnen, dachte der große Phil.

Und trotzdem war es noch zu wenig. Man musste sich nicht nur hineindenken, sondern auch hineinfühlen. Und das war vielleicht für Männer besonders schwer zu akzeptieren, denn eine weitere verhängnisvolle Begriffstrennung hatte das Denken als männlich und das Fühlen als weiblich festgemacht. Als ob nicht auch Frauen denken und Männer fühlen könnten! Und in der Philosophie, die immer noch stark von Männern beherrscht wurde, galt nach wie vor das Thema Gefühl als unwichtig.

Hatte das mit dem großen Einfluss Kants zu tun? Ob Kant wohl jemals glücklich gewesen war?

Diese dumme Angst, unmännlich zu sein! So musste man vielleicht auf Philosophinnen warten, die sich trauten, das Thema zu bearbeiten. Oder taten sie es nicht, weil sie Angst hatten, dann nicht mehr als »richtige« Philosophinnen ernst genommen zu werden? Wie stark lassen wir uns doch von der öffentlichen Meinung beherrschen, dachte er.

Schopenhauer hatte den Mut gehabt, auf die Bedeutung des Fühlens hinzuweisen.

Emotionale Bildung, dachte der große Phil. Bei allen Verdiensten der Aufklärung – schließlich war kritisches Denken nach wie vor unerlässlich – war es doch langsam Zeit für eine Kultur der Gefühle, die die Kultur des Denkens ergänzen musste.

Und das hieß nicht einfach Gefühlsduselei oder Gefühlschaos. Bei einer Kultur der Gefühle ging es um durchgeistigtes Fühlen und das hatte Struktur. Schließlich war beim Innewerden von Gefühlen, egal ob bei sich oder anderen, immer auch Erkennen beteiligt. Scham, Reue, Begeisterung, Liebe, Güte, Zorn, Kummer, immer musste man sie als diese speziellen Gefühle kennen und erkennen und musste auch wissen, welche Anlässe diese Gefühle auslösen konnten. Erst dann konnte man eigene Gefühle und die anderer Menschen als solche, in ihrer besonderen Eigenart, wahrnehmen und verstehen. Und da man das eigene Erleben als Vergleichsmöglichkeit hatte, wurde einem bewusst, dass man sich selbst im anderen wiederfand, wenn man sich in ihn hineindachte und -fühlte.

Schließlich konnte man den Kummer des anderen nur erfassen, wenn man selber Kummer kannte, und Freude nur mitempfinden, weil sie einem selbst nicht unbekannt war. Man wusste, wie das war, und man konnte es mitfühlen! Die Einheit von Verstand und Gefühl! Im asiatischen Raum war die Trennung nicht so scharf, dort gab es zum Beispiel eine Kultur der Meditation. Und im Buddhismus gab es das Prinzip des unbedingten Wohlwollens gegenüber jedermann. Und die Verpflichtung zur Dankbarkeit. Wieso hatte sich das europäische Denken so anders als das asiatische entwickelt, fragte sich Phil und überließ sich wieder der Musik.

Eine Bildung der Gefühle! Konnte das Harmonieerlebnis von Musik zu einer solchen Kultivierung beitragen? Es gab Versuche mit sozial schwierigen Kindern, die angeleitet wurden, gruppenweise zu musizieren. So lernten sie, aufeinander zu hören und miteinander zu spielen, und konnten stolz auf das Ergebnis ihrer Bemühungen sein. Wie viele Kinder hungerten nach Zuwendung und Anerkennung! Und wenn sie die nicht bekamen wurden sie aggressiv oder taten «cool«, obwohl es ihnen an Geborgenheit fehlte.

Phil hatte zwar immer nur mit älteren Schülern zu tun gehabt, aber auch dort bemerkte er, dass viele Eltern zu wenig Zeit für ihre Kinder hatten.

Wer hörte ihnen schon intensiv zu! Es gab nur noch wenige Kinder, die durch eine einfühlsame Begleitung im Elternhaus ein gesundes Ichbewusstsein entwickelten und gleichzeitig – vielleicht auch gerade deshalb – offen für die Probleme anderer sein konnten. Er konnte – wie seine Kollegen – diese Kinder in der Schule sofort benennen. Und sie waren bei weitem die Ausnahme. Auch die weltweit ansteigende Bereitschaft zur Gewalt hing damit zusammen, dachte er. Und die vielen kaputten Ehen. Und es gab immer mehr verhaltensauffällige Schüler pro Schulklasse.

Die technisierte Gesellschaft brachte immer mehr Zwänge mit sich, und eben auch Zeitzwänge, die zu Lasten der Kinder gingen. Die Kinder kamen zu kurz! Sie wurden mit völlig idiotischen Kindersendungen und Werbespots überschüttet, aber ihre wirklichen Bedürfnisse interessierten keinen. Und dann mussten sie sich unter allen Umständen, egal ob positiv oder negativ, die Aufmerksamkeit holen, die ihnen nicht zuteil geworden war. Wer sich von anderen verstanden fühlte, hatte das nicht nötig. Eine Kultur der Gefühle! Wie blind manche Eltern doch waren. Sie glaubten, ihren Kindern alles zu bieten, wenn sie sie mit teurem Spielzeug und Mode und Animation überschütteten.

Dabei waren das doch nur aufgenötigte Bedürfnisse. Werbung und Konsumindustrie ließen die Eltern glauben, dass sie nur das Beste für ihre Kinder taten. Doch dabei verloren Eltern und Kinder zunehmend das Gefühl für ihre eigenen, wirklichen Bedürfnisse und wurden sich immer fremder. Das war erschreckend. Wie konnte es sein, das viele Eltern keine Ahnung von den wirklichen Bedürfnissen ihrer Kinder hatten? Und sich auch gar nicht dafür interessierten? Und viele Kinder sich auch nicht die Mühe machten, ihre Eltern zu verstehen? Und schlimmer: auch gar kein Gefühl für das entwickelten, was ihnen wirklich gut tat? Und woher sollten sie es auch lernen, wenn sie es nicht am eigenen Leib erlebten, wie es ist, wenn sich jemand verständnisvoll einfühlt? Hier war wirklich ein Stück Menschlichkeit bedroht. Er musste unbedingt noch mehr bei Schopenhauer lesen.

## 13. Das Verstehen des Fremden

»Vorurteile«, las Feli laut. Ihren Ärger von gestern hatte sie noch nicht vergessen.

Wie konnte Phil so über ihre Freundinnen herziehen! Dabei wusste er so wenig über sie und das hatte er auch noch selber zugegeben. Sie fand ihre Freundinnen zwar auch nicht immer toll und stritt sich auch schon mal mit ihnen, aber das war etwas ganz anderes. Wenn Mädchen angegriffen wurden, hielten sie zusammen.

Jungen waren schon scheußlich! Und sie las:

*Vorurteile*

*Eine kleine Maus und eine Schildkröte trafen in einem
Garten aufeinander und erschraken fürchterlich.*
*Was für ein entsetzliches Wesen!, dachte die Maus über-
heblich. So plumpe Beine und ein Kopf ohne Schnurrbarthaare! Ihr Schnurrbart war ihr ganzer Stolz. Womit will es
tasten? Und jetzt zieht es Kopf und Beine ein und sieht
überhaupt nicht mehr wie ein Tier aus. Ist das überhaupt
ein Tier? Eine gepanzerte Halbkugel scheint das zu sein!
Seltsam ...*

*Ach du lieber Schreck, sagte sich die Schildkröte und lugte
vorsichtig durch den Spalt zwischen Panzer und Gras. Was
ist denn das für ein Tier? Das ist ja so entsetzlich klein und
schnell, und weggerannt ist es auch und beobachtet mich
jetzt von unter dem Busch. Das hat ja gar keinen Panzer!
Wohl Augen und Mund und Beine, aber so eine langen dün-
nen Schwanz habe ich noch nie gesehen. Wofür der wohl
gut sein soll! Und dieses komische graue Fell! Das bietet ja
überhaupt keinen Schutz. Wie ärmlich! Da ist mir mein
Panzer schon lieber. Der ist schön sicher ...*
*Man müsste eigentlich alle Tiere bedauern, die keinen haben.*
*Wie fürchterlich groß und langsam das Untier ist!, beob-
achtete die Maus. Das ist bestimmt unglaublich dumm,
wenn es schon mit den Beinen so langsam ist. Das ist ja
nicht zu ertragen! Und immer in der prallen Sonne. Das
macht doch müde!*
*Na, wer sich Faulheit leisten kann ...*

*Jetzt frisst das graue Tier auch noch ein Stück Käse!,
stellte die Schildkröte angewidert fest. Wie ekelhaft! Da*

*lob ich mir meine Schnecken und Würmer und ab und*
*zu ein Salatblatt. Käse und nun auch noch Speck, das ist*
*ja scheußlich! Das fressen doch sonst nur Menschen!*
*Jetzt weiß ich, warum es so schnell gelaufen ist! Es hat*
*aus einer Speisekammer gestohlen! Das ist ein Dieb! Und*
*wenn es so schnell frisst, wird ihm das nicht gut bekom-*
*men. Also ein ganz unvernünftiges Tier. Na ja, es wird*
*schon sehen, was es davon hat. Und dass es sich immer*
*ins Dunkle verkriecht, ist ja geradezu abartig! Wo doch*
*die Sonne so schön wärmt! Aber neugierig scheint das*
*Tier zu sein! Oje, jetzt kommt es wieder auf mich zu,*
*schnell unter dem Panzer verstecken ...*

*Die Luft scheint rein zu sein, sagte sich die Maus, die*
*immer Gefahr von oben fürchten musste, denn sie war tat-*
*sächlich sehr neugierig. Ich muss den Panzer untersuchen.*
*Gehört der dazu, oder versteckt sich das Tier nur darin?*
*Ich könnte den eigentlich ganz gut für mich und meine*
*Jungen gebrauchen. Vielleicht kann ich das dumme Ding*
*da drin ja verjagen ...*

»Das ist ja toll«, verkündete Phil junior. »Nur weil man jemand
dumm oder blöd findet, darf man ihn doch nicht aus seinem
Haus verjagen. Alles hat seine Grenzen.«
»Das ist eine Geschichte, die man weiterschreiben könnte«,
dachte Feli laut. »Die beiden wissen zu wenig von sich, und weil
sie sich so fremd sind, können sie sich nicht verstehen. Sie könnten sich kennen lernen!«
»Ja, die sind sehr verschieden«, meinte Phil. »Die Maus ist
schnell, die Schildkröte langsam, sie fressen andere Sachen,
die Maus liebt den Schatten, die Schildkröte die Sonne, die
Maus ist klein, die Schildkröte groß, die eine hat ein Fell und

Schnurrbarthaare, die andere einen Panzer und keinen Schnurrbart ...«

»Aber bloß weil sie anders sind, müssen sie sich nicht verachten«, sagte Feli. »Die Maus hält die Schildkröte für dumm, weil sie langsam ist. Aber sie braucht gar nicht schnell zu sein! Sie kann sich Zeit nehmen und gründlich sein. Und der Schildkröte ist die Maus zu wuselig. Aber wenn sie nicht schnell ist, kann ihr Leben bedroht sein.«

»Sie müssten sich nicht verachten, wenn sie mehr von sich wüssten«, meinte Phil. »Sie urteilen zu schnell und sie verurteilen sich auch.«

»Das ist wie mit Jungen und Mädchen!«, konnte Feli sich nicht verkneifen.

Phil überhörte die Spitze und ergänzte: »Oder wie mit Türken und Kurden, mit Lehrern und Schülern, mit Jungen und Alten, mit Ossis und Wessis. Die wissen zu wenig voneinander, jedenfalls wie sie wirklich sind, und machen sich auch nicht die Mühe, es herauszufinden. Und so bleiben sie sich eben fremd.«

»Die Tiere interessieren sich auch gar nicht füreinander!«, rief Feli. »Ich glaube, die *wollen* sich gegenseitig verachten, damit sie sich selber besser fühlen.«

»Aber denen entgeht auch völlig, wie der andere wirklich ist. Weil sie immer nur von sich aus denken. Das ist natürlich einfacher! Sie kennen nur das eigene Leben und können sich etwas anderes gar nicht vorstellen. Das hat was mit den Geschichten davor zu tun! Irgendwie sind die wie blind«, überlegte Phil. »Wie könnte man ihnen die Augen öffnen?«

»Hab ich doch schon gesagt«, meinte Feli. »Sie müssen sich kennen lernen.«

Und mit ihrem Bleistiftstummel schrieb sie langsam:

Die Maus betastete mit ihren Pfötchen den warmen Panzer. Eigentlich ganz bequem, dachte sie sich. Man braucht nie wegzulaufen, jedenfalls nicht vor Raubvögeln oder Katzen. Sie schnupperte vorsichtig.

Der Schildkröte innen wurde heiß und kalt zugleich. Anscheinend muss ich vor ihr keine Angst haben, dachte sie sich und wagte es also, den Kopf ganz vorsichtig wieder herauszustrecken.

Feli hielt inne. »Ich weiß, wie es weitergehen könnte«, sagte Phil. »Sie müssen miteinander reden.« Er schrieb dazu:

»Bist du ein Tier?«, fragte die Maus. »Und gehört der Panzer mit zu dir?«

»Wieso kannst du so schnell rennen und fressen?«, fragte die Schildkröte.

»Ich muss!«, erwiderte die Maus. »Überall lauern Katzen und Bussarde und meine Jungen brauchen mich.«

»Du bist überhaupt nicht gut geschützt! Musst du nicht ständig Angst haben?«, fragte die Schildkröte.

»Oh, ich bin flink und habe meine Augen überall! Und wenn ich mich in einen Panzer verkriechen würde, würde ich ja ganz viel nicht mitkriegen. Aber vielleicht kann ich dir ja gelegentlich Dinge erzählen, die du nicht mitkriegst, weil du so langsam bist. Ich sehe nämlich viel von der Welt, musst du wissen«, erbot sich die Maus.

»Und ich habe viel Zeit zum Nachdenken«, sagte die Schildkröte. »Dazu wirst du sicher nicht viel Zeit finden. Allerdings bin ich ziemlich viel allein. Aber vielleicht können wir uns ja ab und zu mal unterhalten?«

Und so wurden Maus und Schildkröte tatsächlich Freunde.

»Freunde sind wichtig«, sagte Phil. »Fremde machen sich ein Bild voneinander, und wenn sie nicht miteinander sprechen, verändert sich das Bild auch nicht.«

»Aber ich mache mir dauernd Bilder!«, rief Feli. »Bei diesen Geschichten zum Beispiel. Ich male mir die Geschichten aus, ich stelle mir die Schildkröte vor und die Maus, die Schnurrbarthaare und den Panzer. Ich könnte ein Bild dazu malen! Und ich kann mich dann viel besser in die Geschichte hineindenken. Sie ist mir dann gar nicht mehr fremd, wenn ich meine eigenen Bilder dazu mache.«

»Aber das sind dann eben nur deine Bilder. Vielleicht würde ja jemand anders sich andere Bilder vorstellen!«, gab Phil zu bedenken. Die Sache war doch gar nicht so einfach. Hatten diese Bilder auch etwas Gutes? Konnte man damit besser verstehen lernen?

»Also jetzt interessiert mich die Bilderfabel«, sagte Feli. »Wir überschlagen zwei Geschichten!«


## 14. Überall Bilder!


Anne saß am großen Wohnzimmertisch und blätterte in Zeitschriften. Sie war immer auf der Suche nach neuen guten Rezepten. Liebe ging durch den Magen, hieß es, und jedes Einerlei war der Tod der Liebe. Also versuchte sie, immer wieder Neues auszuprobieren. Natürlich hatte sie ihre kulinarischen Erfolge im Programm und richtete sich nach den Wünschen, die Phil und die Kinder an sie gehabt hatten.

Aber darüber hinaus lernte sie gern weiter. Außerdem war es im

Alter besonders wichtig, gesund zu essen, und sie versuchte nun, Mahlzeiten zu kochen, die gesund waren, aber nicht so schmeckten. Da gab es noch viel zu wenig Kochbücher!

Sie experimentierte also selber, ließ sich aber stets von Rezeptvorschlägen anregen.

Wie wunderbar die Gerichte immer fotografiert waren! Und immer das passende Geschirr dazu! Eigentlich waren es erst die Fotos, die auf die Rezepte so richtig neugierig machten. Ob man sie auch lesen würde, wenn die Fotos dazu fehlten?

Anne kannte die Tricks, mit denen Fotografen arbeiteten, damit die Gerichte appetitlich aussahen. Es war nicht immer alles gar gekocht, damit Farbe und Form erhalten blieben. Und Glanz ließ sich mit Öl oder flüssiger Butter oder sogar Spray erzeugen, vorausgesetzt, das Ganze wurde gut beleuchtet. Das Auge des Betrachters sollte angelockt werden und deshalb wurde jedes Bild genau geplant. Und trotzdem, auch wenn man das wusste, schaute man gerne hin. Wir sind eben optische Menschen, dachte sie.

Ob das immer schon so war? Oder war das erst heute so, vielleicht seit es Fernseher gab, dass man immer so auf Bilder schaute? Sie blätterte weiter und sah sich Modeaufnahmen an. Auch hier musste das Objekt der Aufnahme, in diesem Fall ein Mensch, gut hergerichtet und vorbereitet sein. Ungeschminkte Models sahen nach nichts aus. Zum Blickfang wurden sie erst, wenn sie geschminkt und hergerichtet waren.

Anne hatte sich immer gern mit Mode beschäftigt. Sich modisch zu kleiden war eine gutes Mittel, lange jugendlich zu wirken und ein paar Pfunde wegzumogeln. Sie hatte zwar ihren Stil gefunden und wusste, was ihr stand und was nicht, doch es gab immer wieder neue Trends, die man aufnehmen konnte, und das machte ihr nicht nur Spaß. Es war ihr natürlich auch wichtig, was für ein

Bild sie abgab. Mit Eitelkeit, so hatte sie sich früher geprüft, hatte das nichts zu tun, eher mit der Furcht, langweilig zu wirken.

Sie ging über zur Kosmetik. Auch hier ging es um Dekoration! Aber es gab auch neue Cremes, die die Haut lange jung hielten. Weshalb war es so wichtig für einen selbst, wie die anderen einen sahen? Auch bei den Prominenten war das entscheidend. Und bei Filmstars war es sogar lebenswichtig. Weshalb wurden Popsongs mit Videoclips präsentiert? Hören war nicht genug! Und all die Kataloge der Versandhäuser und der Reisebüros! In diese Bilder sollten sich die Menschen hineinwünschen. Und erst die vielen Bilder im Fernsehen! Sie war eigentlich ganz froh, dass sie keinen Fernseher mehr hatten. Insgeheim vermisste sie zwar ab und an ein paar gute Spielfilme oder englische Sendungen. Ihr Englisch war eingerostet und sie hätte zumindest das Verstehen wieder trainieren können. Wenn sie ihre Kinder besuchte oder bei Nachbarn war, und auch im Urlaub sah sie gelegentlich fern. Aber zu viele Bilder stumpften ab, da war sich Anne sicher. Kriegsbilder zum Beispiel. Und es gab so viel gedankenlosen Bilderkonsum! Völlig belanglose Bilder direkt neben entsetzlichen; das alles wirkte in allen weiter und gewann Macht über sie. Sie hatte sich wie mit Bildern abgefüllt gefühlt und immer weniger in sich hineingehört. Man wusste immer weniger, wer man selber eigentlich war! Anne hatte gemerkt, dass sie zu viel abgelenkt gewesen war, dass sie immer seltener nachdachte, was sie wollte und wirklich für sich selbst wünschte. Anne wollte die Ruhe, aus der sie Kraft schöpfen konnte; und Bilderflut und Wortschwall waren das genaue Gegenteil.

Ihr Blick fiel auf das Gemälde an der Wand gegenüber. Ein Freund hatte es gemalt, ein ehemaliger Kollege vom großen Phil, der nicht nur das Fach Kunst unterrichtet hatte, sondern auch selber malte. Phil und Anne waren zur Vernissage einer seiner

Ausstellungen eingeladen gewesen und das Bild hatte ihnen auf Anhieb gefallen. In dieses Bild konnte man sich hineinsehen und es tat den Augen gut. Es zeigte einen Weg, und man konnte sich gut vorstellen, diesem Weg zu folgen. Wohin würde er wohl führen? Welchen Weg ging man selber gerade? Wie würde man sich an der Wegkreuzung entscheiden? Vor welchen Entscheidungen stand man selber gerade? Natürlich gab es draußen jede Menge Wege, aber der Rahmen gab dem Bild eine Bedeutsamkeit, die die Wege draußen nicht hatten. Das Bild konnte einem helfen, Klarheit über sich selbst zu gewinnen.

Ihr Blick fiel auf die Sammlung gerahmter Fotos ihrer Kinder und Enkel. So viele schöne Erinnerungen wurden damit lebendig! Ob sie sich auch ohne diese Bilder so gut und so lebhaft an vieles erinnern würde?

Auch die Filme, die Phil von den Kindern gedreht hatte, als sie klein waren – damals gab es noch gar keine Videokameras –, waren liebe Erinnerungen. Auch wenn die Kinder es zunehmend gehasst hatten, mal zu winken oder eine Treppe hoch- oder runterzugehen – der große Phil führte natürlich Regie –, so konnten sie doch heute darüber lachen und hatten Spaß an den Erinnerungsbildern. Sie erinnerte sich da an einige Filmszenen ... waren Erinnerungen eigentlich immer bildhaft? Oder an Bilder gebunden?

So viele Bilder von früher zogen ihr durch den Kopf. Und sie dachte an ihren Sohn und sah ihn in seinem Krankenzimmer liegen.

Aber sie malte sich auch die Zukunft aus: Sie und Phil an einem einsamen Strand bei Sonnenuntergang zum Beispiel. Oder die Kreuzfahrt, von der sie immer geträumt hatte. Wie würde sie dann in diesem Badeanzug oder jenem Kleid aussehen?

Und war das Bild überhaupt richtig, das sie von sich hatte?

Schließlich sah sie sich ja meistens immer nur im Spiegel und die waren seitenverkehrt. Außerdem stellte man sich automatisch vorteilhaft hin. Und angeblich sollten die Spiegel in Geschäften schlanker machen, damit die Kunden eher zugriffen, wenn sie sich vorteilhaft angezogen fanden. Anne fand sich auf Fotos meistens fremd und komisch. Das Bild, das die anderen von ihr hatten, war nicht das Bild, das sie von sich selbst hatte!

Phil und Feli waren diesmal spät auf den Speicher gestiegen. Sie hatten die Petroleumlampe aufgefüllt und mitgenommen und sich auf einem alten Sofa niedergelassen. Weil es ab und zu für Übernachtungsgäste heruntergeholt wurde, war es in Plastikfolie gehüllt, und Phil und Feli brauchten nur die Folie zur Seite zu schieben und machten es sich bequem. Phil hatte das Fabelbuch schon aus der Truhe geholt.
»Ich will zuhören!«, sagte Feli und legte sich bäuchlings auf das Sofa. Phil setzte sich im Schneidersitz neben sie. So konnte er das Buch gut auf seinen Knien halten. Die Petroleumlampe hatte er neben sich auf die breite Armlehne gestellt. Sie hatten zwar das Speicherfenster über sich, aber es wurde schon langsam dunkel. Und dann begann er zu lesen.

*Bilderwelten*

*»Ich finde die Welt hässlich und langweilig«, sagte der Pfau. »Keiner ist so schön wie ich und ich würde gern lauter schöne Dinge sehen. All die schäbigen Spatzen, Ratten, Würmer, Spinnen und was es sonst noch so gibt, das ist alles so erbärmlich und unwürdig anzuschauen, es macht mir keinen Spaß, und ich will mehr vom Leben haben! Fliegen kann ich nicht so gut, da würde ich natürlich was*

erleben. *Aber es ist unbequem und kostet viel Kraft. Ich stolziere lieber herum und schlage ab und zu ein prächtiges Rad und lasse mich bewundern. Aber ich möchte auch was Schönes zu sehen kriegen!«*

*»Das ist gar nicht so schwer«, sagte die weise Eule. »Du musst dir eben eine Kunstwelt bauen, damit du vergisst, was du im Leben grau und öde findest. Wir könnten zum Beispiel lustige Geschichten erfinden und bunte Bilder dazu malen. Und wenn wir selbst keine Ideen mehr haben, dann lassen wir uns eben von anderen unterhalten und bezahlen sie dafür.«*

*»Oh ja, Unterhaltung! Das ist es«, sagte der Pfau, und er fand begeisterte Zustimmung auch bei denen, die das Leben zu schwer und anstrengend fanden. Denn die wollten die Mühe des Alltags hinter sich lassen und wenigstens zeitweise vergessen können, was sie nicht zur Ruhe kommen ließ.*

*So begannen sie gewaltige Mengen von Bildern und Geschichten zu erzeugen. Denn es gab viele, die den Wunsch nach Schönheit hatten und die Sehnsucht nach Welten, in die man sich hineinträumen konnte.*

*Immer mehr Tiere fühlten sich magisch angezogen von den vielen bunten Bildern und Geschichten. Nicht nur abends, sondern zu jeder Tages- und Nachtzeit wollten sie nun schöne und aufregende Dinge sehen und erzählt bekommen. Viele Tiere vergaßen sogar, auf ihre innere Uhr zu hören, vergaßen ihren Winterschlaf und ihren Nestbau, und etliche Vögel vergaßen auch ihren Zug in den Süden, in die Wärme. Denn sie alle konnten bald nicht mehr genug bekommen von dieser neuen zweiten Welt, die sie immer weniger als Kunstwelt empfanden. Die bunte Bilderwelt* wurde nun immer mehr zu ihrer eigentlichen Welt, in der sie lebten und litten, von der sie ihre Erlebnisse bezogen, aber auch ihre Freuden und Hoffnungen.

Trotzdem wurden sie seltsam antriebslos. Es war ja so herrlich, nicht nur Schönes, sondern auch Aufregendes nach Belieben auswählen zu können! So konnte sich jeder seine eigene Welt nach seinem Geschmack bauen und sein Leben ohne große Anstrengung unterhaltsam verbringen. Die Bilder und Geschichten gaukelten ihnen das Gefühl unendlicher Freiheit vor, da sie ja nach Belieben wählen konnten.

Doch sie wurden auch immer abhängiger und selbstsüchtiger: Keiner wollte mehr den Pfau bewundern – es gab ja viel Tolleres. Keiner dachte mehr daran, anderen zu helfen oder auch nur zuzuhören – das war anstrengend und kostete zu viel Zeit. Sie hätten ja in der Zwischenzeit etwas verpassen können!

Und so begann die Kunstwelt, die eigentliche Welt zu überdecken und zu verändern. Die Bilder, die man sich gemacht hatte, begannen in die erste Welt hineinzuwirken. Die Tiere konnten das Bild der Welt in der bunten Bilderwelt nicht mehr entdecken. Und auch sich selbst konnten sie kaum noch darin finden. Sie hatten so viele Abenteuer im Kopf, die gar nicht ihre eigenen waren ... Sie wussten immer weniger voneinander, denn sie lebten ja nicht mehr miteinander, sondern nur noch nebeneinander. Jeder lebte für sich im selbst gemachten Kunst-Nest, jeder in seiner eigenen Bilder-Höhle. Kaum noch einer wollte hinaus ins Freie, ans Licht.

Deshalb interessierten sie sich immer mehr für sich selbst und ihre Wünsche und merkten nicht, dass viele dieser

*Wünsche erst durch die künstliche Welt erzeugt worden waren. Die zweite Welt wurde die erste, und sie wussten immer weniger von ihr und kümmerten sich auch immer weniger um sie. Sie fragten immer seltener nach der Wirklichkeit der Bilder, denn sie waren ja zur neuen Wirklichkeit geworden. Was früher wichtig gewesen war, hatte keinen Wert mehr ...*

»Die Geschichte geht zu schlecht aus«, meinte Feli sofort. »Ich liebe Bilder! Was soll daran schlecht sein? Je bunter desto besser!«

»Aber wir wissen doch aus der vorigen Geschichte, dass die Bilder, die man sich macht, auch falsch sein können«, gab Phil zu bedenken.

»Aber wenn sie doch Spaß machen, ist es doch gar nicht schlimm, wenn sie nicht wirklich sind!«, sagte Feli.

»Das denke ich bei meinen Computerspielen auch manchmal«, pflichtete Phil ihr bei.

Dann erinnerte sich Feli an die Vorurteile. »Ist das eigentlich die gleiche Art von Bild, wenn man sich ein Bild von jemandem macht? Ein Bild im Kopf hat? Manchmal ist es offenbar wichtig, dass ein Bild wie die Wirklichkeit ist, und manchmal ist es gar nicht schlimm und macht sogar Spaß! Phantasiebilder!«, setzte sie noch hinzu. »Wie kann man das unterscheiden?«

»Das ist schwierig«, meinte Phil. »Da muss ich erst drüber nachdenken.«

Feli nahm sich das Buch und malte einen prächtigen Pfau hinein. Dabei hatte sie das Bild eines Pfaus vor Augen, den sie mal in einem Vogelpark gesehen hatte und der stolz ein Rad geschlagen hatte. Sie hatte sogar eine Pfauenfeder gefunden, die nun zu ihren Schätzen gehörte. Phil sah ihr zu. Feli malte andere Tiere um den Pfau herum, aber alle schauten weg und trugen Brillen.

»Das sind so Videobrillen wie im Werbefernsehen«, erklärte Feli. Phil erinnerte sich: Da gab es ein Beduinenpaar in der Wüste bei einem unglaublich farbenprächtigen Sonnenuntergang. Aber die beiden setzten sich diese Brillen auf und sahen einen Spielfilm, Gene Kelly oder so, und das noch in Schwarz-Weiß! Wahrscheinlich fanden sie Sonnenuntergänge alltäglich und langweilig und wollten mal etwas anderes zur Abwechslung. Der tolle Sonnenuntergang war nicht mehr interessant genug.

Phil nahm das Buch und schrieb unter Felis Bild:

Weshalb brauchen wir Bilder?
Welche Arten von Bildern gibt es?
Wie kann man falsche Bilder von richtigen
unterscheiden?
Wann ist es schlimm, wenn sie nicht wie die Wirklichkeit
sind?
Kann es zu viele Bilder geben?
Was stellen Bilder mit uns an?
Kann man damit das Leben vergessen?
Was ist überhaupt schön?
Welche Schönheit braucht man? Weshalb?
Brauchen wir auch schlimme Bilder?
Was ist der Unterschied zwischen selbst gemachten und
vorgesetzten Bildern?
Was ist eine Kunstwelt? Wollen wir sie oder nicht?

»Uff«, staunte Feli. »So viel wäre mir nie eingefallen!«

# 15. Politik

»Opa, gibt es eigentlich auch gefährliche Bilder?« Phil junior war noch immer beim Thema und hatte noch lange darüber nachgedacht.

Pornos sicherlich, dachte der große Phil. Sie zeigten den Menschen, dass man andere Menschen wie Objekte benutzen konnte, wenn es einem Spaß machte. Und sie gaben jungen Menschen eine völlig falsche Vorstellung von Liebe.

Laut sagte er: »Weltbilder können gefährlich sein. Wenn man glaubt, dass man damit die Wahrheit in der Tasche hat und alles erklären kann. Und vor allem, wenn man keine andere Meinung gelten lässt.« Sie saßen im Garten an einem Tisch und der große Phil las seine französische Tageszeitung.

»Le Monde«, entzifferte Phil junior. »Kommt das von mundus: die Welt?«, fragte er. Der große Phil nickte.

»Ist denn in der Zeitung auch ein Weltbild?«

Der Großvater schien ihn nicht zu hören, er war wohl mit den Gedanken weit weg.

Feli saß auf der Schaukel, die am Birnbaum festgemacht war und baumelte mit den Beinen. Phil junior schnitzte mit einem Taschenmesser an einem Ast. Er dachte nach.

Phil und Feli hatten gestern keine Fabel gelesen. Sie hatten mit den Großeltern eine Radtour gemacht, und der große Phil hatte sie zu einem See geführt, wo er geangelt hatte. Dabei mussten sie schweigsam sein, denn sonst hätten sie die Fische erschrecken können.

Der große und der kleine Phil hatten ihren Gedanken nachgehangen, schließlich waren ja nicht immer Worte nötig.

Der See wurde durch einen Fluss gebildet, aber es war, als ob das

Wasser stünde, und der große Phil genoss die Ruhe mitten in der Bewegung! Alles fließt, auch wenn wir es nicht immer merken, dachte der große Phil. Und er war Teil dieser großen Bewegung des Lebens.

Er angelte nur mit Köder, ohne Haken. Was würde er tun, wenn er jemals einen Fisch fangen würde? Wahrscheinlich ins Wasser zurückwerfen, dachte er.

Es ging ihm nicht um Beute, nur um die herrliche Ruhe.

Phil junior hatte an das Rätsel gedacht. KEIN MENSCH WEISS, WIE'S ENTSTANDEN IST ... Bei Naturdingen wie diesem See wusste man es zwar nicht genau, aber man konnte es vermuten oder nachlesen. So etwas schied also aus.

ES IST GANZ SCHLIMM, WENN MAN'S VERMISST ... Was würde er vermissen? Seine Freunde, seine Familie. Aber da wusste man, wie sie entstanden waren. Das konnte also nicht die Lösung sein. Was konnte man noch alles vermissen? Seinen Computer würde er auf Dauer vermissen, und auch sein Taschenmesser ...

Feli war mit Anne Kräuter suchen gegangen und ließ sich von ihr immer den Namen und die Wirkung erklären. Am Abend waren sie sonnendurchglüht, mit Kräutern, aber ohne Fische zurückgekehrt und todmüde in die Betten gefallen.

Phil junior nahm den Faden wieder auf. »Wenn man keine andere Meinung gelten lässt ...«, wiederholte er. »Aber wenn man nun weiß, dass man Recht hat?«

»Gerade das ist gefährlich«, meinte der große Phil und ließ »Le Monde« sinken. »Man muss immer in Rechnung stellen, dass man vielleicht nicht alles weiß oder sich irren kann und dass auch andere Recht haben könnten.«

»Und weshalb gibt es dann Weltbilder?«, fragte Phil junior.

»Na ja, man macht sich eben ein Bild von der Welt. Und dann ist es verführerisch, wenn man alles erklären kann, wenn alles ins Bild passt. Und zur Not macht man es dann eben auch mal passend«, meinte der große Phil. »Man sucht dann nicht mehr nach anderen Erklärungen, man stellt das Denken ein. Das ist auch bequemer. Und Leute, die anders denken, sieht man als Gefahr, weil sie die eigene Sicherheit erschüttern könnten. Es gibt dann nur noch die, die genauso denken, und die anderen. Und schließlich geht es nur noch um Macht, und dass man sich durchsetzt, und nicht mehr um die Sache.«

»Und deshalb dürfen viele Erklärungen nicht sein?«

»Genau«, sagte der große Phil.

»Das würde die Macht gefährden, die Weltbilder haben können. Man kann damit nämlich auch Politik machen, und zwar meistens schlechte«, fügte er hinzu.

»Wieso schlecht?«, fragte der Enkel.

»Weil es nur noch um Herrschaft geht. Zu viel denken kann da gefährlich sein. Am besten ist es dann, wenn die Leute nicht mehr denken oder sich nicht mehr trauen zu denken.«

»Im Ernst?«, fragte Phil erstaunt.

»Natürlich nur für die Herrscher«, sagte der große Phil.

»Dann dürfen die Bilder sich nicht mehr verändern?«, fragte der Enkel nach.

»Die Leute wollen Sicherheit«, meinte Phil senior. »Wenn die Parteien sich dauernd verändern würden und ihre Standpunkte wechseln würden, wüssten die Leute nicht mehr, wohin sie gehören und wo sie sich ihr Weltbild holen sollen.«

»Wenn sie es nicht selber machen«, ergänzte Phil junior.

»Das wäre natürlich das Beste«, sagte der Senior und vertiefte sich wieder in die Zeitung. Was nicht so alles in der Welt geschah! Wie wichtig eine Politik mit Engagement war! Er dachte an seine Lieblingsphilosophin, die er leider nicht mehr kennen gelernt hatte. »Hast du schon mal den Namen Hannah Arendt gehört?«, fragte er seinen Enkel. Der verneinte. »Die hatte eine Vorstellung von Politik, die mir gefällt«, sagte der große Phil. »Sie war philosophisch originell, entschieden im Urteil und bekämpfte Staatsformen, die den Menschen bevormunden wollen. Sie wollte der Staatsgewalt Bürgermacht entgegensetzen! Aber natürlich braucht es dafür Menschen, die selber denken und auch bereit sind, entsprechend zu handeln. Es ging ihr daher um das tätige Leben des Einzelnen und seine alltägliche Arbeit. Dabei durfte der Einzelne nicht weltfremd werden. Man darf sich sein Denken und Handeln nicht aus der Hand nehmen lassen!« Phil junior nickte. Habe den Mut, dich deines eigenen Verstandes zu bedienen!, sagte er sich innerlich vor. Kant hatte Recht.

Unabhängigkeit und Freiheit mussten beständig gelebt werden, dachte der große Phil. Hannah Arendt hatte auch gegen die totale Herrschaft des Antipolitischen gekämpft. Der Konsumwelt musste etwas entgegengesetzt werden! Doch dazu musste man erst einmal seinen Standpunkt in der Welt finden. Sie war wirklich eine eindrucksvolle Frau gewesen.

Es war heiß in der Sonne und Kant hatte sich in den Schatten des Apfelbaumes zurückgezogen und döste.

Können Hunde auch ein Weltbild haben?, fragte sich Phil junior. Machen sie sich auch Bilder? Hatte Kant zum Beispiel eine Vorstellung von diesem Garten? Konnte er davon träumen? Phil war sich nicht sicher.

Nach dem Mittagessen stiegen die Geschwister wieder auf den Speicher. Sie hatten das Dachfenster aufgestellt, aber hier war es auch nicht kühler, nur dunkler. Zumindest konnte man keinen Sonnenbrand bekommen.

»Heute lesen wir zwei Geschichten!«, sagte Phil.

Feli hatte das Buch schon aufgeschlagen. »Das ist ja gar nicht alt!«, sagte sie plötzlich. »Die Seiten innen sind wie neu, nur der Einband sieht so alt aus.«

»AUS NEU MACH ALT«, murmelte Phil. Das Buch! War *das* sein Geheimnis? Es sollte bloß so aussehen, als ob es alt sei? Aber AUS ALT MACH NEU? und: KEIN MENSCH WEISS, WIE'S ENT-STANDEN IST?

»Es wird uns schon noch einfallen«, sagte Feli. »Wir wollten doch weiterlesen!«

### Katzentatzen

*»Ich liebe Katzenpfötchen«, sagte Kater Karlo zu seiner Freundin Karla. »Sie sind so streichelweich und sanft! Immer wenn ich mir das Fell putze, kann ich gar nicht genug kriegen. Sie machen es seidig weich und glänzend. Es fühlt sich so gut an, wenn sie über meine Haare gleiten!«*

*»Ja, du hast Recht«, sagte Karla und ließ wie zur Bestätigung ihre Samtpfote leicht und spielerisch über Karlos Fell gleiten. »Das Spielen würde ohne unsere sanften Pfoten gar keinen Spaß machen. Und wir können uns damit auch noch ganz leise bewegen, fast unhörbar!«*

*»Das ist ja gerade die Gefahr!«, sagte der Mäusevater ärgerlich zu seinen Kleinen. Die Mäuschen scharten sich ängstlich um ihn. »Glaubt bloß nicht, was ihr da hört!«, rief der Mäuserich laut. »Katzentatzen sind grausam, das lasst euch gesagt sein! Meinen Vater hat es erwischt, der kann uns nichts mehr erzählen. Aber meine Mutter hat schlimme Verletzungen davongetragen und ist wie durch ein Wunder davongekommen. Lasst euch von ihr berich-*

ten! Katzentatzen haben große, böse, scharfe Krallen, sie schlagen brutal zu und sind meistens tödlich!«

Die Tiere lebten auf einem großen Hof beisammen, und die Mäuse hatten ihre Schlupflöcher, in denen sie vor den Katzen sicher waren. Doch schließlich brauchten sie Nahrung und mussten sich einigen Gefahren aussetzen, um daran zu kommen.

»Ja, glaubt bloß nicht, was ihr da gerade gehört habt!«, stimmte die Mäusemutter zu. »Katz und Maus waren immer Feinde und das wird nie anders sein. Die Katzen lügen, sie wollen euch bloß in Sicherheit wiegen, und dann schlagen sie zu! Katzentatzen sind anders. Wir wissen Bescheid! Das ist alles bloß Politik. Das soll euch einlullen, damit ihr nicht auf die Wahrheit kommt! In Wahrheit wollen Katzen immer nur zeigen, wer der Herr im Haus ist. Und dazu braucht man immer ein paar Dumme, die alles glauben! Katzentatzen sind grausam! Und wenn ihr mir nicht glaubt, dann machen wir eben eine Umfrage. Obwohl, bei Katzen wäre das ziemlich gefährlich und wohl auch zwecklos, die müssen ja lügen. Besser bei Katzenopfern, aber da gibt es nicht so viele, die überlebt haben . . .«

Die Mäuschen konnten durch das Mauseloch beobachten, wie Karlo und Karla zärtlich miteinander spielten. Sie schienen nicht bösartig. Es war kaum vorstellbar, was sie da gerade gehört hatten. Musste man aus der Erfahrung der Eltern lernen?

Oder erzählten die das bloß, weil sie so ängstlich waren und nicht wollten, dass ihre Kinder anders wurden als sie selber?

Wie ließ sich nur feststellen, wer Recht hatte? Was war

*das wahre Wesen der Katzentatzen? Wem konnte man glauben, wenn man so offensichtlich Widersprüchliches hörte? Was war eine Zweckbehauptung und was nicht? Schließlich konnte nur eine Seite Recht haben. Vielleicht konnte man in einem Mäuselexikon nachlesen? Oder besser in einem Katzenlexikon? Wer wusste die Wahrheit? Wer konnte ihnen sagen, wie es sich wirklich verhielt? Und weil die kleinen Mäuse es wirklich wissen wollten, beschlossen sie, zu einer Wahrsagerin zu gehen.*

»Als ob man da die Wahrheit erfahren kann«, meinte Phil und ließ das Buch sinken.

»Lies weiter! Die nächste Geschichte! Wir wollten heute zwei lesen«, sagte Feli.

»Aufklärung«, las Phil vor.

»Ich bin schon aufgeklärt«, sagte Feli stolz. Ihre Eltern hatten ihr nie diesen Blödsinn mit dem Klapperstorch, der die kleinen Kinder bringt, erzählt. »Aber lies trotzdem mal.«

»Also«, sagte Phil und er nahm das Buch wieder hoch.

### Aufklärung

*»Ich dachte immer, Hasen legen Ostereier und daraus werden dann die neuen Häschen«, sagte das kleine Hasenkind in der Hasenschule.*

*Es war – endlich – wärmer geworden und kleine Krokusse wagten sich zwischen den zarten grünen Grasspitzen hervor. Das war die Zeit, in der sich alljährlich die kleinen Hasenkinder auf der Krokuswiese zur Hasenschule trafen. Sie waren aufgeregt und unsicher, denn sie hatten eigentlich alle an Ostereier geglaubt.*

»Ja stimmt das denn etwa nicht?«, riefen sie sogleich im Chor.

»Dann will ich euch mal aufklären«, sagte die Hasenlehrerin. »Was man glaubt, muss noch lange nicht wahr sein; und ihr müsst euch aus eurer Unwissenheit befreien!

Zum Beispiel glauben einige an den Klapperstorch oder dass die kleinen Kinder in Blumenkohlköpfen wachsen. Aber es sind immer weniger, die glauben, der Glaube stirbt aus. Und früher haben Menschen auch an Hexen geglaubt, oder manche glauben an Horoskope und dass schwarze Katzen Unglück bringen oder Spiegelscherben ... Und Hasenkinder haben Angst, dass unartige Häschen vom schwarzen Hasen geholt werden, obwohl es ihn gar nicht gibt, oder dass Jäger immer Unglück bringen ... Es gibt so viel Aberglauben in der Welt. Aber ihr müsst euch davon befreien und dürft euch keine Angst machen lassen.

Es ist für manche ganz nützlich, wenn es genug Dumme gibt, die jeden Unsinn glauben und nicht prüfen, was man ihnen erzählt. Deshalb sage ich euch: Benutzt euren Kopf und fragt euch oder uns, wie die Dinge wirklich sind.«

»Also meine Eltern glauben, dass weiße Hasen mit roten Augen minderwertig sind und dass sie weggesperrt gehören. Sie sind anders als wir und man kann ihnen nicht trauen«, sagte da ein Hasenjunge.

»Auch das ist nicht richtig«, sagte die Hasenlehrerin. »Alle Hasen sind gleich viel wert, in uns schlägt das gleiche Hasenherz, und Fell und Augenfarbe sind doch nur äußerlich. Man könnte weiße Hasen sogar besonders schön finden und sie haben nicht mehr oder weniger schlechte Eigenschaften als wir auch. Das könnt ihr doch merken, wenn ihr mit ihnen spielt. Habt den Mut, euren eigenen Verstand *zu gebrauchen! Glaubt nicht alles, was man euch sagt! Dann bleibt ihr nicht dumm. Nur wer dumm ist, ist eine leichte Beute. Und fürchtet euch weniger! Auch das ist wichtig. Hasenfüße gibt es genug! Ihr müsst selbstbewusst prüfen, was man euch sagt. Jeder von euch hat ein Recht darauf, Bescheid zu wissen. Und wenn jeder gleiche Rechte hat, nennt man das Gleichheit. Aber man muss diese Rechte auch wahrnehmen! Erst dann können wir uns von unseren Ängsten befreien. Seid also kritisch!«*

*»Aber ist denn alles, was wir glauben, Unsinn?«, fragte verschüchtert das kleinste Hasenkind. »Ich glaube zum Beispiel, dass meine Eltern mich lieb haben und für mich sorgen.«*

*»Natürlich dürft ihr das noch glauben; das macht euch stark«, sagte die Lehrerin. »Aber es ist auch immer wichtig, zu prüfen, was wirklich wahr ist. Dann werdet ihr Richtiges und Falsches unterscheiden lernen; und niemand kann euch mehr etwas vormachen. Nur so könnt ihr frei und stark und mutig werden.«*

*»Also davor habe ich etwas Angst«, sagte da das kleine Hasenkind.*

»Die Häschen und auch die Mäuse haben viel zu viel Angst«, stellte Feli fest. Sie war nie besonders ängstlich gewesen. »Man muss wirklich nicht alles glauben, was einem die Erwachsenen erzählen!«, sagte sie. »Viele Erwachsene lügen! Am Telefon zum Beispiel. Und dann sagen sie uns, man soll nicht lügen! Oder sie haben Angst, dass wir in irgendeine Gefahr kommen, und dann sagen sie uns nicht die Wahrheit. Oder weil sie glauben, dass Kinder nicht alles verstehen? Aber wir sind viel klüger, als die glauben.«

Phil und Feli waren schon lange hinter das Geheimnis von Nikolaus und Christkind gekommen. Aber es war in gewisser Weise eine Ernüchterung gewesen.

»Vielleicht wissen sie es ja auch nicht immer besser«, meinte Phil. Er hatte ein Jugendbuch über einen Hexenjungen im Mittelalter gelesen. Der konnte gar nicht hexen, aber die Menschen glaubten es. Und schon der Verdacht war gefährlich genug gewesen. Hatten die Menschen damals mehr Ängste gehabt? Konnte man alle Angst an einer Person festmachen? Und wenn man diese Person ausschaltete, war dann auch die Angst gebannt? Die Menschen glaubten gern an einfache Erklärungen, egal, ob sie richtig oder falsch waren. Und deshalb konnte man Menschen auch mit Hilfe ihrer Ängste beherrschen.

Das war gefährlich! Denn die Menschen konnten so auch politisch missbraucht werden. Phil erinnerte sich an seine Unterhaltung mit dem großen Phil. Aufklärung hatte also noch eine andere Bedeutung. Aber es ging um das Gleiche:

Man durfte sich nichts vormachen lassen, man musste unabhängig werden und kritisch denken, dann würde man sich nicht so leicht beherrschen lassen.

Feli sagte versonnen:

»Meine Freundin Lizzy hat ein weißes Häschen. Ich finde es besonders niedlich.«

»Aber wenn man anders ist, wird man oft geschnitten!«, gab Phil zu bedenken. In seiner Klasse gab es einen Jungen aus Indien mit sehr dunkler Hautfarbe. Er war ein Adoptivkind und noch nicht lange in Deutschland und er sprach noch nicht gut Deutsch. Bei Raufereien machte er nicht mit und die Mädchen mochten ihn. Die Jungen hielten ihn für komisch und schlossen ihn deshalb aus, und auch Phil hatte sich nicht die Mühe gemacht, ihn näher kennen zu lernen. Das Urteil über ihn war ja gefällt. Laut sagte er: »Was wir glauben, muss nicht immer richtig sein. Aber wie kann man herausfinden, was richtig ist?«

Feli dachte an die ängstlichen Mäuschen. Aber an dieser Fabel interessierte sie noch etwas: Der gleiche Gegenstand, nämlich die Tatzen der Katzen, konnte mal so und mal völlig anders sein. Und es war beides richtig! Die Katzen logen also gar nicht. Jeder hatte eben nur seine eigene Wahrheit. Und trotzdem konnten widersprüchliche Aussagen gleichermaßen wahr sein! »Was ist übrigens genau Politik?«, fragte sie Phil. »Sie berichten zwar in den Nachrichten dauernd davon, aber was meinen die eigentlich damit?«

»Wenn ich Großvater richtig verstanden habe und mir überlege, wie das Wort hier in der Fabel vorkommt, müsste es etwas mit Weltbildern zu tun haben. Die Katzen haben ein anderes als die Mäuse. Und dann muss jede Partei anders handeln. Und wahrscheinlich brauchen die Mäuse das auch zum Überleben.«

»Klar haben Katzen ein anderes Bild von der Welt als Mäuse«, meinte Feli. »Sie müssen ja nicht dauernd auf der Hut sein. Und selbst wenn ein Hund hinter ihnen her ist, klettern sie eben einfach auf einen Baum.« Und sie schrieb unter die erste Fabel:

*Liebe Mäuschen, ihr dürft euch von euren Eltern nicht Bange machen lassen.*
*Man soll ruhig seine eigenen Erfahrungen machen. Aber manche Erfahrungen macht man besser nicht, und die wollen eure Eltern euch ersparen. Trotzdem darf man nicht immer alles glauben, was sie einem erzählen. Macht euch selbst ein Bild!*
*Und eine Wahrsagerin kann euch dabei sicher nicht helfen.*

Und dann fiel ihr noch etwas ein und sie setzte hinzu:

*Vielleicht ist es ja doch möglich, dass Katz und Maus eines Tages Freunde werden. Aber bis dahin muss man immer vorsichtig sein.*

Wie war das noch mit Maus und Schildkröte gewesen?, überlegte sie.
Und Phil schrieb unter die zweite Geschichte:

*Warum wird man angelogen?*
*Muss man alles glauben, was man erzählt bekommt?*
*Wie kann man auf die Wahrheit kommen?*
*Welchen Glauben braucht man, welchen nicht?*

Eigentlich musste man darauf vertrauen, dass das, was einem gesagt wurde, auch stimmte. Nicht auszudenken, wenn man niemandem mehr vertrauen könnte!
Aber man musste wohl tatsächlich vorsichtig sein. Trau, schau wem!, fiel ihm ein. An Opas Sprichwörtern war doch etwas dran. Wie kann man sich selbst ein Bild machen? Vorurteile sind gefährlich, dachte er. Sie machen dumm. Und auch solche Urteile, die man hinterher nicht mehr korrigieren wollte, weil sie einem lieb geworden waren, egal ob wahr oder falsch. Und er fuhr fort zu schreiben:

*Was heißt Gleichberechtigung?*
*Wie kann man unabhängig werden?*
*Weshalb macht man Leuten etwas vor?*

»Eigentlich könnte man die Hasengeschichte weitererzählen«, sagte Feli. »Ich muss mal darüber nachdenken. Die Häschen müssten mutig und stark werden, ohne dass sie ihr Vertrauen in die Welt verlieren. Sie könnten ganz furchtlose Hasen werden, die sich nichts mehr sagen lassen und alles selbst beurteilen ...«

»Was lesen wir morgen?«, fragte sie Phil.

Phil blickte in das Buch. »Selbstentfaltung«, las er.

»Na ja«, sagte Feli.

## 16. Freiheit!

»Können wir euch heute Vormittag mal allein lassen?«, fragte Anne. Sie hatte sich ein luftiges Sommerkleid angezogen und einen Sonnenhut aufgesetzt.

»Na klar«, sagte Phil junior. »Ich pass schon auf. Und Kant ist ja auch da.«

Wie zur Bestätigung bellte Kant furchterregend.

Jeden Samstag ging Anne mit dem großen Phil frühstücken, und zwar in einer alten Wassermühle am anderen Ende des Dorfes, die zu einem Lokal umgebaut worden war. Sie genossen das besonders. Es war wie Ferien und ihr Wochenende begann damit. Anschließend gingen sie noch über den nahe gelegenen Markt und erledigten den Wocheneinkauf.

»Toll!«, rief Feli, als die Großeltern weg waren. »Wir sind allein und können tun und lassen, was wir wollen.«

»Du tust ja auch so, was du willst!«, warf Phil ein.

»Ja, aber man muss keine Rücksicht nehmen!«, sagte Feli.

Sie sprang auf dem Wohnzimmersofa herum. Dann ging sie auf Omas hohen Schuhen in die Küche und machte sich eine Tasse Kaffee. Erwachsenenkaffee!

Und dazu ein Leberwurstbrot mit Marmelade.

»Igitt«, sagte Phil. »Da kannst du ja gleich Hering mit Himbeersoße essen! Oder Spiegeleier mit Schokoladencreme!«

»Weshalb nicht mal was Ungewöhnliches ausprobieren«, meinte Feli. »Was können wir noch anstellen? Kant anmalen? Aus Opas Büchern Seiten rausreißen und vertauschen und warten, ob er es bemerkt?«

»Du bist eine blöde Kuh«, sagte Phil junior. »Wieso macht dir das Spaß?«

Feli war sauer. »Nun sei doch nicht immer so vernünftig, das ist ja widerlich!«, rief sie.

»Wieso soll man nicht mal was tun, was Spaß macht?«

»Das tust du doch dauernd«, meinte Phil. Er war eingeschnappt. »Oder macht dir nur Spaß, was andere ärgert?«

»Aber ich will heute keine Rücksicht nehmen«, rief Feli. »Ich will meine Freiheit genießen!«

Sie ging in die Küche und vertauschte das Zucker- und das Salzgefäß. Das würde ein Spaß werden! Suchend ging sie in der Küche umher und musterte die Speisekammer. Im Kühlschrank war auch nichts Interessantes mehr. Anne und Phil holten ja gerade Nachschub. Aber Sahne gab es noch!

»Komm her, Phil, wir machen uns Karamellbonbons!«, rief sie.

Sie nahm eine Pfanne, schüttete Butter, Zucker und Sahne hinein und ließ das Ganze langsam auf dem Herd warm werden. Aber der Zucker wurde so langsam braun! Sie rührte mit einem hölzernen Kochlöffel in der Masse herum.

»Es muss nur kochen und abkühlen, und wenn es fest geworden ist, schneiden wir es in Stücke!« Das hatte sie bei einer Freundin gelernt. Aber irgendwie klappte es nicht so recht. Ob sie etwas falsch machte?

Phil war immer noch sauer. Er folgte Kant in den Garten. Sollte sie ihre Karamellbonbons allein essen! Er ging zum alten Apfelbaum am Bach. Die Äpfel waren noch klein und grün, doch das interessierte ihn jetzt weniger. Im Apfelbaum war ein altes Baumhaus, das sich sein Vater früher mal aus Brettern gebaut hatte.

Inzwischen sah es gefährlich wackelig aus und musste seit langem repariert werden.

Phil hatte noch nie hochklettern dürfen. Aber inzwischen war er ja nun wirklich kein kleiner Junge mehr! Wie abenteuerlich, wenn etwas als gefährlich hingestellt wurde! Es war ihm immer besonders verlockend erschienen. Hochklettern konnte ja eigentlich nicht schaden. Er wollte es nur mal in Augenschein nehmen. Phil holte sich die Leiter, die noch am Kirschbaum lehnte, und stellte sie an den Stamm des Apfelbaums. Vorsichtig stieg er hoch und sah sich die Sache genauer an. Die Astgabel, in die das Baumhaus hineingestellt worden war, sah eigentlich ganz stabil aus, auch wenn es ein alter Baum war. Konnte er morsch sein? Phil zog sich in das Baumhaus hinein. Es gab ein Fenster, durch das er das ganze Grundstück im Blick hatte. Herrlich! Von hier oben sah alles so völlig anders aus! Nach oben und zur Seite blickte man ins Grüne, denn dort fehlten Bretter. Und bald würde man Äpfel pflücken können, wenn man hier oben saß. Man brauchte nur die Hand auszustrecken. Phil konnte Feli am Küchenherd sehen. Neben ihm floss der Bach und er hatte einen besseren Blick auf die andere Seite. Kant bellte unten am Baum, doch Phil ließ sich nicht stören. Indianer- und Trappergeschichten gingen ihm durch den Kopf. Jetzt müsste man ein Pferd haben! Aber er konnte nicht reiten. Er dachte an seine

Freunde in der Stadt. Sie teilten andere Abenteuer. Computer-abenteuer. In der Stadt gab es nicht so tolle Möglichkeiten, etwas zu erleben. Sie mussten sich eben etwas anderes suchen. Auf der Straße spielen war zu gefährlich.

Feli fand ihre Kocherei gar nicht mehr lustig. Die Karamellbon-bons wollten irgendwie nicht richtig werden. Und allein machte es ihr sowieso keinen Spaß.
Dass Phil auch so schnell eingeschnappt war! Sie einfach allein zu lassen! Sie nahm sich einen Löffel und probierte von der Karamellmasse. Bahhh, das schmeckte ja ekelhaft! Und da fiel es ihr ein. Sie hatte schon ganz vergessen, dass sie Zucker und Salz vertauscht hatte! Natürlich hatte sie dabei an Annes Koche-rei gedacht. Und nun war sie selber reingefallen! »Wer anderen eine Grube gräbt ...«, hörte sie Phil höhnen. Natürlich stellte sie sich das nur vor, denn er war ja rausgegangen. Ärgerlich machte sie den Herd aus, verließ die Küche und ging nach oben.
Oma und Opa hatten sich vor einiger Zeit ein Himmelbett gekauft, denn Anne war immer zugempfindlicher geworden. Gleichzeitig wollten sie aber auf frische Luft nicht verzichten. Das schmiedeei-serne Himmelbett war die Lösung: Man konnte einen hellen freundlichen Stoff zuziehen und war wie auf einer Insel.
Feli war wütend. Sie setzte sich auf das Himmelbett und zog die Vorhänge zu.

Als die Großeltern mit den Lebensmitteleinkäufen heimkehrten, spielte Phil junior mit Kant im Garten. Er warf den Stock, den er zurechtgeschnitzt hatte, und Kant jagte, um ihn zurückzubrin-gen.
Immer wenn er den Stock zurückbrachte, warf Phil ihn neu. Kant hatte Phil erzogen! Kant schien stolz darauf zu sein.

»Wo ist denn Feli?«, fragte der große Phil.

»Weiß ich gar nicht«, sagte Phil junior. »Vorhin war sie noch hier!« Er hatte seinen Ärger vergessen.

»Feli!«, rief Anne die Treppe hoch. »Wir haben Brathähnchen und Pommes frites mitgebracht!«

Doch niemand antwortete. Der große Phil ging nach oben, um sich einen leichten Pulli überzuziehen, denn der Himmel hatte sich bezogen.

Und da entdeckte er Feli. Sie war im Himmelbett eingeschlafen.

## 17. Die Entdeckung der Geheimschrift

Nach dem Mittagessen waren die Geschwister sich nicht mehr böse. Der große Phil machte sein Nickerchen, Anne räumte die Küche auf, und Feli half ihr dabei. Sie musste ja noch das fürchterliche Karamellzeug fortschaffen. Und sie dachte an das Rätsel, das sie noch nicht hatten lösen können. Aber dem Geheimnis des Buchs waren sie auf der Spur! Es sollte alt aussehen, aber in Wirklichkeit war es noch gar nicht so alt. Wieso wohl?

»Gehen wir heute Nachmittag wieder hoch?«, fragte sie ihren Bruder vorsichtig. »Meinetwegen«, war die Antwort. »Aber wir müssen die Lampe mitnehmen. Es wird immer dunkler. Ich glaube, es wird bald ein Gewitter geben.«

Feli hatte noch mit Anne im Garten Blumen geschnitten und einen neuen Blumenstrauß ins Wohnzimmer gestellt. Auch das war ein Wochenendritual von Anne. Und natürlich der Wochenendkuchen.

Phil junior hatte es sich mit Feli auf dem alten Speicher bequem gemacht, nicht ohne vorher die Keksdose neu aufgefüllt zu haben. Die Lampe hatte er wieder neben sich auf die breite Sofalehne gestellt. Feli holte das alte neue Buch. Sie hatten den Zauberstab als Lesezeichen benutzt und schlugen nun sofort an der richtigen Stelle auf. Phil las:

*Selbstentfaltung*

»*Wirst du auch ein Zitronenfalter?*«, *fragte die Raupe Ria ihre Freundin Mia. Beide krochen langsam – sooo langsam! – auf einem Ahornast entlang.*

»*Ich glaube ja*«, *sagte Ria zerstreut, denn sie war mit etwas anderem beschäftigt. Sie suchte Futter, und die Blätter durften nicht zu jung, aber auch nicht zu alt sein. Gerade entfaltet, das war genau richtig.*

»*Übrigens, hast du eine Ahnung, warum wir Falter heißen werden, wenn wir uns entfaltet haben? Das ist doch unlogisch!*«

»*Darüber habe ich noch nie nachgedacht*«, *gab Ria zurück.*
»*Das ist wirklich komisch, wenn man es bedenkt ... Aber es muss herrlich sein! Endlich frei! Ich stelle mir vor, wie ich mich von dieser engen Raupenhülle lösen kann. Dann kann ich endlich fliegen, wohin ich will, ohne Grenzen! Nicht mehr an diesen Körper gebunden sein, das ist die wahre Freiheit! Und nur Schmetterlinge können das nachfühlen, weil sie mal Raupen waren. Nach diesem elenden Leben kommt ein helleres! Was können wir schon tun als Raupen, außer Kriechen und Fressen? Das ist doch kein Leben! Wie gut zu wissen, das in uns etwas ist, das uns zur Entfaltung bringt!*«

»*Ja, das finde ich auch ganz großartig*«, *gab Mia zu.* »*Und ich möchte ein ganz besonderer Zitronenfalter werden. Ich möchte glänzende rote und blaue Punkte auf meinen Flügeln haben, das sind nämlich meine Lieblingsfarben. Einen Falter wie mich soll es nie zuvor gegeben haben. Ich will absolut einzigartig sein!«*

*»Meinst du, das geht?«, fragte Ria skeptisch.*

*»Aber ja«, sagte Mia aufgeregt, und vor lauter Eifer hatte sie Ria angerempelt und beide fielen vom Baum. Sie landeten neben einem Engerling.*

*»Hallo, wirst du auch ein Schmetterling?«, fragten sie neugierig. »Du siehst anders aus als wir, so weiß!«*

*»Deshalb werde ich auch kein Falter, sondern ein Maikäfer!«, sagte der Engerling vergnügt.*

*»Ich werde ein Zitronenfalter mit roten und blauen Punkten«, sagte Mia, wie um sich vorzustellen. »Ich bin nämlich gerade dabei, mich zu entwerfen.«*

*Der Engerling lachte. »Also das halte ich für Unsinn«, sagte er fröhlich. »Meint ihr, ich könnte mich rot mit schwarzen Punkten wünschen wie einen Marienkäfer? Oder beschließen, ein Zitronenfalter zu werden? So weit geht meine Freiheit nicht. Nein, nein, Freiheit ist Einsicht in die Notwendigkeit. Es gibt Naturgesetze und dagegen kannst du nicht an. Ich werde ein Maikäfer. Es ist unsinnig, das zu wollen, was man nicht wollen kann. Bestimmte Dinge sind eben vorgezeichnet! Und ihr macht euch nur unglücklich, wenn ihr über eure Grenzen hinauswollt. Was notwendig ist, wird geschehen. Das muss man nur einsehen und dann kann man glücklich werden. Ich als Maikäfer, ihr als Zitronenfalter.«*

*»Das ist mir eine schöne Freiheit!«, empörte sich Mia. »Man kann sich doch nicht so in sein Schicksal ergeben!*

»Können unsere Wünsche die Zukunft bestimmen?«

*Und woher weißt du überhaupt, was dein Schicksal ist?«*

*»Ich muss mich eben bemühen, die Naturgesetze zu erkennen«, erwiderte der Engerling.*

*»Also mir reicht die Freiheit als Befreiung«, sagte Ria. »Wie gern wäre ich diese idiotische Raupenhülle los! Wir sind immer so langsam und schwerfällig. Aber wir müssen uns erst verpuppen. Ich ziehe mich sozusagen in mich selbst zurück und spinne mich ein. Ich konzentriere mich nur auf mich selbst! Dann werde ich eines schönen Tages die Kraft haben, mich zu befreien und davonzufliegen. Alle Gestirne, auch die Erde, werden sich um mich drehen und ich werde nicht mehr an sie gebunden sein.«*

*»Ich will aber mehr«, sagte Mia. »Ich will kein gewöhnlicher Zitronenfalter sein. Man muss sich entwickeln, sonst gibt es keinen Fortschritt. Ich jedenfalls plane meine Zukunft und die gestalte ich und sonst keiner!«*

*»Aber wo kämen wir denn da hin, wenn jeder machen könnte, was er wollte«, entgegnete der Engerling. »Auch ich muss mich verpuppen, und als Maikäfer werde ich krabbeln, aber auch fliegen können. Ich bin Teil eines großen Ganzen und damit bin ich zufrieden. Die Natur wird uns schon richtig leiten. Aber wir sind deshalb nicht unfrei. Wir haben Freiheit eben in einem vorgegebenen Rahmen.«*

*»Aber das sind doch so enge Grenzen! Ärgerst du dich nicht darüber, dass dein Spielraum nur so klein ist? Das ist doch ungerecht!«, sagte Mia.*

*»Also ich bin schon zufrieden, wenn ich das werde, was ich werden soll«, meinte Ria.*

*Aber jetzt waren sie auf dem Erdboden nicht mehr durch die*

*Blätter des Ahornbaums geschützt, und plötzlich stürzte*
*sich ein großer dunkler Vogel vom Himmel und schnappte*
*sich die kleinen Raupen.*

Feli war sprachlos. »Freiheit als Einsicht in die Notwendigkeit! Das habe ich ja noch nie gehört! Das ist doch gar keine Freiheit!« Es donnerte von ferne. Feli hatte ihre Buntstifte mitgebracht und fing an zu malen.

So konnte sie sich besser in die Geschichte hineindenken. Sie malte einen Maikäfer und einen Zitronenfalter. Beides hatte sie auf dem Land schon gesehen, also war es nicht schwer. Sie hatten Sprechblasen so wie die in Comics über sich, nur dass Feli jetzt Bilder hineinmalte. In die Sprechblase des Maikäfers malte sie einen Marienkäfer, rot mit schwarzen Punkten. Und in die Sprechblase des Zitronenfalters kam ein gelber Falter mit blauen und roten Punkten. Für die Raupe Mia war das ein Wunsch, für den zukünftigen Maikäfer eher eine komische Vorstellung. Die beiden hatten eben eine andere Vorstellung von Freiheit.

»Wie frei sind wir eigentlich?«, fragte Feli ihren Bruder nach einer Weile. »Werden wir das, was wir werden sollen, oder können wir das selber bestimmen?«

»Das kannst du ruhig dazuschreiben, das ist eine gute Frage«, sagte Phil.

Wieder ertönte ein Donnergrollen. Feli schrieb:

*Werden wir das, was wir werden sollen, oder können*
*wir das selber bestimmen?*

Und Phil schrieb dahinter:

*Menschen sind anders frei als Tiere.*

War das schon eine Antwort?, fragte er sich. Menschen können ihr Leben planen und haben Einfluss darauf. Zum Beispiel konnte sich Kant – er meinte den Mops – nicht einfach entscheiden, eine Schule zu besuchen oder eine Reise zu machen.

Aber das können Kinder auch nicht allein. Sind Tiere wie Kinder?, fragte er sich.

*Menschen können selber bestimmen*

setzte er hinzu. Jedenfalls oft, dachte er.

»*Wie viel* können sie selber bestimmen?«, fragte Feli. »Und gibt es jemanden, der weiß, wie wir werden sollen?«, setzte sie noch hinzu.

»Dann wären wir ja gar nicht mehr frei!«, sagte Phil. »Dann wäre ja alles vorherbestimmt! Nur dass wir eben nichts davon wissen.«

»Aber wir haben doch unsere Erbanlagen«, warf Feli ein. »Ich habe Tante Sophias Nase, obwohl ich sonst Laura gleiche, und du hast die Haare und Augen von Lutz.«

»Aber das sind doch bloß Äußerlichkeiten. Wie der Charakter wird, liegt an uns selbst oder an dem, was um uns herum passiert. Das liegt nicht so fest. Ich glaube nicht, dass das vorherbestimmt ist. Wer will schon genau wie seine Eltern werden!«

Phil war nachdenklich geworden. »Allerdings sagt Anne doch, dass Sophia den Jähzorn ihres Opas geerbt hat und sie oft an ihren Vater erinnert.«

Tante Sophia konnte ab und zu richtig ausrasten. Hochinteressant! Und Phil schrieb:

*Wo sind die Grenzen der Freiheit?*
*Wie weit können wir uns entfalten?*
*Können wir über uns selbst bestimmen?*

*Was können wir beeinflussen, was nicht?*
*Was wollen wir beeinflussen?*
*Was ist Notwendigkeit?*
*Welche Naturgesetze gibt es für uns?*
*Was ist vorherbestimmt und was nicht?*
*Ist es schön oder schlimm, seine Grenzen zu kennen?*
*Wovon wollen wir uns befreien? Können wir das? Wie?*

Fragen über Fragen und es wurden immer noch mehr. Deshalb war es wichtig, sie aufzuschreiben, damit man sie nicht vergessen hatte, wenn man später noch mal darüber nachdenken würde.

»Und nun will ich was über die Natur wissen!«, sagte Feli. »Da gab es doch eine Geschichte drüber?«

Es donnerte und blitzte gleichzeitig. Also war das Gewitter nun direkt über ihnen! Das laute Krachen hatte Phil erschreckt. Er stieß an die Lampe auf der Armlehne und die Lampe fiel um. Feli fing sie auf, doch das brennende Petroleum hatte sich schon auf das Buch ergossen, und die Flammen leckten an den Seiten. Phil ließ das Buch auf das Sofa fallen. Die Geschwister waren sprachlos vor Schreck und starrten auf das Buch. Was war das? Unter ihrer eigenen Schrift wurden Buchstaben deutlich! Braune Druckbuchstaben! Geheimtinte!, schoss es Phil blitzschnell durch den Kopf. Sie waren wie erstarrt.

DES BUCHS GEHEIMNIS MÜSST IHR SELBST ENTDECKEN!

Aber nun wurde es wirklich gefährlich. Ein Feuer auf dem Speicher! Das hatte ihnen gerade noch gefehlt. Phil griff nach der

Wolldecke auf dem Boden. Wie war das? Feuer brauchte Luft zum Leben? Das stand in irgendeiner Fabel.

Er warf die Wolldecke über das brennende Buch. So konnte keine Luft mehr drankommen! Feli stand mit schreckgeweiteten Augen daneben.

»Wir könnten das Dachfenster oben aufmachen, es regnet ja wie wild!«, schlug sie vor. Man konnte es zwar nur etwas hochkippen, aber vielleicht würde es ja helfen. Wassereimer oder Wasseranschluss gab es hier oben nicht.

»Das wäre nur frische Luft für das Feuer«, rief Phil und schlug mit der Wolldecke erneut nach dem Feuer.

Und wirklich wurden die Flammen weniger und erstarben schließlich ganz. Aber das Buch hatte gelitten, und das Sofa auch. Phil und Feli sahen sich an. Das war ja gerade noch mal gut gegangen! Sie knieten vor dem Sofa und untersuchten das Buch. Die Seiten waren an den Rändern angekokelt, aber die Schrift der Fabeln war noch ganz gut zu lesen.

»Geheimtinte!«, sagte Phil beeindruckt. »*Das* ist das Geheimnis des Buchs!« Dass er nicht sofort daran gedacht hatte! Aber das kam doch eigentlich nur in Jugendbüchern vor. Man musste zum Beispiel mit Zitronensaft schreiben. Der wurde unsichtbar und erst durch Erwärmung wieder sichtbar; er hatte es selber einmal ausprobiert.

»Ob alle leeren Seiten mit Geheimtinte beschrieben sind?«, fragte Feli. »Dann sollten wir vielleicht gar nichts reinschreiben?«

»Weiß ich nicht«, meinte Phil.

»Aber so wird es unser Buch!«, sagte Feli. »Das hat mir eigentlich gefallen!«

»Dann machen wir es weiter«, entschied Phil. »Aber vorher sichern wir die Geheimschrift!«

»Wie geht das denn?«, fragte Feli erstaunt.

»Wir machen sie sichtbar und machen uns eine Abschrift«, schlug Phil vor. »Ich weiß, wie das gehen könnte. Wir müssen eine brennende Kerze unter die Seiten mit der Geheimtinte halten, und wenn die Buchstaben sichtbar werden, schreiben wir sie ab.«

»Bloß kein Feuer mehr!«, rief Feli. »Und hier auf dem Speicher will ich auch nicht mehr lesen. Die Petroleumlampe ist zu gefährlich.«

»Dann ziehen wir eben um«, meinte Phil. »Und mit einer Kerze ist das gar nicht gefährlich. Man muss sie gar nicht so nah an die Seiten halten. Teelichter sind ja auch nicht gefährlich, aber sie wärmen, und darauf kommt es an.«

»Das Programm für die nächsten Tage ist gesichert!«, rief Feli. »Wie spannend! Ich bin richtig neugierig, ob da noch mehr steht und was.«

# 18. Die großen Philosophen

Am Sonntag schliefen die Großeltern immer lange aus und frühstückten im Bett.

Phil und Feli durften am Fußende des Himmelbetts sitzen und ihre Beine unter die Decke schieben. In der Mitte des Betts stand ein großes Tablett mit einem Hefezopf, den Anne am Vorabend noch gebacken hatte, und einem Marmeladenglas. Sie saßen zu viert darum herum. Anne trank ihren Kräutertee. Der große Phil hatte eine Warmhaltekanne mit Kaffee neben sich stehen und gab Phil und Feli etwas davon in ihre Milchgläser. Es war richtig gemütlich. Durch das offene Fenster kam die Sonne herein und man hörte die Vögel piepsen.

Phil und Feli hatten ihr Missgeschick mit der Petroleumlampe noch nicht gebeichtet. Besser später, wenn überhaupt! Erwachsene regten sich immer so schnell auf!

Und es war ja alles gut gegangen.

»Hast du weiße Papierbögen, Großvater?«, fragte Feli. »Ich habe meinen Zeichenblock vergessen.«

»Geh mal in mein Arbeitszimmer«, antwortete der große Phil. »Im Drucker müssten genügend Blätter liegen.«

Der große Phil hatte einen Computer, denn ohne Computer war die Schulverwaltung nicht mehr zu schaffen gewesen. Aber außer ihm durfte ihn niemand bedienen. Er fürchtete nämlich, dass jemand etwas löschte oder kaputtmachte!

Er speicherte auch seine Vorträge ab, um sie später vielleicht noch mal zu verwenden. Aber im Übrigen hielt er sich nicht mehr gern in seinem Arbeitszimmer auf. Das hatte er hinter sich! Der Raum erinnerte ihn zu sehr an Berge von Klausuren und Stundenplanblockungen.

Feli war aus dem Bett gestiegen und fand einen dicken Stapel Blätter. »Wie viele darf ich haben?«, rief sie über die Schulter zurück.

»Nimm, so viel du willst!«, rief der große Phil.

Und Feli brachte einen dicken Stapel in ihr Zimmer und legte ihn auf Tante Sophias ehemaligen Jugendschreibtisch. Ein paar Bleistifte hatte sie auch mitgebracht.

Dann ging Feli zurück zum Frühstück ins Himmelbett. Auch Kant hatte sich zu ihnen gesellt, nachdem Anne ihn kurz in den Garten gelassen hatte. Wo etwas los war, musste er dabei sein! Aber er bekam natürlich keinen Marmeladenzopf, so sehr er sich auch darum bemühte. Und ins Himmelbett durfte er auch nicht.

Phil junior hatte nach dem Mittagessen in der Küche Teelichter und Streichhölzer organisiert und in Felis Zimmer gebracht. Das Buch hatten sie schon gestern vom Speicher heruntergeholt und in Felis Zimmer unter dem Bett versteckt. Und nun konnten sie beginnen. Phil holte das Buch unter dem Bett hervor und legte es auf den Schreibtisch.

»AUS ALT MACH NEU!«, rief Feli plötzlich. »Das stimmt! Unsere Abschrift! Wir machen einen neuen Text aus dem alten, damit wir ihn immer lesen können.«

Phil zeigte Feli, wie man die Kerzenflamme unter das Blatt halten musste. Und tatsächlich kamen die braunen Buchstaben wieder zum Vorschein.

»Das wird aber mühsam!«, sagte Feli. »Ja, OHNE MÜHE WIRD MAN NICHTS GEWINNEN!«, zitierte Phil das Rätsel.

Sie machten sich an die Arbeit. Phil hielt das Teelicht unter die Seiten, las vor und Feli notierte. Später wechselten sie sich ab, Feli las laut und Phil schrieb. Sie hatte nun keine Angst mehr, mit dem Teelicht umzugehen, nachdem sie es bei Phil gesehen hatte. Und es wurden immer nur die Buchstaben sichtbar, die man gerade erwärmte. Es ging also wirklich langsam und sie waren erst mal beschäftigt. Die Unterbrechung durch einen versalzenen Sonntagskuchen – das hatte Feli ja völlig vergessen und fand es jetzt auch gar nicht mehr komisch, sie aßen stattdessen eben von den Keksen – war Nebensache wie alle weiteren Störungen.

»Komisch, ob die Kinder krank werden?«, fragte unten Anne den großen Phil. »Man hört sie ja gar nicht mehr!«

Der große Phil beruhigte sie: »Es ist doch gut, wenn sie sich selbst beschäftigen können. Feli wird malen und Phil liest sicher was.«

Phil und Feli brauchten mehrere Tage. Denn natürlich war auch das Sommerwetter draußen verlockend und sie waren auch gern mit Kant im Freien. Doch schließlich hatten sie es geschafft.

»Meine Güte!«, sagte Feli. »Das hat was mit den Geschichten zu tun!«

»Aber was mit welcher?«, fragte Phil.

»Das sind alles Namen von Philosophen, glaube ich«, sagte Feli. »Und was sie so gedacht haben. Das kommt in den Geschichten vor! Aber die Reihenfolge stimmt nicht, glaube ich. Wir müssen es selber herausfinden, was zu welcher Geschichte gehört.«

Phil junior sah auf den Stapel Blätter, den sie beschrieben hatten. Da stand:

- **Thales von Milet** (625-545 v. Chr.) vertrat die Lehre, dass alles aus dem Wasser hervorgegangen ist. Auf diesen einen Urstoff lässt sich alles zurückführen. Von ihm stammt der Satz: Tue das nicht, was dich an anderen ärgert.

- **Friedrich Nietzsche** (1844-1900) glaubte, dass das Bewusstsein nur eine unwesentliche Begleiterscheinung des stofflichen Geschehens ist und schrieb das Gleichnis über den Wanderer und seinen Schatten. Es ist ihm wichtig, aus vielen Perspektiven zu denken. Im Lebenskampf sollen sich nur die Starken durchsetzen, die Schwachen müssen zu Recht untergehen. Er wollte, dass der Mensch den ›tragsamen Geist‹ eines Kamels ablegt und wie ein Löwe wird.

- **Sokrates** (469-399 v. Chr.) wollte das Selberdenken der Menschen anregen und dabei Hilfestellung leisten. Er war überzeugt, dass man durch Denken selber zur Wahrheit gelangt. Sein Ziel ist auch Selbsterkenntnis. Von ihm stammen berühmte Sätze, z. B.: Besser Unrecht leiden als Unrecht tun, oder: Reich ist, wer arm an Wünschen ist.

🕉 **Marc Aurel** (121-180) war römischer Kaiser und wollte die fromme, tapfere, vernunftgelenkte Persönlichkeit. Er empfahl die Übung der Vogelschau: Man sollte sich in Gedanken von allen irdischen Verstrickungen lösen und versuchen, alles von einer höheren Warte aus zu sehen.

🕉 **Jeremy Bentham** (1748-1832) war überzeugt, dass gute menschliche Handlungen die größtmögliche Summe von Glück für die großtmögliche Zahl von Menschen hervorbringen sollten.

🕉 **René Descartes** (1596-1650) wollte mit seinem Denken die Menschen zu Herren und Meistern der Natur machen und eine Technik ermöglichen, mit der die Menschen nicht länger von Naturgewalten abhängig sind. Er sah im Denken den Beweis für menschliche Existenz. Es zeigt uns nämlich, dass wir nicht träumen und uns die Wirklichkeit nicht bloß einbilden.

🕉 **Hannah Arendt** (1906-1975) untersuchte das Verhältnis von Macht und Gewalt und setzte sich gegen totales Staatsdenken ein. Durch Arbeit, Herstellen und Handeln ist der Mensch zu einem aktiven, tätigen Leben im Staat gerufen.

🕉 **Platon** (427-347 v. Chr.) glaubte, dass man sich durch Denken von der Welt der bildhaften Erscheinungen lösen muss und so wie aus einer dunklen Höhle ins helle Licht der wahren Ideenwelt gelangen kann. Der Denker kann so das Gute und Richtige erkennen und ist deshalb auch zur Leitung eines Staates am besten geeignet.

🕉 **Blaise Pascal** (1623-1662) machte sich Gedanken um die Stellung des Menschen in der Welt und um den Weg zum Seelenfrieden. Er überlegte, wie sich ein Handwerker fühlen muss, der die Hälfte seines Lebens träumt, er sei ein König.

◎◎ **Diogenes von Sinope** (412-323 v. Chr.) machte sich äußerste Bedürfnislosigkeit zur Pflicht und lebte daher in einer Tonne, weil er unabhängig sein wollte. Er ließ sich nicht von Machtmenschen beeindrucken und soll Alexander den Großen gebeten haben, ihm aus der Sonne zu gehen, damit er besser nachdenken könne. Er war als Aussteiger bekannt; wurde aber von vielen Leuten um Rat gefragt.

◎◎ **Anaximenes** (585-525 v. Chr.) glaubte, dass Luft der Urstoff ist, aus dem alles besteht: durch Verdünnung entsteht Feuer; durch Verdichtung Wind und Wolken, Wasser, Erde und Steine. Hauch und Luft sind für ihn auch die Seele des Menschen.

◎◎ **Paul Virilio** (*1932) beschäftigt sich zeitkritisch mit der zunehmenden Beschleunigung unseres Lebens und den Medien, die uns ein falsches Bild der Wirklichkeit vermitteln.

◎◎ **Thomas Hobbes** (1588-1679) vertrat die Meinung, dass Menschen sich von Natur aus in einem Krieg aller gegen alle befinden. Weil so ständiges Misstrauen und Todesfurcht das Leben unerträglich machen, ist es vernünftig, sich auf einen Vertrag zu einigen und sich in einem Staat einem Herrscher zu unterwerfen, dem man gehorchen muss.

◎◎ **Aurelius Augustinus** (354-430) war der Meinung, dass das menschliche Schicksal vorherbestimmt ist. Augustinus lehrte die Selbstgewissheit des menschlichen Bewusstseins und die Erkenntniskraft der Liebe und dachte darüber nach, ob es die Zeit noch geben würde, wenn die Sterne stillstünden. Das Jetzt ist ihm immer schon vergangen, die Zeit verschwindet angesichts der Ewigkeit, jeder Augenblick ist dagegen unendlich klein.

- **Ernst Bloch** (1885-1977) sieht im utopischen, zukunftsbildenden Denken die dem Menschen eigentümliche Kraft, das eigene Leben planend zu gestalten. Daraus ergibt sich die Hoffnung, eine unfertige Welt besser und menschlicher zu machen.

- **John Locke** (1632-1704) wollte Ursprung, Sicherheit und Umfang des menschlichen Wissens untersuchen. Er glaubte, dass das Bewusstsein der Menschen anfangs völlig leer (»Tabula rasa«) ist und erst durch Erfahrung zu Erkenntnissen kommt. Es gibt kein Wissen unabhängig von der Erfahrung. (»Empirismus«)

- **Lucius Annaeus Seneca** (4 v. Chr.-65 n. Chr.) strebte nach Gemütsruhe und sittlicher Lebensführung. Die Treue zu sich selbst ist ihm die höchste Tugend, Glück sieht er in der Abwesenheit von Schmerz und der Mäßigung von Leidenschaften.

- **Immanuel Kant** (1724-1804) vertrat die Lehre, dass Erkennen nicht allein durch Erfahrung, sondern auch durch Formen geprägt ist, die dem Denken eigentümlich sind. Er glaubte, dass der Mensch mit seiner Vernunft über seinen Gefühlen und Neigungen stehen muss und nur so moralisch gut sein kann. Man muss sich immer fragen, ob man die eigenen Absichten, z. B. etwas zu stehlen, wie ein allgemein gültiges Gesetz wollen kann.

- **Aristoteles** (384-322 v. Chr.) sah Ziel und Zweck in jeder Entwicklung. Die Wirklichkeit entsteht für ihn durch das Zusammentreffen von Stoff und Denken. Ein nachdenkendes Leben ist ihm wichtig. Glück ist für ihn das gute gelingende Leben. Tugend ist für ihn die Fähigkeit, in allem die rechte Mitte zu finden. Dabei gilt ihm Gerechtigkeit als Tugend des Staates.

⚛ **John Stuart Mill** (1806-1873) glaubte, dass die Werte aus der Erfahrung erschlossen werden können. Der angestrebte Zweck ist entscheidend für den Wert einer Handlung, die man deshalb nach ihren Folgen beurteilen muss. Ist die Handlung nützlich (d. h. glücksfördernd oder leidensmindernd), so ist sie gut. (»Utilitarismus«)

⚛ **Thomas Nagel** (* 1937) ist der Auffassung, dass das Philosophieren ein natürliches Bedürfnis ist und nicht von Universitäten und Bibliotheken abhängt. Er hat sich mit dem Problem des fremden Bewusstseins beschäftigt, das wie die Fledermäuse an andere Sinneserfahrungen gebunden ist, und über das wir nichts wissen können. Trotzdem möchte er die »Ultraobjektivität« eines überindividuellen Standpunktes anstreben.

⚛ **Max Scheler** (1874-1928) sah die Sonderstellung des Menschen im Kosmos in seiner überlegenen Geistigkeit, die den Menschen im Unterschied zu allen Tieren weltoffen und fähig zum aktiven Handeln macht. Tiere sind demgegenüber immer nur unfrei und umweltgebunden und daher unterlegen.

⚛ **Jean-Jacques Rousseau** (1712-1778) glaubte, dass der Mensch zwar frei geboren und von Natur aus gut ist, doch überall in Abhängigkeiten verstrickt ist. Deshalb muss ein Gesellschaftsvertrag Freiheit für alle garantieren, die im Sinne der Gemeinschaft denken.

⚛ **Henri Bergson** (1859-1941) war der Meinung, dass man das Leben begrifflich nicht fassen kann, weil es wesentlich schöpferisches Tun ist. Zeit ist dabei Grundbedingung für freie Entfaltung.

- ◉◉ **Empedokles** (483-424 v. Chr.) sieht vier Urstoffe für alles, was entsteht und vergeht: Wasser, Feuer, Erde und Luft. Diese Elemente sind nicht entstanden, sie sind unveränderlich und unvergänglich, und alles entsteht durch Mischung und Entmischung, Verbindung und Trennung dieser Grundstoffe.

- ◉◉ **Martin Heidegger** (1889-1976) bemühte sich um das Verstehen des Seins und seinen Sinn. Der Mensch ist in das Sein geworfen und muss sich selbst darin verwirklichen. Die Grunderfahrung des Nichts erzeugt Angst. Das Sein soll daher Sorge, aber auch Fürsorge für andere sein.

- ◉◉ **Demokrit von Abdera** (460-371 v. Chr.) lehrte, dass alles, was geschieht, durch Verbindung und Trennung von Atomen zustande kommt. Das gilt auch für die Seele, die er mit dem Element des Feuers gleichsetzt. Was die Sinne erfassen, ist dunkel, nur der Verstand kann klar erkennen.

- ◉◉ **Arthur Schopenhauer** (1788-1860) glaubte, dass hinter jedem Denken, das uns eine Vorstellung von der Welt gibt, der menschliche Wille am Werk ist. Deshalb kritisierte er eine einseitige Vernunftphilosophie und will auch für das gute Handeln keine starren Prinzipien, sondern eine Haltung des Mitleids und der Einfühlung. Doch er verglich Menschen mit Stachelschweinen, die sich bei zu großer Nähe nur wehtun.

- ◉◉ **Maurice Merleau-Ponty** (1908-1961) beschäftigte sich mit Wahrnehmungsprozessen und Empfindungen. In seiner Leibphilosophie ging er besonders auf Beziehungen zwischen Körper und Umwelt ein und auf die Bedingungen, die uns die

Orientierung in Raum (oben/unten) und Zeit (vorher/nachher) vornehmen lassen.

⊛ **Georg Wilhelm Friedrich Hegel** (1770-1831) glaubte an die Höherentwicklung des Geistes in der Welt nach bestimmten Gesetzen. Dieser Geist ist als jeweiliger Zeitgeist im Staat vorhanden. Menschen sind nur Träger dieses Geistes und unterstehen notwendig den Gesetzen seiner Entwicklung. Deshalb kann Freiheit nur als Einsicht in die Notwendigkeit dieser Entwicklung gedacht werden.

⊛ **Arnold Gehlen** (1904-1976) sieht den Menschen als Mängelwesen. Um seine natürlichen Nachteile gegenüber den Tieren auszugleichen, muss der Mensch sich eine zweite Natur, nämlich Kultur und Technik schaffen, mit der er seine Bedürfnisse befriedigen und die Welt gestalten kann.

⊛ **Erich Fromm** (1900-1980) lehrte, dass der Mensch sich selbst und seiner Welt fremd bleibt, solange er sich am Besitz von Dingen orientiert. Dem Haben stellt er aktives tätiges Sein gegenüber, das Freiheit erst möglich macht.

⊛ **Jean-Paul Sartre** (1905-1980) lehrte, dass die Existenz des Menschen nur durch einen freien Entwurf seiner Selbst zur Selbstverwirklichung führt. Die Angst vor dem Nichtsein ist Grund für unsere Freiheit, die uns auch eine ausweglose Verantwortung aufbürdet.

⊛ **Aristophanes** (445-385 v. Chr.) stellte sich vor, dass die vollkommenen Menschen ehemals Kugelgestalt hatten. Erst als sie zu übermütig und den Göttern gefährlich wurden, wurden sie von diesen zur Strafe in zwei Hälften geteilt. Deshalb sind die Menschen auch heute noch zeitlebens auf der Suche nach ihrer anderen Hälfte, mit der zusammen sie vollkommen wären.

⚮ **Jean Baudrillard** (*1929) ist der Ansicht, dass die Wirklichkeit immer mehr verschwindet und durch Mediensimulationen ersetzt wird. Wir leben deshalb in einer immer künstlicheren Welt und dadurch fallen immer mehr soziale Beziehungen in sich zusammen.

⚮ **Jürgen Habermas** (*1929) lehrt, dass es keine objektive Erkenntnis gibt, da sie immer von Interessen geleitet wird. Übereinstimmung muss man deshalb im Gespräch suchen, damit gemeinsames Handeln in der Gesellschaft möglich wird.

⚮ **George Berkeley** (1684-1753) glaubte, dass es eine Außenwelt, die vom Denken und Wahrnehmen unabhängig ist, nicht gibt. Das Sein der Dinge ist das, was wahrgenommen wird. Darüber hinaus kann man keine Aussagen über die Wirklichkeit machen.

⚮ **Emmanuel Levinas** (1906-1995) will die Pflicht einer offenen Hinwendung zum anderen Menschen. Zugleich macht er deutlich, dass wir nie über andere Menschen urteilen können, weil unser Verstand nicht in der Lage ist, einen anderen Menschen total zu erfassen. Jeder Anspruch darauf ist bereits Gewalt.

⚮ **Karl Marx** (1818-1883) schuf eine Philosophie der Ökonomie, in der er sich gegen Ausbeutung und Unterdrückung und für das Ziel einer freien, gleichen und gerechten Gesellschaft einsetzte. Dazu schien ihm die Abschaffung des Privateigentums nötig, denn es entsteht erst dadurch, dass Arbeiter den Mehrwert ihrer Arbeit den Kapitaleignern überlassen, für die sie arbeiten.

∞ **Francis Bacon** (1561-1626) erklärte zur höchsten Aufgabe der Wissenschaft die Naturbeherrschung und zweckmäßige Gestaltung der Natur. Deshalb muss sich der Mensch von falschen Vorstellungen und Vorurteilen befreien. Man muss alles immer wieder an der Erfahrung überprüfen.

∞ **Jean-François Lyotard** (*1924) kritisiert das rationale Denken der Aufklärung. Er glaubt, dass die großen Erzählungen von Freiheit und Gleichheit zu wenig Raum für freie Vielfalt in und neben der Vernunft lassen, z. B. auch für Gefühle.

∞ **David Hume** (1711-1776) glaubte, dass alle Ideen durch Verwertung von Sinneserfahrungen entstehen. Auch der Glaube an Ursachen und ihre Wirkungen entsteht durch Gewohnheit und Erwartung. Das Ich ist für ihn ein Bündel von dauernd wechselnden Vorstellungen und Gefühlen, und das Tun entspringt nicht der Vernunft, sondern kommt aus Neigungen und Leidenschaften.

∞ **Johann Gottlieb Fichte** (1762-1814) hält das tätige Ich für den Inbegriff von Geist, Wille, Sittlichkeit und Glaube. Das Ich erschafft in der Vorstellung seine Welt und ist daher auch frei, sich selbst zu entwickeln. Dazu gehört die Ausbildung von Körper und Geist und die Eingliederung in die menschliche Gemeinschaft.

∞ **Ludwig Wittgenstein** (1889-1951) wurde bekannt mit einer logischen Untersuchung des Verhältnisses von Sprache und Welt. Er war der Meinung, dass philosophische Probleme nur durch Sprachverwirrungen entstehen und durch Sprachanalyse geklärt werden können. Und worüber man nicht reden kann, darüber muss man schweigen. Denn die Grenzen unserer Sprache sind die Grenzen unserer Welt, von der wir uns mit der Sprache ein Bild machen.

»Meine Güte«, wiederholte Feli. »Da werden wir ganz schön zu tun haben. Was gehört wohl zu welcher Fabel? Das wird sicher lange dauern, bis wir das alles herausgefunden haben.«

»Wir haben ja Zeit«, beruhigte Phil sie.


# 19. Kein Krebs!


Laura hatte angerufen und Anne saß am Küchentisch und hatte ihren Kopf in die Hände gestützt. Sie weinte vor Erleichterung. Jetzt wurde ihr erst klar, wie angespannt sie gewesen war. Das Ergebnis der Gewebsuntersuchung war da.

Es war negativ! Lutz würde wieder ganz gesund werden.

»Negativ!«, rief sie glücklich.

Laura telefonierte noch mit den Kindern. Morgen dürften sie Lutz anrufen.

Der große Phil stand neben Anne und legte den Arm um sie.

»Unkraut vergeht nicht«, sagte er. Was sagte man in solchen Situationen nicht alles für Blödsinn!

Phil junior freute sich. Er hatte es ja gewusst. Eigentlich hatte er mit nichts anderem gerechnet.

Feli war verunsichert. »Wieso freust du dich, wenn es doch negativ ist?«

»Also negativ ist in Wirklichkeit ganz positiv«, sagte Anne glücklich. »Und positiv wäre ganz negativ gewesen.«

»Und warum sagt man das dann falsch rum?«, fragte Feli. Diese Erwachsenen! Nie konnten sie sich klar ausdrücken!

»Negativ sagt man, wenn man nicht gefunden hat, wonach man suchte«, erklärte der große Phil. »Und positiv, wenn man etwas entdeckt hat, wenn der Verdacht sich bestätigt hat. Im Englischen heißt ›positive‹ sicher.«

Feli hatte völlig Recht, dachte er. Es ist schon ein Kreuz mit der Sprache. Sie konnte wirklich zu Unklarheit und Missverständnissen beitragen.

»Was wäre denn negativ oder positiv gewesen?«, fragte Feli.

»Es hätte Krebs sein können«, sagte Anne und schauderte. Sie hatte den langsamen qualvollen Krebstod ihres Vaters miterlebt. Und natürlich war es noch viel schlimmer, ein eigenes Kind zu verlieren. Die körperliche Verbindung war enger, auch wenn die Kinder das für gewöhnlich nicht so spürten. Wofür hatte man sie geboren? Damit sie vor einem starben? »Und dann wäre Lutz vielleicht nicht wieder gesund geworden«, setzte sie langsam hinzu.

»Hätte er sterben müssen?«, fragte Feli.

»Vielleicht nicht sofort«, antwortete Anne. »Aber vielleicht hätte die Krankheit sich immer weiter verschlimmert.«

»Wie ist es, wenn man stirbt?«, fragte Feli. Sie hatte unter Tränenströmen mehrere Hamster beerdigt, an denen sie gehangen hatte. Man kam darüber hinweg und es dauerte auch nicht allzu lange.

Aber dies war etwas anderes. Ihren Vater würde sie immer vermissen. Allein der Gedanke daran! »Ist es so, als ob man einschläft?«, fragte sie nach.

»Bei Bach gibt es einen Choral und da ist vom Tod als ›Schlafes Bruder‹ die Rede«, sagte der große Phil langsam. »Aber ich glaube, es ist doch anders als einschlafen. Tatsächlich kann uns keiner darüber Auskunft geben. Und deshalb haben viele Leute davor Angst.«

»Aber es hat doch Leute gegeben, die man zurückgeholt hat«, sagte Phil junior. »Die könnte man doch fragen!«

136

»Ja, aber es ist die Frage, ob sie wirklich tot waren«, meinte der große Phil.

»Wir wissen zum Beispiel nicht, wann das Denken aufhört. Wir wissen auch nicht, ob der Geist unabhängig vom Körper weiterbestehen kann. Wir wissen ja nicht einmal genau, wann der Tod eintritt. Wenn man aufhört zu atmen? Die Römer haben früher das gleiche Wort für Atem und Seele verwendet, anima. Daher kommt der Ausdruck ›sein Leben aushauchen‹. Oder wenn man verblutet? Es gab Zeiten und Völker, da hat man das Blut als Sitz der Seele angesehen. Deshalb gab es sogar besondere Schlachtvorschriften für Tiere, zum Beispiel muss bei den Juden das Blut eines Tieres vollständig ausfließen, bevor es gegessen werden darf. Und die Zeugen Jehovas lehnen Bluttransfusionen ab. Wenn das Herz nicht mehr schlägt? Wenn das Gehirn aufhört zu arbeiten? Für Organtransplantationen braucht man das Hirntodkriterium. Damit die Organe noch brauchbar und gut durchblutet sind.«

»Phil! Musst du jetzt über so was reden?«, sagte Anne.

»Aber Feli hat gefragt, und das ist ein wichtiges Thema«, erwiderte der große Phil. Philosophieren hieß sterben lernen, hatte irgendein Philosoph gesagt. War das nicht Sokrates gewesen? Und ob das stimmte? Was konnte das bedeuten? Sich von den Dingen lösen lernen vielleicht. Konnte man das in Gedanken üben? Sich im Nirwana auflösen? Im Buddhismus musste man üben, das kleine Ich im großen Ich aufzulösen. Konnte das auf das Sterben vorbereiten?

Wenn man ein gutes ausgefülltes Leben gelebt hatte, konnte man ohne Angst auf das Ende seines Lebens zugehen. Jedenfalls hoffte er das. Und was ein gutes Leben war, das musste eben jeder für sich selbst herausfinden. Jedenfalls musste man von innen nach außen leben, nicht von außen nach innen.

»Es hat noch keinen Menschen gegeben, der darum herum gekommen wäre«, sagte er laut. »Und deshalb denkt man besser beizeiten darüber nach.« Dann konnte man vielleicht die Angst in den Griff kriegen, dachte er bei sich. Schließlich wartete der Tod nicht immer am Ende eines langen reichen Lebens. Er konnte an jeder Straßenecke lauern und zu jeder Zeit zuschlagen. Gerade weil das Leben nicht unendlich lange dauerte, wurde einem klar, wie wertvoll die Zeit war, die einem zur Verfügung stand. Man musste sie gut nutzen und dankbar dafür sein. Und das wusste nun auch sein Sohn. Und zwar nicht nur im Kopf. Auch sein Körper wusste es.

»Phil, komm mal zu mir rüber«, rief Feli am Abend.
Sie saß in ihrem Zimmer oben auf dem Etagenbett und hatte das Fabelbuch aufgeschlagen. »Großvater hat doch vorhin was von ›Schlafes Bruder‹ gesagt. Und da habe ich mich erinnert. So was Ähnliches habe ich doch hier im Inhaltsverzeichnis gelesen.« Sie hatte die richtige Seite schon aufgeschlagen.
Phil kletterte zu ihr nach oben. »Da!«, sagte Feli und wies auf die Seite. Phil las neugierig:

*Der Bruder des Schlafs*

*»Ihr seid mir schon ein komisches Völkchen!« Eine Wanderratte, die eigentlich obdachlos war, unterhielt sich mit einem Lemming.*
*Sie hatte es sich in einem alten Fass bequem gemacht und genoss es, sich von der Sonne bescheinen zu lassen. Dann kamen ihr gute Ideen und mehr wollte sie nicht vom Leben: Sie hatte nämlich philosophische Neigungen. »Was ich überhaupt nicht verstehen kann«, fuhr sie fort: »Warum*

bloß stürzen Lemminge sich herdenweise ins Meer? Wenn ihr nicht auf den Klippen zerschellt, so müsst ihr elendiglich ertrinken, und zwar alle zusammen! Das ist doch völlig verrückt.«

»Mhm«, meinte der Lemming nachdenklich. »Ich bin mir nicht sicher, ob das so verrückt ist! Wie viele Jungen kriegst du pro Jahr? Wahrscheinlich keine, du hast dich ja von der Gesellschaft zurückgezogen. Aber wir, wir kriegen bis zu fünfunddreißig Junge pro Jahr, in drei Würfen, und die kriegen wieder Junge … und dann müssen wir natürlich auf Wanderschaft gehen, der Platz reicht nicht aus für uns alle.«

»Also wir Aussteiger kommen mit ganz wenig aus, wir versuchen von nichts abhängig zu sein«, sagte die Ratte.

»Aber wir sind zu viele«, erwiderte der Lemming. »Wir brauchen Sommerquartiere und wieder neue Winterquartiere, weil wir inzwischen wieder mehr geworden sind. Da legen wir alle zusammen unterirdische Gänge an, wenn Schnee liegt. Wir brauchen viel Platz, das musst du einsehen!«

»Und was hat das mit eurem Massenselbstmord zu tun?«, fragte die Ratte nach.

»Ich weiß nicht, ob man das so nennen kann«, antwortete der Lemming. »Es geht das Gerücht, ja. Aber es gibt keine Überlebenden, die davon erzählen könnten. Wir sind also auf Vermutungen angewiesen. Auf unseren Wanderungen müssen wir auch Flüsse und Seen durchschwimmen. Und natürlich muss man im Leben immer mit dem Tod rechnen; er gehört dazu, überall und jederzeit! Und das ist gut so, sonst werden wir zu viele. Es ist also nicht verrückt, sondern sehr sinnvoll.«

*»Ihr stürzt euch zu Tode, damit ihr nicht zu viele seid. Aber wenn ihr nicht so viele wärt, müsstet ihr euch nicht zu Tode stürzen!«, warf die Ratte ein. »Das finde ich schon verrückt.«*
*»Es passiert eben einfach, wir denken nicht darüber nach«, gab der Lemming zurück. »Und zusammen sterben stelle ich mir gar nicht schlimm vor, jedenfalls schöner als einsam sterben!«*

*»Sterben muss doch jeder für sich allein. Man sollte beizeiten darüber nachdenken«, warf die Ratte würdevoll ein. Der Lemming aber sagte: »Wir müssen nicht groß darüber nachdenken, es ist ganz natürlich. Der Tod ist der Bruder des Schlafs, hört man; und es ist wohl so ähnlich, wie wenn man schläft: Man weiß dann auch nichts von sich. Aber es ist ein herrliches Leben mit so vielen Kameraden, auch wenn es immer mit dem Tod endet. Wir alle spüren, dass wir zusammengehören und auch im Tod zusammenbleiben.*
*Wie kann man vorher wissen, ob man sich in einen Fluss oder ins Meer stürzt? Ob uns ein neues Ufer erwartet oder nicht? Risiko ist immer dabei – aber man muss eben Entschlüsse treffen und handeln. Deshalb genießen wir jeden Augenblick!«*

*»Das kann ich auch, indem ich mich von der Masse entferne«, sagte die Aussteigerratte. »Ich denke nach und erfahre mehr über mich und die Welt.«*

*»Aber wir sind eben Herdentiere!«, sagte der Lemming. »Und es wäre unnatürlich, wenn wir anders sterben würden.«*

*»Da muss ich erst drüber nachdenken«, sagte die Philosophenratte, und sie zog sich in ihre Tonne zurück, während der Lemming sich wieder seiner Herde anschloss.*

»Aber wir müssen jetzt nicht darüber nachdenken«, sagte Feli.
»Lutz wird ja wieder gesund.« Und sie schlug das Fabelbuch zu.
»Na dann gute Nacht!«, sagte Phil und ging in sein Zimmer zurück.

## 20. Lauter Namen

»Na, ihr zwei, ihr wolltet mir doch sagen, welche Kekse ihr am leckersten findet?«, fragte Anne.
Phil und Feli waren sich sicher. »Die doppelten mit den Löchern und roter oder gelber Marmelade dazwischen!«, riefen sie. »Die sind besonderes lecker.«
»Das sind auch immer Sophias Lieblingsplätzchen gewesen«, sagte Anne zufrieden.
Sie saß am Küchentisch und blätterte in der Tageszeitung. »Das sind Kathreinerle. In der Schweiz sagt man allerdings Spitzbuben und in Österreich Linzer Augen dazu. So wie unsere Berliner in Österreich Krapfen heißen, nur in Berlin heißen sie Pfannkuchen. Und die heißen in Österreich Palatschinken.«
»Na so was, drei Namen für das Gleiche!«, staunte Feli. »Wenn ich in der Schweiz Kathreinerle kaufen will, weiß niemand, was das bedeutet?«
»Es könnte zumindest sein, das du erst erklären musst, was du meinst. Oder du müsstest darauf zeigen.«
»Und wenn man das nicht kann, weil die Plätzchen nicht da liegen, wie erklärt man dann eine Bedeutung?«, fragte Phil junior.
»So ungefähr wie ihr das vorhin getan habt, vermute ich«, sagte Anne. »Da habt ihr den Namen ja auch nicht gewusst. Ihr habt die Kekse eben beschrieben. Es könnte natürlich sein, dass man

das Wort Marmelade auch nicht versteht, weil man anderswo Konfitüre dazu sagt. Obwohl das genau genommen nicht das Gleiche ist. Dann muss man das eben auch noch erklären. Und natürlich gibt es gute und schlechte Erklärungen. Aber irgendwie wird man schon zurechtkommen.«

»Mehrere Namen für das Gleiche! Gibt es eigentlich auch einen Namen für mehrere Dinge?«, fragte Phil interessiert.

»Ja sicher«, meinte Anne.

»Die Stadt Cambridge gibt es zum Beispiel in England und Amerika. Und eine Mutter kann eine Schraube oder ein Elternteil sein. Es gibt da doch so ein Ratespiel, wenn ich mich recht erinnere! Und ›Tisch‹ ist der Name für alle Tische, nicht nur für diesen hier. Es gibt Millionen Tische auf der Welt, und wahrscheinlich sind keine zwei genau gleich. Aber wir brauchen einen allgemeinen Namen, sonst könnte man überhaupt nicht verstehen, was man meint. Stellt euch mal vor, wir hätten für jeden Tisch auf der Welt einen anderen Namen! Und für jeden Stuhl, für jeden Baum, für jeden Garten, für jedes Haus! Stellt euch vor, es gäbe so viele Wörter wie Dinge! Man würde im Leben nicht fertig, die Sprache zu lernen, geschweige denn eine Fremdsprache. Oder gar mehrere!«

»Aber wenn dann zwei Leute ›Tisch‹ sagen, könnten sie sich ja etwas anderes darunter vorstellen!«, überlegte Phil junior. »Die Tische, die sie kennen oder an denen sie das Wort gelernt haben!«

»Das ist schon richtig«, meinte Anne. »Aber alle Tische sind sich doch irgendwie ähnlich. Deshalb reicht eine Sammelbezeichnung.«

Der große Phil war in die Küche gekommen und hörte interessiert zu. »Und der Sammelname bezieht sich dann auf das, was für einen Tisch wesentlich ist. Und nicht auf die vielen Unterschiede der einzelnen Tische«, sagte er.

Phil junior hatte noch nie darüber nachgedacht. »Sonst würde die Sprache nicht funktionieren!«, staunte er.

»›Krebs‹ gibt es auch zweimal«, sagte Feli. »Die Frage ist nur, wer wen auffrisst.«

Der Mops kam zur Küche herein. Wo etwas los war, da musste er dabei sein!

»Und Kant gibt es übrigens auch zweimal!«, ergänzte sie. »Aber wenn Kant sterben würde, dann gäbe es wieder nur einen.«

»Aber der andere Kant ist doch auch schon gestorben, und trotzdem hat der Name noch eine Bedeutung!«, gab der große Phil zu bedenken. »Die Bedeutungen bleiben oft bestehen, auch wenn die Dinge nicht mehr sind. Wenn man sich an sie erinnert.«

Wie bei den Namen der vielen Philosophen, dachte sich Feli.

»Dann gibt es ja doch viel mehr Wörter als Dinge!«, sagte Phil junior.

»Das weiß ich nicht genau«, sagte der große Phil. »Denn es gibt ja auch Namen für Dinge, die es noch nicht gibt oder nie geben wird! Roboterärzte zum Beispiel oder Froschkönige! Du kannst dir doch wahrscheinlich irgendwas darunter vorstellen. Das heißt, dass sie für dich eine Bedeutung haben.«

»Aber die Vorstellung ist doch bloß im Kopf! Wenn man doch nur das Wort hat, wie kann man dann immer ganz genau wissen, was sich der andere denkt?«, wollte Phil junior wissen. »Zum Beispiel, wenn man ein Buch liest«, setzte er hinzu. »Wenn ein Wort doch viele tausend Dinge meinen kann oder Vorstellungen, wie kann man dann immer verstehen, was gemeint ist?«

Was für ein Einstieg in die Hermeneutik, dachte der große Phil. Die Lehre vom Verstehen durfte nicht bloß eine akademische Disziplin sein. Da hatte der Philosoph Frege über Sinn und Bedeutung geschrieben und noch den Morgenstern und Abendstern bemüht – der natürlich immer die Venus war. Und hier war es um Plätzchen und Tische und dann plötzlich noch um viel mehr gegangen!

»Man könnte sich zum Beispiel ansehen, wie jemand einen Begriff gebraucht hat«, sagte er. »Auch wenn er uns selbst keine Auskunft mehr geben kann, wie er das gemeint hat.« Aber damit sind noch lange nicht alle Fragen beantwortet, dachte er. Verstehen bezog sich ja nicht nur auf Texte und Bücher und Aussagen, sondern auch auf andere Menschen und ihre Gefühle. Wie konnte man sich jemals richtig verstehen? Wie war Verständnis möglich?

## 21. Unter dem Apfelbaum

»Besuch für euch!«, rief der große Phil. Jakob stand am Gartenzaun und hielt Ausschau nach Phil und Feli.

»Wir kommen!«, riefen sie aus dem Haus zurück. »Wir wollten sowieso gerade in den Garten! Dürfen wir den Sonnenschirm mitnehmen? Wir wollten uns unter den Apfelbaum setzen. Auf dem Speicher ist es immer so heiß!«

Feli versuchte, den schweren Ständer des Sonnenschirms zu bewegen. »Wir lassen den Ständer einfach hier«, entschied sie. »Das ist bequemer.«

»Sehr wohl, gnädige Frau«, sagte der große Phil, hob den Schirm aus dem Ständer und trug ihn ins hintere Ende des Gartens vor den Apfelbaum.

Die ›gnädige Frau‹ musste lachen. »Komm rein, Jakob!«, rief sie.

»Morgen, Jakob!«, rief Anne. »Na dann mache ich euch mal am besten einen Korb zurecht.« Sie nahm einen Korb und tat Gläser, eine Flasche Limonade und eine Keksdose hinein. Phil und Feli hatten ihre Rucksäcke gepackt: Badetücher, Badesachen, Buntstifte, Bilderbücher, und dazwischen war das Fabelbuch versteckt. »Das ist ja eine Expedition!«, lachte Anne. »Wollt ihr noch eine Wolldecke haben?«

Phil und Feli gingen mit Jakob zum Apfelbaum. Feli bewunderte Jakob. Jakob war schon in der Pubertät. Mit welcher Gelassenheit er diese fürchterlichen Pickel ertrug! Und man hatte den Eindruck, dass sein Körper unterschiedlich schnell wuchs. Immer, wenn sie zu Besuch waren, hatte sich wieder etwas verändert. Mal waren die Arme gewachsen und viel zu groß für den Körper, denn der war noch nicht nachgekommen. Und dann waren die Beine gewachsen. Erst war das Kinn gewachsen und dann die Ohren, dann kam die Stirn oder die Nase nach. Irgendwie stimmten die Proportionen nie! Er musste sich scheußlich fühlen. Aber er war fast schon ein Mann! Und er wusste immer, was zu tun war.

Pubertät ist wie eine Krankheit, dachte Feli. Irgendwann ist man wieder normal, meistens jedenfalls, aber das war ein schwacher Trost. Sie würde sich am liebsten einspinnen wie die Raupen und erst hinterher als wunderbarer Schmetterling wieder zum Vorschein kommen. Oder eine dichte Dornenhecke müsste um sie herum wachsen, und jeder, der zu ihr durchwollte, müsste in den Dornen elendiglich hängen bleiben! Es gehörte schon Mut dazu, diese Zeit einfach so durchzustehen. Und ihr Bruder fing auch schon an damit! Die Zeichen waren nicht zu übersehen.

Jakob breitete die Wolldecke im Schatten des Apfelbaums aus. Feli legte den großen Sonnenschirm schräg davor.

»Jetzt ist das fast wie eine Höhle!«, sagte sie zufrieden. »Wir können uns hierher zurückziehen, und vom Haus aus kann man uns nicht sehen.«

Sie machten es sich auf der Wolldecke bequem und Phil junior goss Limonade ein.

»Wir haben nämlich ein Geheimnis«, sagte Feli zu Jakob. »Und ein Rätsel!«

Phil packte die Rucksäcke aus und holte das Fabelbuch hervor.

Jakob staunte. »Das ist ja ein ganz altes Buch!«

»Das glauben wir eben nicht«, sagte Feli und schlug es auf. Sie erzählte, wie sie das Rätsel und die Geheimschrift entdeckt hatten.

»Soso, da hättet ihr fast euren Speicher abgebrannt!«, grinste Jakob. »Aber wenigstens seid ihr mit Petroleumlampen demnächst vorsichtiger.«

Gemeinsam lasen sie das Rätsel.

»Nicht schlecht«, meinte Jakob.

»Und wir glauben, dass wir das rauskriegen, wenn wir noch mehr in dem Buch lesen«, sagte Phil. Jakob mochte Phil. Er war so klug! Und überhaupt nicht eingebildet.

»Heute lesen wir drei Geschichten!«, schlug Feli vor. »Wir müssen was aufholen.«

Der Apfelbaum rauschte über ihnen im Wind und der Bach nebenan plätscherte vor sich hin.

»Du wolltest doch die mit der Natur«, fiel Phil ein. Und er schlug das Buch dort auf.

Sie lasen:

### Die Natur der Natur

*»Wieso wird es eigentlich morgens immer hell? Und weshalb ruhen wir uns in der Mittagszeit immer aus und wieso wird es abends wieder dunkel?«, fragte die kleine Löwin Lea ihren Vater Leo.*

»Du willst wissen, warum unsere Natur so ist, wie sie ist«, antwortete Leo langsam.

»Nun, ich kann dir nur sagen, dass es immer so war, schon als mein Vater noch lebte und mein Großvater und mein Urgroßvater. Immer wurde es morgens hell und abends dunkel.«

»Und wenn das mal nicht so passiert?«, fragte Lea. »Wenn es zum Beispiel dunkel bleibt? Ich fürchte mich so im Dunkeln und habe schreckliche Angst davor, dass es immer noch dunkel ist, wenn ich ausgeschlafen habe. Es gibt dann so viele komische Geräusche. Und woher weiß ich, dass es bald wieder hell wird?«

»Das ist noch nie passiert«, beruhigte Leo sie . »Du kannst dich auf unsere Erfahrung und die unserer Vorfahren verlassen. Du kannst ruhig daran glauben.«

Aber das Löwenkind war noch nicht beruhigt. »Warum muss denn alles so sein, wie es immer schon war?«, rief es aufgeregt. »Die Dinge können sich doch ändern! Zum Beispiel wird doch das Gras gelb und braun und trocken und war vorher auch anders.«

»Du lebst eben bloß noch nicht lange genug, Lea«, entgegnete der große Löwe. »Du wirst feststellen, dass manche Dinge sich wiederholen, auch die Farben der Steppe. Es geht eben nur langsamer. Das ist die Natur der Natur. Die Erfahrung sagt uns: Manche Dinge wiederholen sich jeden Tag, andere jedes Jahr. Aber du kannst dich darauf verlassen. Mein Urgroßvater hat es meinem Großvater erzählt, als er noch lebte, und der meinem Vater. Es war immer so und deshalb wird es auch immer so sein.«

»Quatsch, Erfahrung!«, schaltete sich da die Löwenmutter ein. »Immer diese Sprüche. Wenn ich das schon höre: Es *wird immer so sein, weil es immer so war. Das ist doch unlogisch! So kann man dem Kind doch nichts erklären! Es gibt Gesetze, mein Kind, Naturgesetze, und sie gelten immer. Wenn man sie kennt, weiß man Bescheid! Sie sagen nicht nur, wie die Welt war und ist, sondern auch, dass es immer so zugehen muss. Die Sonne geht jeden Morgen auf, weil sich die Erde um sich selbst dreht. Dann kann die Sonne alle Teile der Erde bescheinen. In Wirklichkeit geht sie übrigens gar nicht auf und unter, es sieht für uns nur so aus.*

*Und es gibt Jahreszeiten, weil die Erde gleichzeitig in einer großen Bahn um die Sonne läuft und unterschiedlich lange von ihr beschienen wird. Die Fixsterne wandern um die Erde herum, so sieht es jedenfalls von hier aus, immer in der gleichen Reihenfolge; der Regen kommt immer von oben, Löwen werden geboren und müssen sterben, wir müssen fressen und trinken und atmen, das ist eben unsere Natur.«*

*»Aber ist denn dann alles vorherbestimmt?«, fragte Lea. »Gibt es für alles Gesetze?«*

*»Ja, wenn man das wüsste«, meinte die alte Löwin nachdenklich.*

»Und was ist unsere Natur als Menschen?«, fragte sich Phil laut. »Wir müssen doch auch essen und trinken, besonders bei dieser Hitze«, meinte Feli. Sie nahm einen Schluck Limonade. »Und das Atmen können wir auch nicht abstellen. Wir werden geboren, haben Schmerzen und müssen sterben wie die Tiere. Haben wir unsere Natur mit den Tieren gemeinsam?«

»Schreib das hin!«, sagte Phil. »Dann können wir später noch mal darüber nachdenken. Jetzt lesen wir erst mal weiter.«

Er reichte das Buch an Jakob weiter. Der las vor:

*Alles verkehrt*

*»Bei uns ist alles verkehrt, finde ich«, sagte die Wald-ameise klagend zur Grille. »Weshalb gibt es in unserem Ameisenstaat keine Alleen mit den Statuen berühmter Ameisen? Weshalb gibt es keine Geschichte der Ameisen in 20 Bänden? Wir haben zwar Ameisenstraßen und Verkehrsregeln, auch Räuberameisen und eine Ameisenpolizei gibt es. Es geht also interessant zu; es gäbe etwas zu berichten.*

*Aber was machen wir daraus? Nichts. Wie blind hängen wir einen Tag an den anderen. Es gibt keinen Fortschritt! Nur manchmal werden Geschichten erzählt von Ameisen-heldentaten. Wir sind nämlich sehr stark, weißt du. Aber alles ist wieder so schnell vergessen! Wozu soll man sich anstrengen, wenn man doch nicht berühmt wird? Du hast es da besser; du kannst wunderbare Musik machen in lauen Sommernächten, auf dich wird man aufmerksam und lauscht. Wer aber beachtet uns? Dabei möchte ich so gerne berühmt werden. Ruhm muss etwas Wunderbares sein! Vielleicht wird man viel fotografiert oder man darf Interviews geben und wird in Talkshows eingeladen ... Ich stelle mir vor, man fühlt sich besonders einzigartig und bedeutend ...«*

*»Aber jeder ist einzigartig«, antwortete die Grille. »Es gibt keine zwei Ameisen oder Grillen, die gleich sind!«*

*»Das tröstet mich nicht«, sagte die Ameise. »Ich will Aner-kennung! Wir brauchen Orden und Auszeichnungen, wir brauchen Zeitungen und Bücher, wir brauchen Musik und*

»Kann man seiner Kultur entkommen?«

*Konzerte! Ich würde so gern Musik machen, vielleicht zeigst du es mir mal! Schließlich sind wir sehr geschickt, nicht nur beim Bau von Ameisenhaufen.*

*Wir brauchen Kultur! Das würde das Leben weniger öde machen. Und für unseren Ameisenstaat brauchen wir eine ordentliche Ameisenpolitik, die aus der Ameisengeschichte lernt und sich Gedanken um die Ameisenzukunft macht und dann die richtigen Schritte tut. Und wir brauchen ein paar Philosophenameisen, die wissen, was das Richtige ist, und die die Richtlinien der Ameisenpolitik bestimmen.*

*Und außerdem würde ich gern reisen und andere Ameisenhaufen kennen lernen. Reisen bildet! Vielleicht entdecke ich ja dort, was mir fehlt! Und weshalb erfinden wir keine Flugzeuge? Oder wenigstens Autos! Wir brauchen auch mal Urlaub!«*

*»Also von Touristenameisen habe ich noch nie gehört«, sagte da die Grille. »Das wäre vielleicht wirklich verkehrt.« Und sie wandte sich wieder ihrer Musik zu.*

Feli musste lachen. »Touristenameisen, hahaha! Mit einem Fotoapparat vor dem Bauch und vielen Koffern! Und Ameisendenkmäler, die sie fotografieren! Und stell dir mal Philosophenameisen vor, die in einer Ameisenbibliothek sitzen und Ameisenbücher schreiben! Oder einen Ameisenpilot, der ein Ameisenflugzeug zu einer Ameisenurlaubsinsel fliegt. Und dann gäbe es natürlich auch Ameisenstewardessen! Und eine Ameisenmode! Ameisenbikinis! Das muss ich malen!« Und sie griff nach ihren Buntstiften.

Jakob grinste. Dass Mädchen immer an Mode denken mussten!

»Was ist eigentlich genau Kultur?«, fragte Feli.

»Kultur als Natur des Menschen«, murmelte Phil vor sich hin. Woher hatte er das nur? »Ich hab was rausgefunden!«, rief er plötzlich. »Das steht bei einem der Philosophen in unserer Abschrift und das passt hier hin. Wie hieß der nur noch? Und Platon war der Meinung, dass ein Staat Philosophen als Könige braucht. Weil sie weise sind und immer das Richtige tun. Oder zumindest müssen sie sich darum bemühen.« Er erklärte Jakob: »Wir müssen nämlich herausfinden, zu welcher Geschichte welcher Philosoph der Geheimschrift passt. Hier ist unsere Abschrift. Es steht absichtlich nicht in der richtigen Reihenfolge. Damit wir nachdenken und unseren Verstand gebrauchen. Da!«, und er wies auf das Zitat am Anfang des Buchs. »Habe den Mut, dich deines eigenen Verstandes zu bedienen!«, las er vor. Er sah bei Platon nach. »Und das mit der Bilderhöhle bei Platon passt zu einer früheren Geschichte, wo der Pfau und die Eule eine Kunstwelt erfinden.«

Jakob strich neugierig über die leeren Seiten des Buchs und befühlte sie. Geheimtinte! Wie aufregend! »Und das habt ihr alles rausgeschrieben?«, fragte er.

»Ja, und es hat Tage gedauert«, sagte Phil. Er zeigte Jakob die Blätter der Abschrift und der machte sich neugierig darüber her. Feli war damit beschäftigt, die Wunschwelt der Ameise zu malen. »So toll ist unsere Welt übrigens gar nicht«, meinte sie. »Es gibt Schulaufgaben und Müllberge und Kriege. Und Abgase und schmutzige Fabriken. Und blöde Jungs.«

Phil und Jakob beschlossen, sich im Bach abzukühlen. Früher, als sie noch nicht schwimmen konnten, war der Bach strengstens verboten, man durfte noch nicht einmal in seine Nähe kommen. Aber nun waren sie ja groß.

Als sie zurückkamen, war Phil noch was eingefallen. »Empirismus«, sagte er. »Die Meinung, dass der Mensch durch Erfahrung

zu Erkenntnissen kommt. John Locke! Das gehört zu der Natur-
fabel. Das muss ich daneben schreiben.«
Feli war beeindruckt. Phil hatte ja so ein gutes Gedächtnis! Deshalb musste er auch gar nicht viel für die Schule lernen. Hatte er
sich etwa schon alle Philosophennamen gemerkt? Oder ihre Ide-
en? Dann würde ihm jetzt immer mehr auffallen, was wohin gehörte. Es war so ähnlich wie das Zusammensetzen eines Puzzles.
Immer mehr Steinchen passten. Das kam daher, dass man sie
immer öfter angeschaut hatte und sie immer besser kannte. Und
es wurde immer leichter, wenn man einmal dabei war. Weil immer weniger Steinchen übrig blieben.

Feli hatte unter ihr Ameisenbild Fragen geschrieben:

*Warum will die Ameise berühmt werden?*
*Warum will sie ein ganz anderes Leben?*
*Warum will sie wie ein Mensch sein?*
*Was ist Kultur? Was gehört alles dazu?*
*Ist alles bei Menschen gut?*
*Was soll man sich lieber nicht wünschen?*
*Was denkt die Grille von der Ameise?*
*Warum schreiben Tiere keine Bücher?*
*Warum erfinden sie keine Technik?*
*Können Tiere denken?*
*Gibt es Tiere, die ihre Zukunft planen können?*
*Können sie ihr Leben ändern?*
*Kann eine Ameise beschließen zu verreisen?*

»Ihr wolltet heute drei Geschichten lesen«, erinnerte Jakob.
»Wer will zum Spaghettiessen kommen!?«, rief Anne in den
Garten.

»Gut«, sagte Phil. »Die dritte Geschichte können wir ja nach dem Essen lesen.«

»Das ist auch interessant!«, rief Feli. »Gibt es eigentlich Tiere, die sich was zum Mittagessen kochen, einen Tisch decken und dann zusammen essen?«

Und als sie danach wieder unter dem Apfelbaum saßen, las Phil vor:

### Die Erfindung der Maschinenmaschine

*»Ich baue jetzt eine Maschinenmaschine!«, sagte die kluge Eule. »Es muss eine Maschine sein, die Maschinen erfinden kann. Zum Beispiel eine Maschine, die Flüsse staubsaugen kann oder Berge waschen ... Und wir brauchen eine Maschine, die schlechte Luft in gute verwandeln kann, und einen Geldbrunnen, aus dem Geld hervorsprudelt, so dass sich niemand mehr anstrengen und arbeiten muss. Und eine Maschine, die Kinder herstellt, aber nur brave. Und endlich auch eine Maschine, die schönes Wetter macht. Damit man nicht immer auf das natürliche Wetter angewiesen ist. Die Maschinenmaschine muss also denken können, und zwar gut. Sie muss uns das Denken abnehmen, damit wir uns auch mal ausruhen können. Dauernd was Neues erfinden ist so anstrengend ... und ich will auch nicht immer klug und weise sein. Die Maschinenmaschine muss natürlich auch verantwortlich sein für das, was sie erfindet, und sie muss auch alle Maschinen regieren können, denn sie weiß am besten darüber Bescheid. Sie muss das beste Elektronengehirn bekommen, das wir auftreiben können, denn sie muss auch für jede*

erfundene Maschine die Folgen bedenken. Nur wenn nämlich die Folgen gut sind, werden wir glücklich damit, und
nur dann darf die Maschine gebaut werden.«

Die Maschinenmaschine wurde ein voller Erfolg. Sie war
sehr eindrucksvoll, denn sie war ungeheuer klug. Von
weither kamen alle, um sie zu bestaunen. Auf ihren vielen
Bildschirmen konnten man verfolgen, was sie gerade so
entwarf. Und auch wenn es ganz verrückte Sachen waren,
an die bisher noch niemand gedacht hatte, so wurden die
erfundenen Maschinen bald schon selbstverständlich.
Man konnte sich ein Leben ohne sie gar nicht mehr vorstellen. Fernfühlen zum Beispiel! Was war einem vorher nicht
alles entgangen! Nun konnte man ausprobieren, wie sich
ein Pinguin in der Antarktis anfühlte, oder das Fell eines
Grizzlybären in Alaska, obwohl man wahrscheinlich nie
dorthin kommen würde. Und man konnte sich vor dem
Schlafengehen fernstreicheln, auch wenn man durch einen
Ozean getrennt war.

Die Maschinenmaschine wurde sehr hochmütig von all
dem Lob und der Bewunderung. Je mehr Maschinen ich
regiere, um so mächtiger bin ich, sagte sie sich. Ich muss
noch mehr Maschinen erfinden, die Tiere stören eigentlich
nur. Und sie erfand sich Helfer, die ihr beim Erfinden zur
Seite standen.

Auch die Helfermaschinen waren klug und kamen auf die
Idee, dass doch alles viel einfacher wäre, wenn man Maschinen baute, die sich selbst bewegen und reparieren
konnten. Die Maschinen wurden also nicht nur immer
zahlreicher, sondern auch immer intelligenter.

Der weise Rabe sah alles mit an und schüttelte den Kopf.
Ob das wohl so eine gute Idee war?, fragte er sich. Bald

*haben wir Maschinenverkehrsstaus und brauchen Maschinen, um den Maschinenverkehr zu regeln. Sie vermehren sich beständig, ohne dass wir etwas tun können. Langsam wird mir das etwas zu gefährlich ... Wenn man dem nur Einhalt gebieten könnte!*
*Konnte man nicht etwas zurückerfinden?*
*Doch die Maschinenmaschine und ihre Helfer konnten gar nicht mehr aufhören. Allerdings wollten die Helfermaschinen nun auch Macht und Ruhm und begannen, Maschinen zu erfinden, die der Macht der Maschinenmaschine Grenzen setzen sollten. Sie begannen nachzudenken, wie man der Maschinenmaschine schaden konnte oder sie einschüchtern konnte. Daher konstruierten sie ganz boshafte Maschinen, deren Nützlichkeit klar auf der Hand lag, denn sie sollten ja die Macht der Maschinenmaschine brechen ...*
*Die aber wollte die Weltherrschaft. So kam es zu einem Aufstand der Helfermaschinen. Schnell bildeten sich zwei Parteien, denn die Maschinenmaschine hatte immer noch viele Bewunderer. Und natürlich musste jede Seite für den äußersten Fall jetzt auch Maschinen erfinden, die die gegnerischen Maschinen ausschalten konnten ...*

»Na so was, ein Maschinenkrieg!«, sagte Phil verblüfft.
»Besser ein Maschinenkrieg als ein Menschenkrieg!«, rief Feli.
»Also ich fände es gar nicht schlecht, wenn manche Maschinen sich vermehren könnten«, sagte Jakob. »Dann hätten wir wahrscheinlich eine Traktorenfamilie und müssten weniger arbeiten.«
»Aber es müsste einen Zauberspruch geben, mit dem man das Ganze stoppen kann, wenn es außer Kontrolle gerät!«, meinte Feli. »Was hat das sonst für einen Nutzen!«

»Nutzen ... lateinisch: utilis heißt nützlich ... Utilitarismus!«, sagte Phil. »Das passt hierhin!« Er hatte wieder ein Steinchen gefunden. Und er schrieb aus der Abschrift ab:

> »Der angestrebte Zweck ist entscheidend für den Wert einer Handlung, die man deshalb nach den Folgen bewerten muss. Ist die Handlung nützlich, so ist sie gut.«

Stimmte das?, fragte er sich. Durfte man zum Beispiel lügen, wenn man damit einen guten Zweck verfolgte? Und welche Zwecke waren überhaupt gut? Konnte man das immer so leicht feststellen, was ein guter Zweck war? In der Geschichte wurden Maschinen erfunden, die anderen schaden sollten. Das war sicher kein Zweck, der von jeder Seite anerkannt wurde. Und er schrieb:

> Welche Maschinen brauchen wir?

»Darf ich auch was reinschreiben?«, fragte Jakob.
»Klar!«, sagte Feli und lächelte ihn an. »Und ich male ein Bild von einer Traktorenfamilie. Vater, Mutter und Kind.« Sie kicherte. Jakob schrieb:

> Welche Arten von Maschinen gibt es schon?
> Sollte es noch mehr geben? Welche?
> Was ist überhaupt eine Maschine?
> Welche Hilfen geben Maschinen?
> Wann und wie können sie gefährlich werden?
> Ist es gut, sich auf Maschinen zu verlassen?
> Ist die Natur, sind Tiere und Menschen von Maschinen bedroht?

*Können Maschinen den Menschen das Denken abnehmen?*
*Was heißt überhaupt Denken?*
*Zu welchen Zwecken braucht man Maschinen?*
*Was sind eigentlich gute Zwecke?*
*Wer bestimmt, was ein guter Zweck ist?*
*Können Maschinen Glück bringen?*
*Können sie die Welt regieren?*
*Welche Erfindungen brauchen wir?*

»Toll!«, sagte Feli. »Und jetzt darf ich malen. Dabei kann ich ja auch über die Fragen nachdenken.«

»Komm ruhig öfter vorbei, Jakob!«, sagte Anne, als Jakob sich am späten Nachmittag verabschiedete. »Ich koche gern für Besuch.«
»Wenn meine Eltern mich lassen ...«, sagte Jakob.

## 22. Tante Sophia

Phil junior hatte von der Maschinenmaschine geträumt. Sie hatte die Weltherrschaft und er und Feli und Jakob waren selber zu Maschinen geworden. Niemand wusste, dass sie eigentlich innen noch Menschen waren. Oder waren sie das etwa nicht mehr und erinnerten sich bloß noch daran? Es gab sogar eine Mopsmaschine!
»Wie wirklich ist ein Traum eigentlich?«, fragte Phil morgens am Frühstückstisch den großen Phil.
»Träume haben oft sehr viel mit unserem Leben zu tun«, sagte der große Phil. »Man denkt etwas weiter – eigentlich tut das unser

Unterbewusstsein oder unsere Phantasie und nicht wir selber. Oder es kommt darin ein Wunsch zum Ausdruck oder eine Angst, die man verdrängt hat.«

»Und wenn ich jetzt zum Beispiel träume, ich wäre eine allmächtige Maschine, wäre das dann ein Wunsch oder eine Angst?«, fragte Phil junior nach.

»Die Frage kann ich dir nicht beantworten«, antwortete der Großvater. »Solche Träume geben Anlass, über sich selbst nachzudenken, und du musst dann für dich selbst herausfinden, ob das ein Wunschtraum oder ein Angsttraum ist.«

Manchmal gibt es auch beides gleichzeitig, dachte Anne. Sophia sollte am Nachmittag ankommen, und obwohl sie sich auf ihre Tochter freute, hatte sie auch Angst davor. Sophia war schwierig, und auch ihre Kinder waren schwierig, und trotzdem liebte sie ihre Tochter, vielleicht sogar besonders. Sophia hatte es nicht leicht. »Wir brauchen neuen Tannenhonig, Phil«, sagte sie.

Auf dem Markt gab es auch einen Imker, der selbst gemachten Honig verkaufte. Das heißt, natürlich hatten seine Bienen ihn gemacht, korrigierte sie sich. Die Kinder brachten einen doch wirklich dazu, genauer zu formulieren. »Hast du schon eine Liste?«, fragte sie.

Es war Samstag und das Frühstück in der Mühle und der Marktbesuch standen an.

»Aubauf Wiebiedebersebeheben!«, rief Feli ihnen nach. »Ubund bleibeibt abanstäbändibig!« Das war die Art, wie Lutz sich schon einmal von seinem Sohn verabschiedete, bloß natürlich nicht in B-Sprache.

Der große Phil lachte. »Ve-ber-spro-bo-che-ben!«, rief er zurück. Und er zwinkerte Anne vergnügt zu. »Wir wollen uns Mühe geben.«

Phil und Feli setzten sich mit dem Fabelbuch auf die Terrasse.

Die Großeltern waren ja weg. Kant lag auf den warmen Steinen der Terrasse zu ihren Füßen und döste friedlich vor sich hin.

»Da war doch was mit einem Traum?«, erinnerte sich Phil.

»Und es gab doch auch etwas mit Bienen!«, sagte Feli.

»Wir lesen eine Geschichte heute Morgen, und die andere heute Nachmittag«, entschied sie. Und so lasen sie vom

### Drachenhuhn

*Es war einmal ein Huhn. Das litt sehr darunter, dass man Hühner für gewöhnlich nicht besonders klug und eindrucksvoll fand. Wenn überhaupt, wurde man höchstens auf Hähne aufmerksam, dachte es traurig. Hühner waren ja auch seit Generationen einzig und allein dazu da, um Eier zu legen. Und wenn sie Glück hatten, durften sie noch als Suppenhuhn von Nutzen sein. Sie wurden oft in riesengroßen Hühnerfarmen gehalten, auch das war nützlich. Das Sonnenlicht sahen sie so gut wie nie, nur die Neonröhren in ihren Ställen; und kaum eines von ihnen hatte ein schönes Federkleid.*

*Das Huhn legte brav seine Eier. Das war eine Tätigkeit, die es nicht sehr beanspruchte. Und weil sein Leben so eintönig war, träumte es die Hälfte der Zeit, und zwar immer den gleichen Traum. Es träumte, es sei der sagenhafte Vogel Greif, der einen Karfunkelstein zu bewachen hatte, groß und stark mit Flügeln wie ein Drache. In diesen Träumen erlebte es aufregende Abenteuer und war jeder Gefahr gewachsen.*

*Und weil es einen Fortsetzungstraum träumte, wusste es bald nicht mehr, welches die echte und welches die falsche Wirklichkeit war. In seinen Träumen war es Ehrfurcht ge-*

160

»Welche Träume sollten wahr werden?«

*bietend und wachsam. Niemand hielt es für dumm, alle waren voller Respekt und Achtung. Das war eine Welt nach dem Herzen des Huhns!*

*Und weil es sich bald wie ein Drache fühlte, hatte es bald seinen Spitznamen weg: das Drachenhuhn. Diesem Namen musste es gerecht werden, wollte es sich nicht lächerlich machen! Das Drachenhuhn versuchte also auch in seinem Stall Feuer zu speien wie ein Drache und an seinen Schwanzfedern zu ziehen, damit ein Schweif daraus würde. Aber es gab nur ein schnaubendes Geräusch von sich, das allerdings tatsächlich Furcht erregend klang, und rupfte sich ein paar Schwanzfedern aus.*

*Wenn es von den anderen Hühnern unsanft aus seinen Tagträumen gerissen wurde, versuchte es, sie für seine Art der Flucht zu begeistern. »Das Leben ist viel schöner als Drachenhuhn!«, gackerte es. »Ihr müsst nur daran glauben, dass in euch eine Drachenseele steckt. Und ihr müsst mindestens die Hälfte der Zeit davon träumen. Dann seht ihr die Welt mit anderen Augen!«*

*Ein paar Hühner versuchten tatsächlich, es ihm gleichzutun; ihr Leben war eh langweilig, und dann konnte man sich genauso gut auf ein Gedankenabenteuer einlassen.*

*»Wir haben jetzt auch eine Drachenseele!«, bekam das Drachenhuhn eines Tages zu hören. »Und nun sind wir mit unserem schäbigen Körper unglücklich. Es ist, als ob er gar nicht zu uns gehöre. Können wir gar nichts dagegen unternehmen?«*

*Das Drachenhuhn dachte nach. Es war durch seine Drachenseele selbstbewusster und klüger geworden und hatte eine Idee: Es gab doch Forscher, die eine Schiege gezüchtet hatten. Dabei hatten sie Schaf und Ziege zusammen-*

gebracht und eine neue Art geschaffen. Man müsste diese Forscher bitten, ihnen zu helfen! Könnten nicht wenigstens ihre Nachkommen echte Drachenhühner werden? Sie wenigstens sollten scharfe Zähne und nicht diesen blöden Schnabel haben, sie würden richtig Feuer speien können und sich gegen alles wehren können. Das hässliche, dumme Durchschnittshuhn würde dann der Vergangenheit angehören!

Das Problem war nur, dass man nirgendwo echte Drachen oder gar den Vogel Greif finden würde, das waren wohl tatsächlich Fabelwesen.

»Also ich stelle mir meine Nachkommen so vor«, begann das Drachenhuhn, »kräftige unverwundbare Haut ohne Federn, ein langer Schweif, mit dem man um sich schlagen und Feinde treffen kann, so dass das eigene Nest geschützt ist und man nicht immer die Eier weggenommen bekommt. Kräftige große Flügel, viel größer noch als die der Fledermäuse, damit wir unseren mächtigen Körper in die Lüfte heben können. Ich will nur solche Nachkommen, die sich in ihrem Körper wohl fühlen! Und lieber Drachen mit Hühnerseelen als Hühner mit Drachenseelen.

Lasst uns also unsere Art verändern! Unsere Nachkommen werden es uns danken.

Es ist völlig unwürdig, wie die Menschen die Hühner heruntergezüchtet haben, und nun müssen wir endlich Gegenmaßnahmen ergreifen.«

Doch unglücklicherweise waren die Forscher noch nicht weit genug, um den Hühnern mit den Drachenseelen ihren Wunsch zu erfüllen. Die Drachenhühner hoffen also inständig – etwas anderes bleibt ihnen nicht übrig –, dass ihr Wunsch eines Tages in Erfüllung geht.

*Und wenn ihr eines Tages eine Legehenne ganz furcht-
erregend schnauben hört, so wisst ihr: Sie hat eine
Drachenseele und träumt ihren Tagtraum, in dem das
Drachenhuhn schon Wirklichkeit geworden ist.*

»Hast du schon einmal ein Huhn schnauben gehört?«, fragte Feli
ihren Bruder.
»Es muss ja furchtbar sein, wenn man sich in seinem Körper
nicht wohl fühlt!«
Wer fühlt sich schon immer so richtig wohl in seinem Körper,
dachte Phil und schrieb in das Buch:

*Was macht man, wenn Wunschträume sich nicht
erfüllen?
Was kann man selber tun? Weiterträumen? Andere um
Hilfe bitten?*

Man konnte auch resignieren und verbittert werden, dachte er.
Er kannte solche Leute. Zumindest hatte das Huhn für sich einen
Ausweg gefunden.
Er setzte hinzu:

*Kann man zwei Leben haben?
Was kann man tun, wenn man verachtet wird oder
unglücklich ist?
Kann man selbstbewusst werden, wenn man vor der
Wirklichkeit davonläuft?*

Feli nahm ihm den Stift aus der Hand und schrieb:

*Woher weiß das Huhn mit der Drachenseele, dass seine*

*Nachkommen gern Drachen mit Hühnerseelen wären?*
*Oder richtige Drachenhühner?*
*Vielleicht sind die ja auch unglücklich damit!*
*Gibt es überhaupt Hühner, die von einem schöneren Leben träumen?*

Phil war etwas eingefallen. »Hier!«, sagte er und holte die Abschrift hervor, die sie hinten ins Buch gelegt hatten. »Blaise Pascal! Er hat sich Gedanken darüber gemacht, wie es wäre, wenn ein Handwerker die Hälfte seines Lebens träumt, er sei ein König. Wie würde er sich fühlen? Das passt zu dieser Geschichte.« Und er strich diesen Teil der Abschrift durch.

Das war eine gute Idee, dachte Feli. So konnten sie auf einen Blick sehen, was sie noch zuordnen mussten und was schon erledigt war. So hielt es Anne auch immer mit ihrer Einkaufsliste.

Sie strichen die Namen der Philosophen durch, deren Gedanken in den Fabeln bisher schon vorgekommen waren. Natürlich konnte man auch zu den Philosophen die passenden Fabeln suchen. Aber es war schöner, erst die Geschichten auf sich wirken zu lassen.

Felis Blick fiel auf den dösenden Mops. Woher konnte man wissen, was in seinem Kopf vorging? Hatte er etwa sein Hundeleben satt und wollte auch lieber etwas anderes sein? »Ich muss ein Drachenhuhn malen, das auf einem Karfunkelstein sitzt«, sagte sie, als es hupte.

»Schnell weg mit dem Buch!«, rief Phil. »Das wird Tante Sophia sein.«

Aber es waren die Großeltern, die vom Einkauf zurück waren.

»Stirbt jemand vor Hunger?«, rief Anne fröhlich. »Ich habe warmen Leberkäse mitgebracht!« Und sie stellte Teller auf den Gartentisch und holte dazu eine große Schüssel mit Salat aus dem

Kühlschrank. Später wollte sie in der Küche den Wochenendku-chen backen. Irgendwann im Lauf des Nachmittags würde So-phia kommen!

Sophia! Das hieß Weisheit, und mit dem Namen war ein Wunsch verbunden gewesen. Aber Sophia war nicht weise, sie war un-glücklich, dachte Anne. Sie war viel zu viel mit allem allein, denn ihr Mann war viel im Ausland unterwegs, und ihre Zwil-linge wuchsen ihr über den Kopf. Natürlich war das nur bildlich gesprochen, denn die beiden waren klein für ihr Alter.

Sophia schrieb Kinderbücher. War das ihre Art, aus der Realität zu flüchten?, fragte sich Anne. Aber die Wirklichkeit holte sie immer wieder ein. Wie war es, wenn man das ganze Leben sozu-sagen allein bewältigen musste?, dachte Anne. Sie hatte immer Phil gehabt. Sophia hatte sich in einen ungeheuer charmanten und sehr attraktiven Franzosen verliebt. Maurice kam aus Straß-burg und war Ingenieur. Seine Firma hatte viele Projekte im Ausland und so war Maurice oft monatelang nicht zu Hause. Natürlich schickte er viele E-Mails, denn Telefonieren war auf die Dauer zu teuer. Doch das war ein schlechter Ersatz: Er fehlte allen. Sophia hätte ihn gern öfter bei sich gehabt, denn sie fühlte sich mit allem überfordert.

Sophia war ein wunderbares sensibles Kind gewesen, hilfsbereit, offen und ganz echt, dachte Anne wehmütig. Und sie war so voller Phantasie! Wie hatte Sophia immer ihre selbst erfundenen Geschichten geliebt! Aber nun war sie einfach zu oft gereizt und hatte Kummer. Gerade weil auch sie den Kummer kannte, fühlte Anne so sehr mit ihrer Tochter. Doch sie musste sich hüten, das allzu deutlich werden zu lassen: Sophia wollte kein Mitleid. Anne hatte oft das Bedürfnis, Sophia einfach in den Arm zu neh-men, aber Sophia wehrte das ab. Schließlich war sie erwachsen! Aber sie würde ihr wenigstens zeitweise die Zwillinge abnehmen können, dachte Anne. Dann würde Sophia vielleicht etwas zur Ruhe kommen können.

Als Sophias klappriges Auto die Straße hochkam, hatten Phil und Feli im Garten schon den Kaffeetisch gedeckt. Sophia hupte zur Begrüßung und stieg aus dem Auto. Sie betrachtete ihr Elternhaus mit gemischten Gefühlen. Sie hatte immer das Gefühl gehabt, dass Lutz ihr vorgezogen wurde. Sie hatte sich genötigt gefühlt, viel zu helfen. Lutz hatte weniger geholfen. Er war immer der Strahlemann gewesen und sie hatte immer geglaubt, um Aufmerksamkeit kämpfen zu müssen. Vielleicht war es geschickter, sich rar zu machen! So wie Maurice sich rar machte. Man wurde dann umso mehr umworben, wenn man da war. Sie fühlte sich wie eine Wüstenblume, die während langer staubiger Dürreperioden verschrumpelt und vertrocknet, bis sie fast abstirbt, um dann bei den kurzen heftigen Wüstenregen farbenprächtig aufzublühen. Wunderbar! Aber viel zu selten. Doch Maurice hatte einen so entwaffnenden Charme, mit dem er sie immer wieder einwickeln konnte, und das ist immerhin besser als nichts, dachte sie bei sich. Immerhin liebte sie ihn doch.
»Max! Moritz! Seid ihr noch zu retten!«, rief sie ärgerlich.
Die Zwillinge hatten sich auf dem Rücksitz um einen Rucksack geprügelt und rissen sich an den Haaren, als sie ausstiegen. Gleich der richtige Auftritt, dachte Sophia erschöpft. Dabei war die Fahrt doch schon anstrengend genug gewesen!
Max hatte die Oberhand behalten und bekam dafür von Moritz einen Knuff. Phil und Feli sahen sich an. Das fing ja gut an!
Max und Moritz waren sieben und klein für ihr Alter. Sie glichen sich wie ein Ei dem anderen: Beide hatten Sommersprossen, Pausbacken und widerspenstige rote Haare. »Da kommt die rote Gefahr!«, hatte mal jemand gerufen und der Name war hängen

geblieben. Die Zwillinge hassten ihn. Was konnten sie für ihre Haarfarbe! Sophia hatte blonde kurze Haare, die immer irgendwie zu Berge standen, und ihr Vater hatte pechschwarze Haare. Da konnte es schon mal passieren, dass die Kinder rote Haare hatten!

Doch irgendwie passte der Name, denn die beiden hatten immer viel Unsinn im Kopf, auch solchen, über den nur sie lachen konnten. Man musste vor ihnen auf der Hut sein, und dann waren sie ja auch immer zu zweit! Und als Anne beim Kaffeetrinken vorschlug, Max solle zu Phil junior aufs Zimmer und Moritz zu Feli, wehrten die beiden Großen sofort ab.

»Ich habe meine Sachen schon zu Feli gebracht«, sagte Phil junior. »Dann haben Max und Moritz ein Etagenbett für sich.«

»Au ja!«, riefen Max und Moritz im Chor. Sophia seufzte. Es wäre geschickt gewesen, die Zwillinge zu trennen, dachte sie bei sich. Anne hatte Recht. Doch das war nun fehlgeschlagen.

»Und für Sophia holen wir das Gästesofa vom Speicher und stellen es in das Zimmer von Max und Moritz!«, sagte der große Phil. »Oder in mein Arbeitszimmer«, setzte er hinzu, als er die enttäuschten Gesichter von Max und Moritz sah.

Feli sah ihren Bruder an. Und ihnen fiel ein Stein vom Herzen, als Sophia sagte: »Ach das ist doch nicht nötig. Ich kann sehr gut hier unten auf dem Wohnzimmersofa schlafen.«

Max und Moritz jagten Kant um den Kaffeetisch, bis der große Phil eingriff. »Am besten bringt ihr jetzt erst mal euer Gepäck hoch«, meinte er. »Und wir decken ab. Hallo Jakob!«, rief er zum Gartenzaun. »Komm rein!«

Phil und Feli waren erleichtert. Verstärkung! Bei diesen entsetzlichen Vettern konnte man die gut gebrauchen. »Wir gehen mit Jakob zum Apfelbaum!«, riefen sie.

Feli lief schnell noch nach oben und holte den Rucksack mit dem Buch. »Jakob, hast du schon mal ein Huhn schnauben gehört? Und sind eure Hühner eigentlich zufrieden? Oder meinst du, sie träumen von einem anderen Leben?«, fragte Feli, als sie unter dem Apfelbaum saßen.

»*Ich* träume von einem anderen!«, sagte Jakob. »Mit weniger Arbeit. Schnaubende Hühner? Nie gehört.«

»Na eure Hühner dürfen ja auch frei laufen«, meinte Feli.

»Vielleicht haben sie ja auch ein schönes Leben.«

»Wir wollten heute Nachmittag was über Honigbienen lesen«, sagte Phil.

»Meinetwegen«, meinte Jakob.


*Bienenfleiß*

*In einem dunklen Bienenstock krabbelten emsig und in wohliger Wärme Arbeitsbienen hin und her. Je nach Alter hatten sie verschiedene Aufgaben.*

*Die Bienen im Innendienst fütterten die Larven in den Waben mit Honig und Pollen und Futtersaft, andere waren damit beschäftigt, volle Honigwaben mit Wachs zu versiegeln, und krabbelten emsig von einem Sechseck zum nächsten. Die Bienen im Außendienst holten Nektar und Pollen herbei und luden ihre Ladung summend bei den Waben ab. Nur die Drohnen taten nichts und sammelten ihre Kräfte für den bevorstehenden Hochzeitsflug mit der neuen Königin, die bald schlüpfen musste. Doch auch die beiden kleinen Arbeitsbienen Bea und Thea waren träge und hatten keine Lust zu arbeiten.*

*»Wir haben doch schon genug Honig für den Winter gesammelt!«, sagten sie widerstrebend, als eine Arbeitsbiene*

von draußen hereingeflogen kam und durch Tänze die Richtung einer prächtigen Futterquelle angab. Die anderen wollten los.

»Wir wollen uns lieber ausruhen wie die Drohnen«, sagten Bea und Thea.

»Aber es sind doch noch so viele Waben leer!«, sagten die fleißigen Bienen.

»Wir haben für den Winter genug«, sagte Bea. »Wozu sollen wir für andere arbeiten, wenn wir doch nichts davon haben?«, fragte Thea. »Die Menschen wollen uns doch nur unseren Honig wegnehmen und er ist mehr wert! Weshalb sollen wir uns dafür groß anstrengen? Was bekommen wir dafür? Nichts! Und überhaupt funktioniert bei uns alles nicht so, wie wir uns das vorstellen. Sicher, alle Waben sind gleich, aber weshalb gibt es da einige, die besonderes Futter erhalten? Das soll doch so unglaublich wertvoll sein! Ich möchte das auch mal probieren!«

»Genau! Das ist ungerecht!«, schrie Bea. »Und die werden dann auch noch Königin und besonders groß und dürfen mit allen Drohnen einen Hochzeitsflug machen! Ich will auch mal Königin sein! Aber wir sind ja nur gewöhnliche Arbeitsbienen und dürfen uns kaputtarbeiten.«

»Da bin ich aber wirklich erstaunt!«, sagte eine der Aufseherinnen. »Es muss bei uns unterschiedliche Aufgaben geben, sonst funktioniert nichts im Stock! Wir sind eben alle Spezialisten, und jeder muss die Rolle ausfüllen, die ihm vorbestimmt ist.

Die Königin muss nach ihrem Hochzeitsflug jahrelang nur Eier legen und darf den Stock nie mehr verlassen. Ihr aber könnt jederzeit ins Freie und den Frühling genießen!«

»Die wollen uns nur zum Arbeiten kriegen«, sagte Bea zu

*Thea. »Aber ich frage eben: Wofür?«*

*»Das ist eine Frage, die ihr nicht stellen dürft«, sagte die Aufseherin streng. »Wir sind eine Gemeinschaft, und wenn jeder täte, was er wollte, würden wir nichts zustande bringen. Das ist in jedem Staat so! Da kann man keine Fragen stellen. Und erst recht nicht die nach der Gerechtigkeit. Es ist alles recht so, wie es ist. Seht ihr das nicht?«*

*Bea und Thea gaben keine Antwort.*

*»Also mit euch kann man wirklich keinen Staat machen«, sagte da die Aufseherin. »Aber im Ernst, wer die Grundwerte unseres Staates nicht anerkennt, nämlich Fleiß, Fleiß und noch einmal Fleiß, der hat hier eigentlich nichts zu suchen. Ihr passt nicht zu uns, wenn ihr euch nicht einfügt!«*

*»Na gut, dann wandern wir eben aus«, sagte Bea. »Immer nur Arbeit! Ich fand dieses Leben sowieso öde. Ich will Spaß haben und das Leben genießen!«*

*»Wir finden sicher einen anderen Bienenstaat«, seufzte Thea hoffnungsvoll.*

*»Na dann viel Glück!«, sagte da die Aufseherin. »Ihr werdet ja sehen, wie weit ihr damit kommt ...«*

»Auswandern ist keine Lösung«, seufzte Jakob. »Überall muss man sich das Leben verdienen. Auch wenn es oft ungerecht ist. Das sagt mein Vater jedenfalls.«

»Aber man muss auch nicht immer alles hinnehmen«, meinte Phil junior. »Das wäre ganz falsch!«

»Bienen können nicht einfach mal achteckige Waben machen. Für sie ist alles immer vorherbestimmt, vermute ich«, sagte Feli. »Für Menschen nicht! Gegen Ungerechtigkeit muss man sich wehren!«

»Aber was heißt schon Gerechtigkeit«, gab Jakob zu bedenken. »Es gibt ja Leute, die für bestimmte Aufgaben besonders geeignet sind, und da ist es doch richtig, wenn sie diese Aufgaben auch erledigen. Aber man könnte schon für besonders gute Arbeit belohnt werden.«

»Man muss eigentlich alle gleich behandeln. Aber vielleicht muss Gerechtigkeit ja auch Benachteiligungen ausgleichen«, sagte Phil. »Zum Beispiel sind die vielen Kinder in armen Ländern im Nachteil, die keine Schulbildung kriegen und zu wenig zu essen haben. Die müssen ganz früh arbeiten, auch wenn sie noch gar nicht kräftig genug sind!«

»Aber auch bei uns gibt es ganz viele, die tolle Fähigkeiten haben und sie gar nicht einsetzen können«, sagte Jakob. »Es ist schon schwierig mit der Gerechtigkeit.«

»Da!«, rief Phil. Er hatte wieder in den Geheimschriftaufzeichnungen geblättert. »Karl Marx wollte Gleichheit für alle Menschen und das Ende von Ausbeutung und Unterdrückung. Dazu wollte er das Privateigentum abschaffen. Denn das entsteht nur durch die Ausbeutung der Arbeiter. Die Besitzenden kassieren den Mehrwert!«

Und Phil strich den Namen Karl Marx durch und schrieb den Text hinter die Fabel.

»Kein Privateigentum! Dann müsste ja allen alles gehören!«, sagte er.

»Das stelle ich mir aber schwierig vor, das gäbe dauernd Streit«, sagte Feli. »Oder keinem etwas! Aber wem gehört das dann? Jedenfalls ärgert mich Ungerechtigkeit, das weiß ich«, setzte sie hinzu. »Und Bienen können sich noch nicht mal als Königin oder Prinzessin verkleiden. Oder einfach mal so in eine andere Rolle schlüpfen.« Sie sah ihre Buntstifte an. »Bienen malen kann ich nicht so gut, die würden wie Ameisen aussehen«, sagte sie.

»Aber vielleicht schreibe ich Bea und Thea mal einen Brief? Nur was genau schreibe ich? Ihr könnt ja in der Zwischenzeit auch schon mal was in das Buch schreiben. Ich muss noch überlegen.«

Da ertönte von der Terrasse ein Schrei: »Eine Ratte, eine RATTE!«
»Phil! Tu doch was!«

## 23. Die Horrorzwillinge

Anne war vor Schreck erstarrt. Sie war gerade dabei gewesen, den Kaffeetisch abzuräumen. Der Rucksack der Zwillinge war unter dem Kaffeetisch stehen geblieben, als Sophia mit ihnen zum Einräumen nach oben gegangen war.
Und nun war eine Ratte herausgekrabbelt und lief über die Terrasse. Kant bellte wütend. Dies war sein Revier! Der große Phil stand fassungslos daneben. Eine Ratte! Das schwarze Ungetüm war flink, er konnte es gar nicht einholen.
Moritz kam die Treppe heruntergestürmt, Sophia knapp hinter sich, und rief: »Die ist doch zahm und ganz lieb!«
Anne wies wortlos auf den Rucksack.
»War die etwa die ganze Zeit mit im Auto?«, fragte Sophia ihre Kinder entsetzt.
Max nickte. »Wir haben ein Mädchen bei uns in der Klasse, die durfte sie nicht mit in die Ferien nehmen. Und da hat sie uns gebeten, auf sie aufzupassen.«
»Wie hilfsbereit von euch«, murmelte Sophia lakonisch.
Inzwischen hatte sich der große Phil in Bewegung gesetzt und war in den alten Schuppen gegangen. Er kam mit einem alten

Vogelbauer zurück, in dem früher Sophias Kanarienvogel gehaust hatte, und er versuchte, das Oberteil des Käfigs über die Ratte zu stülpen. Aber die Ratte roch den Braten und sie war schnell.

»Fangt sie ein!«, rief Sophia und Max und Moritz rannten hinter der Ratte her.

»Die Ratte kommt mir nicht ins Haus!«, rief Anne. »Alles hat seine Grenzen!«

Phil und Feli waren hergelaufen und starrten auf das Schauspiel. Jakob hatte eine Stoffserviette vom Kaffeetisch genommen und über die Ratte geworfen. Er lachte. Eine rennende Serviette bewegte sich über die Terrasse! Schließlich konnte Max die Serviette fassen und tat sie samt Inhalt in die Käfigwanne. Der große Phil setzte schnell das Oberteil auf und befestigte die seitlichen Klammern. Die Ratte war gefangen. Kant knurrte drohend. Anne atmete auf.

»Ich habe nichts davon gewusst!«, sagte Sophia zu Anne.

»Du hättest es uns ja auch verboten«, sagte Max.

»Allerdings!«, bestätigte Sophia.

»Und was machen wir nun mit dem Vieh?«, fragte der große Phil.

»Wir haben versprochen, für sie zu sorgen!«, riefen Max und Moritz.

»Dann bleibt sie hier auf der Terrasse stehen«, entschied der große Phil. »Und wehe, sie bleibt nicht im Käfig!«, setzte er hinzu.

»Fragt mich eigentlich auch mal jemand?«, ließ sich Anne vernehmen.

Phil und Feli standen mit Jakob und Max und Moritz um den Käfig. Die Erwachsenen saßen in der Küche und genehmigten sich auf den Schreck einen Sherry. »Erwachsenenvitamine!«, sagte Sophia wie zur Entschuldigung und atmete tief durch.

»Die haben sich ja ganz schön aufgeregt«, sagte Moritz draußen.

»Weshalb haben eigentlich alle so Angst vor Ratten?«, fragte Max.

»Natürlich weil sie gern mit Abfall spielen und Krankheiten übertragen können!«, erwiderte Jakob. »Im Mittelalter haben sie die Pest gebracht. Aber wenn die Menschen sauber sind, können Ratten eigentlich nicht viel anrichten.«

»Trotzdem sind Ratten eklig.« Feli verzog ihr Gesicht. Ihre Freundin Fritzi hatte süße kleine weiße Mäuse, aber dieser hässliche dicke Schwanz und das gierige Gesicht!

Die Ratte schnupperte an den Käfigstäben.

»Wie heißt sie?«, fragte Phil junior.

»Bloß Ratte«, sagte Moritz.

»Aber wenn sie gezähmt ist, ist sie einzigartig!«, sagte Feli. Sie erinnerte sich daran, was der Fuchs zum kleinen Prinzen gesagt hatte. »Und einfach bloß ›Ratte‹ ist ein Sammelname. Ich sage ja auch nicht bloß ›Mensch‹ zu dir. Sie braucht einen Namen für sich«, setzte sie hinzu.

Phil und Feli hatten sich mit Jakob wieder zum Apfelbaum zurückgezogen.

»Die sind ja wirklich scheußlich!«, sagte Feli zu Jakob und meinte ihre Vettern. »Sogar doppelt scheußlich! Wenn sie sich nicht untereinander streiten, dann terrorisieren sie ihre Umgebung. Und finden das auch noch lustig!« Sie stellte den Sonnenschirm so, dass sie sich wieder dahinter verstecken konnten.

Das Buch wartete auf sie. »Weshalb die wohl so sind?«, dachte Feli laut. »Stell dir vor, wir hätten jeder einen von denen im Zimmer gehabt!«, sagte sie zu Phil. Phil zog eine Grimasse. »Aber nun lesen wir weiter«, entschied Feli. »Wir wollen doch das Rätsel lösen. Und davon brauchen die beiden nichts zu wissen. Das Buch bleibt unser Geheimnis.«

### Kleine Fische

*Es war einmal ein ganz kleiner Fisch, der wusste noch nicht viel vom Leben. Seine Mutter sagte daher zu ihm: »Nun hör mal gut zu: Du musst viele kleine Fische fressen, damit du groß und stark wirst. Sonst frisst dich nämlich ein großer Fisch und du kannst nicht überleben.«*

*»Ich bin aber doch selbst ein kleiner Fisch«, sagte der kleine Fisch. »Ich mag keine kleinen Fische fressen!«*

*»Es ist aber unbedingt nötig!«, antwortete seine Mutter ihm. »Und damit es dir leichter fällt, will ich dir ein Geheimnis verraten, über das kaum jemand spricht. Aber alle kennen es: Du musst die kleinen Fische hassen! Siehst du nicht, wie hässlich sie sind, so schwächlich und winzig, ängstlich und ohnmächtig? Du musst sie verachten und hassen, denn alles im Meer funktioniert besser, wenn man hassen kann. Der Hass ist die mächtigste Triebkraft, die es gibt, und er wird dich am Leben erhalten!«*

*Am liebsten hätte sich der kleine Fisch in einen Vogel verwandelt und wäre davongeflogen. Aber er musste sich hier unten durchschlagen! Er wollte natürlich überleben und so begann er zu hassen. Zuerst konnte er es noch nicht richtig und nie für lange, doch mit der Zeit merkte er, dass er tatsächlich voller Verachtung und Hass für kleine Fische war.*

*Groß und mächtig wollte er werden, alle sollten vor ihm Angst haben, und keiner sollte es je wagen, ihn zu fressen! In seinen Träumen stellte er sich vor, er habe riesige Sta-*

»Kann man zu einem anderen Wesen werden?«

chelflossen nach oben und nach unten, nach rechts und nach links, so dass niemand sich trauen würde, ihn anzugreifen. Am liebsten hätte er sich in einer ganzen Armee solcher Stachelfische versteckt! Alle sollten vor ihm Angst haben!

Und so wurde er größer und mutiger und wagte sich eines schönen Tages sogar ins offene Meer hinaus.

Da riss der kleine Fisch beide Augen weit auf. So etwas hatte er noch nie gesehen. Da gab es wild zerklüftete Unterwassergebirge mit düsteren Höhlen, vor denen man sich in Acht nehmen musste. Wer weiß, wer sich dort versteckt hielt und auf Beute lauerte! Zartschimmernde Quallen ließen ihre Fangarme im Wasser schweben wie bunte Tüllschleier. Kleine Krebse spielten Verstecken in leeren Schneckenhäusern, und Hummer versuchten, mit ihren Scheren Muscheln zu knacken. Algen schwangen ihre grünen und braunen Bänder in der Strömung hin und her und überall glänzten Seesterne in der blauen Tiefe.

Doch all diese Herrlichkeiten konnten den Fisch nicht erfreuen. So sehr er sich bemühte, er konnte kein Staunen und keine Freude empfinden und wunderte sich darüber. Er entdeckte, dass in ihm nur noch Hass und Wut war. Er hatte gar kein anderes Gefühl mehr!

Da begann er, auch sich selbst zu hassen; und er hasste seine Mutter, die ihm diesen Rat gegeben hatte, und auch alle großen Fische, vor denen er ständig auf der Hut sein musste. Er war nirgendwo sicher und nirgendwo richtig zu Hause! Und es überkam ihn eine große Traurigkeit, die sich wie ein dunkler lähmender Schatten auf ihn legte.

Doch plötzlich fiel ein Sonnenstrahl durch das Wasser auf

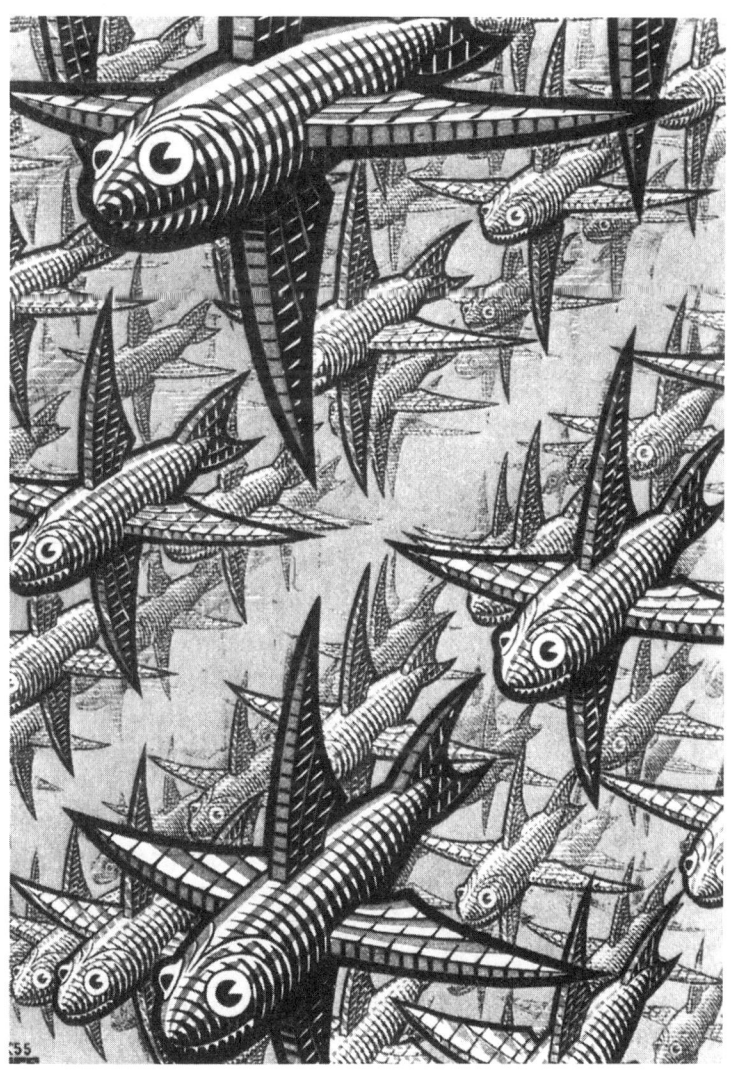

»Ist man in der Masse stark?«

*eine wunderschöne rosarote Koralle, die der kleine Fisch*
*vorher gar nicht bemerkt hatte. Sie fing an, im Licht zu*
*glitzern.*
*»Komm her, kleiner Fisch!«, rief sie. »Wenn du willst, kann*
*ich dich beschützen. Versteck dich zwischen meinen Fä-*
*chern, und ruh dich ein bisschen aus.«*
*Der kleine Fisch glaubte, nicht richtig gehört zu haben.*
*Er war misstrauisch, doch eigentlich konnte er nichts*
*Schlimmes an der Sache finden. Vorsichtig schwamm er*
*auf die Koralle zu. Der Lichtstrahl wärmte ihn und auf*
*einmal entdeckte er zu seiner großen Überraschung, dass*
*er sich freute.*

»Ob Max und Moritz sich auch so durchkämpfen müssen?«, fragte Feli. »Die beiden sind auch noch in einer Schulklasse und es ist sicher nicht einfach mit ihnen.«
»Ha!«, rief Phil triumphierend und wies auf die Abschrift. »Ich hab wieder was gefunden! Friedrich Nietzsche! Der glaubte, dass die Schwachen im Kampf des Lebens untergehen müssen und dass nur die Stärksten überleben sollten!« Phil schrieb das auf die leere Seite nach der Geschichte und Feli malte Stachelfische dazu. Eine ganze Armee!
Währenddessen blätterte Phil weiter in der Abschrift. »Ich hab noch was!«, rief er. »Diogenes! Der passt zu der Geschichte mit der Ratte und dem Lemming.«
Und er las vor: »»Diogenes von Sinope verbrachte sein Leben in einer Tonne, um unabhängig denken zu können. Er war als Aussteiger bekannt, wurde aber von vielen Leuten um Rat gefragt.«
»Diogenes!«, sagte Jakob. »Das wäre doch ein schöner Name für eure Ratte.«
»Das ist nicht unsere Ratte!«, rief Feli sofort.

»Das passt«, meinte Phil. »Ratten sind auch Außenseiter und kaum jemand mag sie.«

»Wie Max und Moritz auch, diese Scheusale«, sagte Feli. »Ich kann mir jedenfalls nicht vorstellen, dass jemand sie mag.«

»Na ja, vielleicht Sophia«, sagte Jakob. »Mütter lieben ihre Kinder, auch wenn sie schrecklich sind.«

Das kann ich mir in diesem Fall kaum vorstellen, dachte Feli.

Die schrecklichen Kinder tobten im Garten und stritten sich um irgendetwas. Phil und Feli lagen auf der Wolldecke und sahen in die Blätter des Apfelbaums empor. Sie sahen das kaputte Baumhaus über sich. Jakob saß neben ihnen.

»Wie muss es nur sein, wenn man weiß, dass niemand einen mag?«, fragte Phil.

»Und wie ist es, wenn es mich zweimal gibt?«, fragte Feli. »Wahrscheinlich könnte ich mich nicht ausstehen und müsste dauernd zeigen, dass ich anders bin als ich.«

Jakob lachte. Er erinnerte sich an eine Reklame. ›Ich bin zwei Öltanks‹, hatte er auf einem großen Gefäß am Rande einer Straße gelesen. Das ging doch gar nicht!

Einer konnte nicht zwei sein und zwei konnten auch nicht einer sein.

Max und Moritz glichen sich wie ein Ei dem anderen, aber wenn man ganz genau hinsah, gab es winzige Unterschiede. Wie bei Eiern auch. Nur dass sie nicht so ins Auge fielen. Sie waren kaum zu bemerken und deshalb wurden Max und Moritz immer verwechselt. Manchmal sogar von ihrem Vater, was besonders ärgerlich war. Oder konnte man sich etwa einen Spaß daraus machen?

Jakob blickte in den Garten. Max und Moritz waren weg.

Plötzlich wurden sie von einem Wasserstrahl getroffen. Die Zwillinge kreischten vor Freude. Sie hatten Wasserpistolen im nahen Bach aufgezogen und machten sich nun einen Spaß daraus, die drei nass zu spritzen.

»Ihr spinnt wohl!«, schrie Feli wütend. »Na wartet, wenn ich euch erwische!«

Auch Phil und Jakob waren aufgesprungen. »Nimm deinen Klon und hau ab!«, sagte Phil verächtlich zu seinem Vetter Max. Diese Ekelpakete! Großvater musste unbedingt das Baumhaus reparieren. Dann wären sie vor den beiden sicher.

»Merkst du was? Die wollen uns nicht!«, sagte Max zu seinem Bruder Moritz.

»Dann eben nicht!«, sagte der.

Die Zwillinge liefen zum Kirschbaum und kletterten auf der Leiter nach oben.

»Na Gott sei Dank«, sagte Feli und nahm sich das Buch wieder vor. »Jetzt sind wir sie erst mal los.«

Die Jungen hatten sich wieder auf die Wolldecke gesetzt.

»Ich lese euch noch eine Geschichte vor«, kündigte Feli an.

### Bewusstsein in Kisten

*»Im 4. Jahrtausend, meine Damen und Herren«, erklärte Professor Uhu seinem neugierigen Publikum stolz, »werden wir es endlich schaffen, Kriege zu vermeiden. Ein ungeheurer Fortschritt für die Geschichte!« Er begann seine Führung durch die Denkfabrik mit einem kleinen Vortrag.*

*»Aber wie soll das nur möglich sein?«, fragte ein kleiner Spatz. »Ich habe zwar nur ein Spatzenhirn, aber ich wüsste gern, wie das gehen soll! Immer schon haben Amseln und Stare um die besten Nistplätze gekämpft und Enten und Schwäne um die Wasserhoheit. Und immer*

mussten wir um Nahrung kämpfen. Das Leben ist Kampf, wie soll sich daran etwas ändern?«

»In der Tat, es war schrecklich und nicht mehr lebenswert«, griff Professor Uhu den Einwand auf. »Die Schwäne hielten nichts von den Enten, sie hielten sie für hässlich und böse, und umgekehrt. Jede Tierart wuchs mit Vorurteilen auf, und jeder Ärger, jeder Streit, jede Niederlage hatte Rachegedanken zur Folge. Es gab immer neuen Ärger, Wut, Streit, Rache und neue Vorurteile. All das konnte man eben nicht so schnell vergessen und schleppte es oft ein ganzes Tierleben mit sich herum. Und gab es auch noch seinen Kindern weiter!

Eben deshalb kamen wir auf die Idee, uns von diesem Ballast zu befreien. Er ist nur hinderlich! Wir wollen die Köpfe frei haben für die wichtigen Aufgaben der Zukunft, an denen wir hier in unserer Denkfabrik – und es gibt bereits etliche in unserem Land – arbeiten.

Die Mitarbeiter unserer Denkfabrik speichern ihr Bewusstsein auf Platten. Wir bewahren diese Platten in flachen Kisten auf, die sich wunderbar stapeln lassen. Jeder Mitarbeiter hat einen eigenen Stapel mit seinem früheren Bewusstsein. Hier zum Beispiel ist mein Bewusstsein abgelegt. Herbst 3009 zum Beispiel!« Professor Uhu öffnete eine Kiste. »Ich brauche das Bewusstsein nur in mein Gehirn zu laden, so! Und schon ist alles wieder da: der Geruch von Kiefernzapfen beispielsweise, wunderbar duftendes Baumharz, modriges Laub mit huschenden Mäusen, eine müde, milde Sonne am Abend, und da, mein Ärger über diese blöde Eule, die immer so träge blinzelte und die besten Gelegenheiten verstreichen ließ, ihre Jungen zu klugen, kleinen Eulen zu machen. Nicht auszuhalten! Dann war ich wütend auf einen Kuckuck, der nicht aufhören konnte zu rufen, der sich ungeheuer viel einbildete und ständig auf sich aufmerksam machen musste. Und ich empfand einen unsäglichen Zorn auf diese idiotischen gehirnlosen Borkenkäfer … Es sind natürlich auch immer schöne Erinnerungen dabei, aber eben auch lähmende, ungute Gefühle, aus denen nie etwas Gutes werden kann. All die Aggression wächst und wächst und muss irgendwann explodieren. Deshalb weg damit! Entledigen wir uns unserer Erinnerungen, Tabula rasa, und fangen wir neu und völlig leer wieder an zu denken! Dann sind wir für die Aufgaben der Zukunft gewappnet. Ich lege also mein Bewusstsein einfach ab und bin frei für neue Erfahrungen und neues Denken.«

Professor Uhu öffnete eine andere Kiste. »Oder Frühling 3011 zum Beispiel! Eine Elster hatte die Eier mit meinem Nachwuchs geräubert. Nur ein Moment der Unachtsamkeit und alles war dahin. Tod allen Elstern, habe ich mir damals geschworen. Aber das ist gar nicht so einfach zu bewerkstelligen, auch wenn man voller Hass ist …

Zusammen kommt man auf bessere Ideen. Und Probleme haben wir in der Natur genug, an denen wir arbeiten müssen! Also weg mit den Erinnerungen, haben wir beschlossen, und hier liegen sie nun. Wir müssen mit wichtigen Aufgaben der Vogelzukunft fertig werden und jeder Streit wirft uns zurück. Das ewige Misstrauen war nur im Weg. Die Erfindung des Jahrtausends, meine Damen und Herren! Freiheit endlich auch vom Bewusstsein! Es stört nur.«

»Aber woher wisst ihr denn dann, wer ihr seid?«, fragte der kleine Spatz skeptisch.

*»Wenn eure Erinnerungen und Gefühle weg sind, was bleibt denn dann noch in euren Gehirnen übrig?«*

*»Na, das logische Denken natürlich«, sagte Professor Uhu gewichtig. »Und kein Gefühl ist mehr im Weg und kann uns beim Denken stören.«*

*»Also ich würde meine Gefühle nicht weggeben wollen«, sagte der kleine Spatz mit dem Spatzenhirn.*

*»Aber es ist doch alles bloß abgelegt, und wir können es immer wieder laden, wenn wir uns erinnern wollen!«, beruhigte Professor Uhu. »Wie gesagt, jeder hat seinen Plattenstapel mit abgelegtem Bewusstsein, es ist ja nichts verloren. Allerdings gibt es ja zwischen schönen Erinnerungen immer auch die bösen, und mancher von uns will dann auch gar nicht mehr zurück. Es reicht ja, wenn man weiß, man könnte jederzeit darauf zugreifen.«*

*Der Spatz schaute zweifelnd.*

Auf der Seite war noch Platz.

»Die Geschichte schreibe ich weiter«, sagte Phil. »Die Besichtigung in der Denkfabrik muss doch noch weitergehen!« Er dachte an die Festplatte seines Computers. Ob man dort Bewusstsein speichern konnte? Oder waren das einfach nur Informationen? Was war der Unterschied? Und er schrieb:

*»Meine Damen und Herren«, wandte sich Professor Uhu wieder an sein Publikum. »Das ist also die glorreiche und wichtige Erfindung, von der ich Ihnen erzählte. Und nun führe ich Sie in einen unserer Arbeitsräume. Hier sehen Sie meine Mitarbeiter. Stare und Amseln, Uhus und Elstern arbeiten hier gemeinsam an der Verbesserung der Wasserqualität. Ja, demnächst werden wir sogar Fische*

*und Frösche hinzunehmen, obwohl unter uns auch Störche und Reiher sind. Und alle haben ihr Bewusstsein in diesen Kisten abgelegt. Sehen Sie die Stapel an den Wänden?« Es herrschte eine friedliche, ruhige Arbeitsatmosphäre.*

*»Das ist tatsächlich beeindruckend!«, sagten die Besucher übereinstimmend.*

*»Wirklich paradiesisch! Brauchen Sie noch Mitarbeiter? Wo können wir uns bewerben?«*

Tabula rasa, dachte Phil. Diese Formulierung hatte er irgendwo schon mal gelesen. Und sie hatte etwas mit der Geschichte zu tun. Wo war das nur gewesen?

Er blätterte in der Abschrift. Richtig, ein englischer Philosoph: John Locke. Und er strich Locke durch. Den Namen hatte er doch schon mal zu einer anderen Fabel geschrieben? In welcher Fabel ging es um Erfahrungswissen?

Jakob dachte noch über die Geschichte nach. »Den Schluss finde ich aber nicht gut«, sagte er. »Wenn alle das täten, meine ich. Stellt euch mal eine Welt ohne Gefühle vor! Man würde gar nicht wissen, ob man jemanden mag. Alles wäre nur kalt und sachlich und logisch. Ich weiß gar nicht, ob man da wirklich besser denken würde. Man könnte sich auch gar nicht über etwas Gutes freuen! Würde man überhaupt merken, ob man etwas gut findet?«

Feli beschäftigte etwas anderes und sie schrieb in das Buch:

*Hat man keine Vorurteile, wenn die Erinnerungen weg sind?*
*Gibt es dann keinen Streit mehr?*
*Wäre die Welt dann besser?*

Ab und zu stritt sie sich ganz gern mal mit ihren Freundinnen! Wenn sie glaubte, dass sie Recht hatte, musste sie doch dafür kämpfen! Sie legte den Stift hin und sah die beiden Jungen an. »Wisst ihr was?!«, sagte sie langsam. »Wir haben ja auch Vorurteile!«

»Wahrscheinlich hat jeder Vorurteile«, sagte Jakob. »Das lässt sich gar nicht vermeiden.«

»Aber zum Beispiel Max und Moritz!«, sagte Feli. Es ließ ihr keine Ruhe. »Wo sind die überhaupt? Weil wir wissen, dass sie schrecklich sind, schließen wir sie aus. Und das ärgert sie und deshalb sind sie schrecklich. Wahrscheinlich ist das in ihrer Schulklasse genauso. Und wenn jeder sein Bild fertig hat, haben sie keine Chance mehr. Auch wenn sie sich ändern würden, es würde wahrscheinlich niemand bemerken. Weil sie es nicht merken wollen. Das würde mich auch ärgern. Und wozu soll man sich dann noch ändern, wenn es doch nichts bringt?«

»Du meinst, wir sollten sie nicht ausschließen?«, fragte Phil. Und er schrieb in das Buch:

*Woraus besteht das Bewusstsein?*
*Welche Rolle spielen Erinnerungen dabei? Und Gefühle?*
*Ist Denken ohne Gefühle besser?*
*Wobei sind Gefühle im Weg?*
*Wie kann man mit schlechten Gefühlen und Erinnerungen umgehen?*
*Kann man sie vergessen?*
*Was sind überhaupt Vorurteile? Wie entstehen sie? Kann man sie vermeiden?*
*Gäbe es dann mehr Frieden und eine bessere Gesellschaft?*

Die Abendglocken läuteten.

»Wir machen mit Sophia einen Abendspaziergang!«, riefen Oma und Opa in den Garten.

»Wir kommen mit!«, riefen die Zwillinge aus dem Kirschbaum. Und sie stiegen kauend die Leiter herunter.

»Na gut«, sagte Sophia gottergeben. »Dann stellt ihr wenigstens nichts an.«

»Großvater, kann man nicht das Baumhaus reparieren?«, fragte Phil junior.

Feli steckte das Buch schnell in den Rucksack, denn der große Phil kam zum Apfelbaum und sah nach oben.

»Müsste eigentlich gehen«, sagte der große Phil. »Wenn ihr zwei jungen Männer mir helft! Seht mal im Schuppen nach, ob da noch ein paar Bretter sind.« Und er ging zum Gartentor und auf die Straße hinaus.

»Sie sind weg! Wir können uns mit dem Buch auf die Terrasse setzen!«, rief Feli.

Sie setzten sich an den Gartentisch in die Abendsonne. Neben ihnen an der Hauswand stand der Käfig mit der Ratte. Sie hatte inzwischen Futter bekommen und war beschäftigt.

»Wir taufen dich Diogenes, hörst du?«, sagte Phil.

»Weil der Name zu dir passt. Nur dass du eingesperrt bist.«

Diogenes scharrte auf dem Käfigboden herum. Die Käfigsprossen glänzten golden in der Abendsonne.

»Glaubt ihr, dass es jemanden gibt, der alles plant, was mit uns passiert?«, fragte Feli. Mit Verwunderung starrte sie auf das aufgeschlagene Buch. »Da steht eine Geschichte von einem goldenen Käfig!« Ihr wurde ganz komisch. Das war ja unheimlich!

»Du kannst ja schon mal lesen«, schlug Jakob vor. Die Jungen schienen wenig beunruhigt. »Wir gehen mal in den Schuppen und suchen nach Brettern und Nägeln.«

Feli las:

*Im goldenen Käfig*

*Auf der Terrasse eines großen und wunderschönen Gartens stand auf einem Gartentisch ein vergoldeter Vogelbauer von erstaunlicher Größe. In ihm saß ein herrlicher Kakadu mit schneeweißem, gepflegtem Gefieder und beäugte neugierig die Amseln und Spatzen, die sich um den Käfig herum auf dem Gartentisch niedergelassen hatten.*

*»Wie hältst du es nur in diesem Käfig aus?«, fragten die Vögel.*

*»Oh, ich habe morgens und abends frisches Wasser und Körner, angereichert mit Vitaminen, meine Krallen werden geschnitten, und jede Woche darf ich baden und bekomme frischen Sand«, erzählte der vornehme Kakadu den erstaunten Amseln und Spatzen. »Und mein Käfig ist der schönste und größte, den es gab und außerdem natürlich auch der teuerste. Er ist prächtig und ich kann stolz auf ihn sein. Ich bin ein vornehmer Vogel und jeder kann es sehen! Was bekommt ihr für Fressen?«*

*»Ach, unsere Nahrung müssen wir uns selber suchen«, piepsten die Spatzen. »Hier und da bleibt immer etwas für uns übrig.«*

*»Unter der warmen Rinde der Bäume finden wir immer wieder Gutes«, zwitscherten die Amseln. »Man muss nur danach suchen. Und hin und wieder gibt es köstliche Regenwürmer, man muss nur den Blick dafür haben. Unsere Krallen müssen nie geschnitten werden, das machen schon die Baumrinden, darum müssen wir uns nicht sorgen. Und*

ein Bad im frischen Regen oder eine Dusche unter Baum-
blättern ist herrlich erfrischend. Und wenn es zu kalt wird,
ziehen wir einfach nach Süden. Wir finden immer genug
zum Leben.«

»Ich habe es aber immer warm, ob auf der Terrasse oder im
Salon«, krächzte der Kakadu. »Nach Süden ziehen, wenn
ich das schon höre! Das ist doch sicher furchtbar anstrengend! Wie lange seid ihr denn da unterwegs?«

»Das sind oft Wochen«, erwiderten die Amseln. »Und es
macht Spaß, so zusammen durch die Lüfte zu ziehen und
sich auf das Ziel zu freuen, wie du dir sicher vorstellen
kannst.«

»Ich kann mir nur vorstellen, dass das nichts für mich
wäre«, entgegnete der Kakadu. »Ihr seid nirgendwo richtig
zu Hause und niemand kümmert sich um euch.

Ich dagegen habe alles, was ich brauche. Ich werde ver-
wöhnt, und wenn ich wollte, könnte ich sicher auch fliegen ... aber es muss ja nicht so weit sein. Man muss ja
nicht gleich alles übertreiben. Ich habe das ja gottlob nicht
nötig. Jedenfalls bedaure ich euch, dass ihr so um eure
Existenz kämpfen müsst!«

»Wir sind nichts anderes gewöhnt«, sagten die Amseln und
Spatzen im Chor. »Und unser Zuhause ist der Himmel und
das ist herrlich! Spürst du die laue Luft? Es ist Sommer,
und es ist zu schön, durch die Luft zu segeln und auf
diesem oder jenem Baum Pausen einzulegen! Jeder neue
Baum ist eine Welt für sich: Eine Birkenwelt zum Beispiel
ist hell und trocken und Kastanienwelten sind meistens
dunkel und schattig und ein bisschen feucht, und dann
gibt es dort ganz andere Tiere! Das alles ist aufregend und
es gibt so viel zu entdecken und zu erfahren!

*Und das Allerschönste ist, sich vom Wind über einen glit-*
*zernden Bach tragen zu lassen und seinem Lauf zu folgen,*
*egal wo er hinfließt! Dann bekommst du eine Ahnung da-*
*von, wie alles zusammenhängt ...«*

*»Das wäre nichts für mich!«, krächzte der Kakadu. »Das*
*wäre mir denn doch zu unbequem. Und meine eigene Welt*
*in meinem herrlichen Haus reicht mir auch.*

*Ihr könnt mir ja dann und wann von euren Abenteuern*
*erzählen. Ich will aber nicht für mich selber sorgen müs-*
*sen. Ich liebe den Luxus und bin stolz auf mich. Ich bin*
*eben ein ganz besonderer Vogel!«*

*»Da kannst du durchaus Recht haben!«, zwitscherten da*
*die anderen Vögel fröhlich und hoben sich in den Himmel.*

Feli war erleichtert. Es ging um einen weißen Kakadu und nicht
um eine schwarze Ratte! Sonst wäre ihr die ganze Sache doch zu
unheimlich geworden.

»Na, wovon handelt die Geschichte?«, fragten Jakob und Phil, als
sie aus dem Schuppen zurückkamen.

»Es geht um die Freiheit«, entgegnete Feli. »Und um den Luxus.«

»Glaubt ihr, dass es richtig ist, dass Diogenes hier eingesperrt ist?
Ratten sind doch wilde Tiere.«

»Aber diese hier doch offenbar nicht«, sagte Jakob.

Phil las die Geschichte. »Erich Fromm, Haben oder Sein«, sagte
er.

Feli war an den Philosophen gar nicht so interessiert wie an den
Geschichten. »Was hilft es mir eigentlich, wenn ich weiß, dass
andere auch schon so was gedacht haben?«, fragte sie. »Ich
muss meine Gedanken ja sowieso neu denken. Und dann sind
sie erst richtig interessant.«

»Naja, aber es ist vielleicht interessant, ob sie genau das Gleiche

»Welche Freiheit wollen wir?«

oder ein bisschen anders gedacht haben!«, sagte Phil. »Und zu sehen, wie alt manche Gedanken sind und dass Menschen immer schon auf solche Gedanken gekommen sind! Das finde ich spannend.« Phil konnte wieder etwas durchstreichen. Haben oder Sein. Oder? Was hieß hier eigentlich »oder«? Musste man sich etwa für das eine oder das andere entscheiden? Was für ein Leben wollte er eigentlich für sich?, fragte er sich. Ich will Freiheit, dachte er. Auch wenn sie unbequem ist. Aber ganz so kärglich und mühsam muss das Leben auch nicht sein. Freiheit als Befreiung, dachte er. Das stand doch in irgendeiner Fabel. Armut war nicht unbedingt nötig, wenn man sich davon befreien konnte. Armut konnte sogar menschenunwürdig sein.

Konnte nicht auch Besitz freimachen? Oder war er im Weg, wenn man frei sein wollte? Und wie war das zum Beispiel mit seinem Computer? Er vermisste ihn kaum noch. Aber ganz darauf verzichten?


# 24. Achtung


Am nächsten Morgen wurden Phil und Feli von lautem Gekreische geweckt. Moritz heulte und Max rief nach Sophia und schimpfte. Er saß im Birnbaum und sah nach unten.

»Du hättest ruhig besser aufpassen können!«, rief er wütend. Moritz war vom Baum gefallen. »Ich lass mir von dir nichts sagen!«, rief er heulend nach oben. Er war kurz vor Max geboren worden und nach seinem Vater benannt, doch alle sagten Max und Moritz, niemand Moritz und Max! Das kränkte Moritz. Niemals wurde er zuerst genannt! Und nun musste Max ihn auch noch belehren. Das ließ er sich nicht gefallen, auch wenn ihm alles wehtat.

Sie waren ja nun in Phils früherem Zimmer einquartiert, das heißt, noch früher hatte es Lutz gehört. Und direkt vor dem Fenster stand der Birnbaum. Das war natürlich verlockend und es war Sonntagmorgen so lange still gewesen. Die beiden hatten sich noch in Schlafanzügen über einen Stuhl auf die Fensterbank und von dort ins Geäst geschwungen. Ein Sonntagsausflug in den Birnbaum! Doch nicht alle Äste des Birnbaums waren kräftig genug für beide, und die Zwillinge waren zu unerfahren, um das abzuschätzen.

Phil und Feli liefen bei dem Geschrei in das Zimmer der Zwillinge und sahen aus dem Fenster. Max hielt sich mühsam in den Ästen fest und sah ziemlich kläglich aus. Moritz saß unten und hielt sich sein aufgeschlagenes Knie. Und auch sonst hatte er was abbekommen.

Anne stürzte im Nachthemd aus der Küche auf die Terrasse.

Sie hatte gerade das Tablett für das Sonntagsfrühstück im Himmelbett vorbereitet.

Sophia kam im Morgenrock dazu und schimpfte mit Moritz. Offenbar hatte er Glück gehabt und hatte sich nichts gebrochen. Aber ein paar Hautabschürfungen hatte er und ein blutendes Knie.

Max versuchte, im Birnbaum wieder in die Nähe des Dachfensters zu kommen. Der große Phil war aus dem Elternschlafzimmer in das Zimmer der Zwillinge gekommen, saß auf der Fensterbank und reichte Max eine Hand durch das offene Fenster hinaus.

»Na, das wird heute wohl nichts mit einem gemütlichen Sonntagsfrühstück!«, sagte er.

Max landete wohlbehalten wieder auf der Fensterbank, wenngleich er etwas mitgenommen aussah. Phil und Feli standen da und lachten.

Anne und Sophia verarzteten Moritz' Knie unten auf der Terrasse. Sophia bewegte vorsichtig Moritz' Bein und der stöhnte. Aber es schien wirklich nichts gebrochen. Anne hatte so etwas Ähnliches wie Jodtropfen geholt, die die Wunde reinigen und zusammenziehen sollten. Oder musste etwa doch genäht werden?

»Es wird eine Narbe bleiben«, sagte Sophia.

»Dann kann man uns wenigstens besser unterscheiden«, sagte Moritz zufrieden, als er seinen Verband bekam.

»Wir hätten daran denken müssen«, sagte der große Phil später zu Anne. »Der Birnbaum ist näher ans Fenster gewachsen. Früher hätte man nicht reinsteigen können. Und die Zwillinge können die Gefahr eben noch nicht abschätzen.«


Diogenes hatte die Nacht im Freien gut verbracht. »Übrigens haben wir sie Diogenes getauft!«, sagten Phil und Feli zu Max und Moritz, als sie später alle auf der Terrasse standen. »Wir finden, der Name passt!«

»Wie seid ihr denn darauf gekommen?«, fragte der große Phil erstaunt.

»Heute koche ich!«, schlug Sophia vor. »Wie wäre es mit Schnitzel? Und du ruhst dich jetzt mal aus«, sagte sie zu Anne.

Die hatte Max und Moritz den Speicher gezeigt und hoffte nun inständig auf eine Atempause. Waren ihre Kinder etwa auch so anstrengend gewesen und sie hatte es inzwischen bloß vergessen?

Jakob kam vorbei. Er freute sich, dass er beim Reparieren des Baumhauses helfen durfte, und konnte es gar nicht erwarten. Der große Phil ging mit den Jungen zum Apfelbaum.

»Hol mal die Leiter vom Kirschbaum herüber«, sagte er zu Jakob. Die Leiter wurde angelegt und der große Phil stieg hinauf. »Eigentlich ein schönes Plätzchen!«, sagte er. »Das müsste gehen. Was habt ihr im Schuppen gefunden?«

Dann holte der große Phil seinen Werkzeugkasten aus dem Keller und begutachtete die Bretter und Nägel. Und sie waren für den Vormittag beschäftigt. »Achtung! Aufgepasst«, sagte er, wenn die beiden ihm Bretter anreichten. Und schließlich durften die beiden Jungen auch nach oben. Das Baumhaus war stabil genug.

Feli saß derweil in ihrem Zimmer oben auf dem Etagenbett, hörte das Hämmern und Klopfen und schmollte. Sie fühlte sich ausgeschlossen. Wenn die Jungen was Besseres vorhatten, konnte sie ja allein weiterlesen! Und sie holte das Buch aus dem Rucksack. Es schien auf geheimnisvolle Weise etwas mit ihrem Leben zu tun zu haben.

Feli las:

### Stachelkugeln

*»Schnell! Roll dich zusammen! Alle Stacheln aufrichten!«*
*Der alte Igel warnte einen jungen, noch unerfahrenen Igel vor drohender Gefahr. Ein Fuchs war aufgetaucht und umkreiste neugierig die zwei Stachelkugeln.*
*Schließlich zog er enttäuscht ab; vermutlich war ihm seine Schnauze doch zu schade.*
*Der alte Igel entspannte sich wieder und legte seine Stacheln an.*
*Doch der junge Igel hatte noch Angst. Drohend richtete er weiter seine achttausend Stacheln in alle Richtungen. Er*

*war überhaupt sehr schreckhaft: Er fürchtete sich auch vor seinem ersten Winterschlaf. Er wollte nicht schlafen gehen! Er wollte sehen, was passierte, um sich rechtzeitig wehren zu können. Wer konnte wissen, dass er nicht in Gefahr war, wenn er schlief und träumte?*

*Es wurde Herbst und eine Gruppe von Igeln bereitete sich auf den Winterschlaf vor. Die kalte nasse Zeit, in der es immer so ungemütlich wurde, konnte man einfach verschlafen. Sie war sozusagen gar nicht vorhanden. Igel lebten nur von März bis Oktober. Jedenfalls konnte man über die anderen Monate nichts sagen; es war so, als gebe es sie gar nicht. Von Oktober bis März nämlich gab es ein warmes weiches Bett aus Moos und Blättern in einem Busch oder einer Hecke, in dem man sich aneinander kuscheln und wärmen konnte. Anders als die unglücklichen Stachelschweine konnten Igel ihre Stacheln ja anlegen, so dass sie einander nicht verletzen mussten. Und dann wachten sie erst wieder auf, wenn ihnen der Frühling in der Nase kitzelte.*

*Igel hatten es wirklich gut: Wenn es nötig war, konnten sie zu einer Stachelkugel werden und waren gegen jede Gefahr gefeit. Aber wenn es nicht nötig war, zum Beispiel zur Paarungszeit oder beim Winterschlaf, konnten sie die Stacheln anlegen und die Nähe und Wärme der anderen Igel genießen. Sie fraßen gemeinsam Schnecken, Insekten und Würmer und freuten sich über die Jungen, die im Sommer zur Welt kamen. Und war es nicht auch ein großes Glück, wenn sie in ihrem Inneren spürten, dass es Zeit war, sich zurückzuziehen? Die ungemütliche Zeit des Jahres nahmen sie so gar nicht in ihr Bewusstsein auf. Aber sie hatten viele schöne Erinnerungen, die sie in ihre Träume begleite-*

*ten. Und dann war Frühling und sie wurden von den Menschen erleichtert begrüßt. Denn wenn die Menschen nicht wussten, ob nun der Frühling wirklich seinen Einzug gehalten hatte, so konnten sie beim Auftauchen der Igel sicher sein.*

*Das alles erzählten die großen Igel dem kleinen. Doch er wollte nicht schlafen gehen. Wie konnte man sicher sein, dass man wieder wach werden würde? Außerdem war er neugierig auf den Winter, von dem keiner ihm etwas erzählen konnte.*

*Und deshalb versteckte er sich, um nicht mit ins Nest zu müssen. So erlebte er schließlich ängstlich den ersten Hagel und fürchterliche nasse, kalte Herbststürme, Raureif und endlich den ersten Schnee. Niemand erklärte ihm, wie er damit umzugehen habe: Er war allein. Schrecklich! Etwas anderes als »Stacheln aufstellen« fiel ihm nicht ein, doch der Frost biss von unten in seine Füße, dass sie ihm wehtaten. Der Schmerz durchdrang seinen ganzen kleinen Körper, so dass jede Faser schrie. Er durchflutete ihn bis in die Stachelspitzen. Der kleine Igel konnte fast keinen klaren Gedanken mehr fassen und wünschte sich nichts sehnlicher, als frei von diesem Schmerz zu sein. Er war fast besinnungslos und nahezu völlig erstarrt. War er etwa erfroren? Wie sehnte er sich jetzt nach etwas Wärme!*

*Glücklicherweise wusste er noch, wohin sich die anderen Igel zurückgezogen hatten. Er bewegte sich mühsam auf ihre Schlafstelle zu. Wenn er auch nicht mit ihnen eingeschlafen war, so konnte er sich doch wenigstens mit angelegten Stacheln an sie schmiegen.*

*Müde und erschöpft merkte er, wie die Betäubung und*

*dann auch der Schmerz langsam nachließen. Hier war er*
*geborgen! Und glücklich seufzend schlief er ein, auch wenn*
*er nicht wusste, ob er wieder aufwachen würde.*

Na so was, dachte Feli. Auch sie hatte schon beim Einschlafen
darüber nachgedacht, ob es denn sicher sei, dass sie wieder auf-
wachen würde. War das ein Naturgesetz? Oder beruhte das auf
Erfahrung? Sie dachte an die Löwenfabel.
Die hinten eingelegte Abschrift war aus dem Buch gerutscht.
Felis Blick fiel auf einen Namen. Seneca. Glück als Abwesenheit
von Schmerz, stand da. Das passte ja! Endlich hatte sie auch mal
etwas Passendes entdeckt.
Sie strich den Namen Seneca durch und schrieb ihn unter die
Fabel. Dieser Seneca musste viele Schmerzen gehabt haben.
Oder wie kommt man sonst darauf?
Ob Moritz wohl noch Schmerzen hatte?

Über ihr gab es einen gewaltigen Krach. Der Indianerhäuptling
Moritz stürzte die Speichertreppe herunter.
»Der hat mich gehauen!«, schrie er. Er hatte ein Plastikbeil in der
Hand. »Mein Tomahawk wird mich rächen!«
»Der hat aber angefangen!«, schrie der Pirat Max. Er verfolgte
Moritz mit seinem Piratensäbel. Weil er ein Auge unter der
schwarzen Augenklappe hatte und mit dem Säbel herumfuch-
telte, sah er die letzten Treppenstufen nicht und schlug lang hin.
Der Indianerhäuptling lachte. Das machte den Piraten noch
wütender. Er hielt sich sein Knie. »Ich brauche auch einen Ver-
band!«, heulte er.
»Was war das vorhin für ein Lärm?«, fragte Sophia ungerührt.
»Das Puppenhaus ist vom Tisch gefallen«, sagte der Indianerhäuptling unschuldig.

Die haben ihre Stacheln auch immer aufgestellt, dachte Feli. Ob sie die wohl jemals anlegen können?

Anne hatte den Wohnzimmertisch ausgezogen und gedeckt, denn für acht Personen war der Küchentisch doch etwas zu eng. Sie liebte große Tafeln!

Das Baumhaus war fast fertig und der große Phil kam mit den Jungen herein.

»Wir brauchen mal eine Pause!«, sagte er. »Und was jetzt noch zu tun ist, können Jakob und Phil junior allein zu Ende führen. Die haben sich ganz geschickt angestellt. Alle Achtung!«

Die beiden waren stolz und fühlten sich wichtig. Aber auch Feli war stolz. »Ich hab auch was entdeckt!«, sagte sie leise zu ihnen, als sie am Tisch saßen. »Seneca! Ich hab auch ein Puzzlesteinchen gefunden.«

Nach dem Essen holte Feli das Puppenhaus vom Speicher in ihr Zimmer und stellte es auf Sophias alten Schreibtisch. Es war einiges zu Bruch gegangen. Und der Vater war weg! Feli konnte ihn auch auf dem Speicher nirgendwo finden. Sie leimte ein Tischchen und das Elternbett und stellte alle Möbel wieder richtig. Eigentlich musste es auch Haustiere geben! Ein Hund und eine Ratte mussten her, dachte sie. Aber woher eine kleine Spielzeugratte nehmen?

Später zogen Phil und Feli mit Jakob und dem Rucksack wieder zum Apfelbaum.

Sophia war mit den Zwillingen zum Hof von Jakobs Eltern gegangen, um das Kälbchen zu besuchen. Und die beiden hatten nun tatsächlich das gleiche Knie verbunden!

Der große Phil saß in einem Lehnstuhl und blickte in den Garten. Kant stand draußen auf der Terrasse vor dem Käfig und knurrte. Diogenes nagte an den Käfigstäben.

Was ging wohl in den Köpfen der Tiere vor? Gibt es wohl einen Zugang zu fremdem Bewusstsein?, dachte er. Es ließ sich kaum etwas darüber sagen, auch wenn man Gehirnprozesse wissenschaftlich beschreiben und messen konnte. Aber man konnte nie etwas darüber herausfinden, wie das Bewusstsein eines anderen Wesens von innen, also aus seiner eigenen Perspektive aussah oder sich anfühlte. Der große Phil hatte sich zwei Bücher aufgeschlagen und las bei Schopenhauer:

›Man muss wahrlich an allen Sinnen blind sein, um nicht zu erkennen, dass das Wesentliche und Hauptsächliche im Tiere und im Menschen dasselbe ist und dass das, was beide unterscheidet, nicht im inneren Wesen liegt, welcher der Wille des Individuums ist …‹ Er blickte nach draußen und beobachtete den Mops. Natürlich hatte Kant auch einen Willen.

›…, sondern allein im Intellekt, im Grad der Erkenntniskraft … Hingegen ist des Gleichartigen zwischen Tier und Mensch ohne allen Vergleich mehr. So einem abendländischen Tierverächter und Vernunftanbeter muss man in Erinnerung bringen, dass, wie er von seiner Mutter, so auch der Hund von der seinigen gesäugt worden ist. Dass sogar Kant in jenen Fehler der Zeit- und Landesgenossen gefallen ist, habe ich oben gerügt. Dass die Moral des Christentums die Tiere nicht berücksichtigt, ist ein Mangel derselben …‹

Muslime glaubten an eine Tierseele – deshalb waren Zirkus und Zoo verpönt – und sogar an einem Tierhimmel! Und Schopenhauer schrieb an anderer Stelle, dass die Hindus sogar ihr heiliges Buch nie in Leder, sondern immer nur in Seide binden würden. Aus Achtung vor der Kreatur, die nicht leiden sollte! Hatte das Christentum zu viel abendländische Philosophie in sich aufgenommen?

Tiere konnten leiden wie Menschen, und er konnte auch merken, wenn sein Mops sich freute oder skeptisch oder wütend war. Tiere waren in so vielem den Menschen ähnlich! Ob Kant wohl einen Hund gehabt hatte? Oder Descartes? Der glaubte auch, dass Tiere wie Maschinen seien.

Auch bei Kant ging es um Achtung, aber oft nur um die Achtung vor dem Gesetz. Doch nein, das war nicht richtig. Kein Mensch durfte einen anderen als Mittel zum Zweck gebrauchen, das lag an der Würde des Menschen. Und worin war sie für Kant begründet? In der Vernunft. Die war für ihn das Höchste. Das war eben Kants Rationalismus. Und Tiere hatten keine Vernunft, sie waren deshalb auch für Kant Dinge wie schon für Descartes. Tiere musste man nicht achten, aber Menschen.

Auch damit wäre schon viel gewonnen. Auch das war schwer genug, dachte der große Phil.

Wie viel Verachtung gab es nicht alltäglich zwischen Mensch und Mensch! Und man war dann auch gar nicht in der Lage, sich richtig wahrzunehmen. Wie oft benutzte man andere für seine Zwecke und war gar nicht an dem Menschen interessiert, sondern nur an dem, was man mit ihm erreichen wollte!

Und Missachtung von Kindern hatte besonders schlimme Folgen. Wer ohne Achtung aufwuchs, konnte kein Gefühl für seinen Wert bekommen. Ihm fehlte Selbstachtung. Und wer selbst keine Achtung kennen gelernt hatte, konnte dann auch nicht wissen, was das war. Wie sollte er dann andere achten können? Phil zog das andere Buch heran. Levinas war einer seiner französischen Lieblingsphilosophen. Über den sollte ich auch einmal einen Vortrag halten, dachte er. Vor allem auch, weil gar nicht alles aus dem Französischen übersetzt und in Deutschland bekannt war. Levinas ging es auch um die Achtung des anderen Menschen, aber aus einem anderen Grund. Nicht weil er Vernunft besaß. Die innere Welt eines jeden war eine einzigartige Vielfalt an Möglichkeiten; er war von unendlicher Tiefe, wenn man sich ihm einmal öffnete, und er konnte sich immer wieder neu entwickeln. Deshalb konnte man auch nie genau über einen anderen Menschen Bescheid wissen, er entzog sich jeder Beschreibung, man konnte ihn nie ganz erfassen. Das durfte man auch gar nicht anstreben! Denn von außen kam niemand mit dem Verstehen ganz heran und würde auch nie herankommen können.

Du sollst dir kein Bildnis machen, dachte Phil. Im Judentum und im Islam gab es ein Bilderverbot und auch im Christentum hatte es Bilderstürmer gegeben. Die waren in die Kirchen eingedrungen und hatten Gemälde und Skulpturen zerstört, weil sie sie für gotteslästerlich hielten. Gegenüber dem unendlich Großen war jedes Bild unangemessen. Bei Levinas wurde dieses Bilderverbot – wie übrigens auch bei dem Schweizer Schriftsteller Max Frisch – von Gott auf die Menschen ausgedehnt, auf das, was in den Menschen göttlich ist, so hatte Max Frisch das formuliert. Es war deshalb vermessen, allgemeine Behauptungen über andere Menschen aufzustellen oder sich sicher über ihr Wesen zu sein.

Das Andere entzog sich zwangsläufig, es war unaussprechlich, man brauchte gar nicht erst zu versuchen, es zu erfassen, denn das konnte nie gelingen. Und wenn man es doch tat, war das wie ein Akt der Gewalt, denn man musste dem Anderen zwangsläufig Unrecht tun. Man konnte ihm so eben nicht gerecht werden.

Und doch musste das Handeln bei Levinas den konkreten anderen Menschen in den Mittelpunkt stellen. Und jeder Mensch war anders! Deshalb waren starre moralische Regeln oder Normen nicht nötig, nur genügend Offenheit war wichtig. Jeder Mensch war für andere verantwortlich und musste eigene Belange dafür zurückstellen. Damit man wirklich Ich werden konnte, brauchte man den Anderen. Aber nicht als Mittel zum Zweck! Der Andere war sozusagen nur der Anlass dafür, dass man ein richtiger Mensch sein oder werden konnte. Das erinnerte Phil an Martin Buber, den großen jüdischen Religionsphilosophen. Auch der hatte behauptet, dass das Ich erst am Du zum Ich wird. Und Dialog war für ihn nicht einfach Austausch von Argumenten, sondern immer auch eine Begegnung, in der man sich ernst genommen und angenommen fühlen sollte. Es verbot sich daher von selbst, dass man den anderen wie ein Objekt sah. Man musste seine Freiheit anerkennen und durfte ihn nicht vereinnahmen wollen. Da verbot sich jede Form von Gewalt wie von selbst!

Gewaltlosigkeit war auch im Hinduismus geboten. Phil dachte an Mahatma Gandhi, der dieses Prinzip so bewundernswert gelebt hatte. Er hatte Indiens Unabhängigkeit von England erreicht, ohne zu gewaltsamen Mitteln zu greifen. Und er dachte an Albert Schweitzer, in dessen Geburtshaus im Elsass – gar nicht weit vom Schwarzwald – man einen tiefen Eindruck von seiner praktizierten Haltung der Ehrfurcht vor dem Leben bekam. Der hatte sich sogar geweigert, Mücken zu töten, weil er in ihnen Mitgeschöpfe sah! Es gab zu wenig Achtung in der Welt, dachte der große Phil. Und zu wenige, die sich ernsthaft darum bemühten.

Obwohl die Nächstenliebe, zu der das Christentum verpflichtete, viel mehr war, wäre Achtung ein guter Anfang. Und als Christ sollte man sogar seine Feinde lieben!

Wer brachte das Kunststück wohl fertig! War das nicht eine Überforderung? Aber immerhin würde das wohl tatsächlich die Spirale der Gewalt bremsen. Die andere Wange hinhalten, wenn man geschlagen wurde! Unglaublich! War das nicht unsäglich dumm, jedenfalls in den Augen der meisten? Doch schließlich schuf Gewalt immer Gegengewalt. Würde die Welt nie besser werden? In einer solchen kalten Welt musste man immer misstrauisch und vor Verletzungen auf der Hut sein.

Der große Phil dachte an Schopenhauers berühmte Fabel von den Stachelschweinen. Die menschliche Gesellschaft war dort mit einer Gesellschaft von Stachelschweinen verglichen worden, die sich immer in einem mittleren Abstand voneinander aufhalten mussten, um sich nicht mit ihren Stacheln zu verletzen. Aber sie wollten eben immer noch ein Minimum an Wärme!

Aber da war Schopenhauer zu pessimistisch, dachte der große Phil. Es gab auch Wärme und Nähe ohne Verletzungen. Aber eben nicht immer. Und wie konnte man die Gesellschaft insgesamt menschlicher machen?

Die Menschenrechte waren ein guter Anfang. Aber sie gingen auf Gedankengut zurück, das in der europäischen Philosophie entwickelt worden war. Und dass auch in anderen Kulturen ähnliche Vorstellungen entwickelt worden waren, nahm man im europäischen Kulturraum gar nicht zur Kenntnis. Also waren damit noch lange nicht alle Probleme gelöst. Und natürlich musste es nicht nur Rechte, sondern auch Pflichten für die Menschen geben!

Es gab noch viel zu tun: Es gab in den Kulturen unterschiedliche Auffassungen vom Wesen des Menschen und eben deshalb auch unterschiedliche Auffassungen von ihren Rechten, und darüber musste man sich unterhalten, um sich besser verstehen zu lernen. In Europa und Amerika hielt man die Selbstverwirklichung des einzelnen Menschen für das höchste Ziel, die Freiheitsrechte des Einzelnen spielten also eine große Rolle. In Asien und Afrika hatte oft die Gemeinschaft einen höheren Wert und der Einzelne hatte sich in die Gemeinschaft einzuordnen. Was war nun besser? Und was konnte man gegen die Überheblichkeit tun, mit der man andersartige Denkweisen abwertete und sie für primitiver hielt als die eigenen, ohne sie richtig zu verstehen? War das nicht auch im Sinne von Levinas Gewalt?

So würde es nie Frieden geben. Die Anerkennung des Andersartigen war nötig, auch wenn man es nicht immer verstehen konnte.

Und das galt wohl auch für Tiere. Und auch für die Natur insgesamt, dachte Phil.

Bei Kant war nur der Mensch als vernünftiges Wesen ein Zweck in sich. Aber hatte nicht auch die Natur einen Eigenwert? Auch sie musste man achten.

Wie verhängnisvoll Descartes doch gewesen war! Sicher hatte er auch seine Verdienste. So zum Beispiel war es Zeit gewesen, gegen den Hexenwahn des Mittelalters anzugehen und den Menschen klar zu machen, dass sie selber denken und sich die Welt vernünftig erklären konnten. Es nahm ihnen die Angst, wenn sie Zutrauen zu ihrem eigenen Denken bekamen.

Aber den Menschen zum Meister und Besitzer der Natur machen zu wollen, wie Descartes das zu seinem Programm gemacht hatte, das war falsch. Die Natur erschien so als etwas, das man beherrschen und für menschliche Zwecke besitzen und nutzbar machen musste.

Das war wieder eine verhängnisvolle Spaltung, die in die Geschichte des Denkens eingegangen war. Hier das denkende Wesen, dort die gegenständliche Natur ... Auch hier schien ein tiefer Graben dazwischen. So stand der Mensch der Natur gegenüber und empfand sich nicht als Teil von ihr. Dabei waren beide ein Teil des Lebens! Der Mensch war eben nicht nur Geist und die Natur war nicht nur einfach Materie. Im Menschen *und* in der Natur gab es stoffliche Substanzen, aber auch ungeheure Mengen an Energie!

Weshalb sind Vereinfachungen nur immer so verlockend, dachte der große Phil. Dieses Denken hatte zwar geholfen, eine leistungsfähige Technik zu entwickeln. In dieser Hinsicht war es also erfolgreich gewesen. Aber es hatte auch viel zerstört. Die Natur durfte nicht bloß als Objekt gesehen werden. Die Indianer hatten sich als Teil des großen Geistes empfunden, der die ganze Natur durchwirkte. Konnte man durch ein solches ganzheitliches Weltbild, indem man sich mit anderen Geschöpfen als Teil eines großen Ganzen empfand, die viele Gewalt verhindern, die der Natur angetan wurde? Lag die Gewaltbereitschaft im europäischen Denken?, fragte er sich. Aber auch in Asien und Afrika gab es Gewalt, und nicht zu knapp.

Eine Kultur der Achtung war eine umfassende Aufgabe für das neue Jahrtausend, dachte der große Phil. Das war viel mehr als dieses ständige Toleranzgerede, mit dem man das Geltenlassen von allem Beliebigen rechtfertigte.

Ohne dass der große Phil es wusste, beschäftigten sich Phil und Feli mit einem ganz ähnlichen Thema. Jakob hämmerte und klopfte oben im Baumhaus, Phil lag auf der Wolldecke und sah nach oben. Ab und zu bat Jakob Phil, ein Werkzeug anzureichen. Feli saß neben ihm und las laut vor.

### Kamele

*Am Rande einer Oase weideten vier alte Kamele und ein kleines junges, das noch nicht so ein dickes Fell hatte wie die älteren.*

*Sie hatten sich Kühle im Schatten großer alter Palmen gesucht und kauten genüsslich und langsam ein paar süße Datteln. Dabei beobachteten sie gleichmütig eine eben ankommende Karawane. Die Kameltreiber schlugen wütend* mit Stöcken auf die Kamele ein, um sie anzutreiben. Denn die Kamele waren langsam wie immer und von der Mittagshitze müde: Ihre Last war schwer und schien immer noch schwerer zu werden.

Das kleine Kamel empörte sich über die Grausamkeit der Kameltreiber und sagte zu den großen:

»Weshalb tut ihr denn nichts? Und weshalb lassen die sich das gefallen? Man kann das doch nicht einfach so hinnehmen!«

»Du musst noch viel lernen, kleines Kamel«, sagten da die alten Kamele. »Vor allem verschwende keine unnütze Energie! Das ist eine alte Kamelweisheit. Es kommt doch alles so, wie es kommen muss. Also schone deine Kräfte in dieser Hitze! Immer schön langsam, und denk an dich selber. Dir geht es doch gut, also was geht's dich an?«

»Aber es ist doch ungerecht!«, schrie das kleine Kamel entrüstet. »Sie schleppen schon schwer genug in dieser Hitze und werden zum Lohn dafür noch geschlagen!«

»Ein Kamel nimmt eben alles, wie es kommt!«, sagten die großen. »Das war schon immer so. Reg dich nicht auf, verschwende nicht unnütz deine Kräfte!«

»Aber das ist doch ganz falsch!«, rief das kleine Kamel. »Wer sagt denn, dass Kamele so dumm sein müssen?«

»Und wer sagt, dass sie naseweis sein sollen?«, fragten da die alten zurück. »Du änderst ja doch nichts. Du machst dich höchstens lächerlich. Und ein paar Schläge haben noch keinem geschadet. Und besser Unrecht leiden als Unrecht tun.«

Das kleine Kamel wurde ganz unruhig. »Heißt das etwa, dass es mir auch so gehen kann, wenn ich nicht schnell genug schleppe?«, schrie es entsetzt.

»Das ist eben der Lauf der Welt!«, sagten die alten Kamele in all ihrer Weisheit.

»Du aber, du benimmst dich eigentlich nicht wie ein Kamel. Stell nicht so viele Fragen, sonst fällst du nur unangenehm auf. Sei geduldig und schone dich und nimm hin, was kommt. Dann kommst du gut durchs Leben.«

»Ihr wollt also nichts unternehmen?«, fragte das kleine Kamel wie erstarrt.

»Wie kommst du nur auf die Idee? Was geht es uns an, wenn andere geschlagen werden?«, war die Antwort.

Da näherte sich ein Beduine den großen Kamelen und legte ihnen Zaumzeug an.

»So, lange genug ausgeruht«, brummte er und führte sie aus dem Schatten der Palmen hinter ein Zelt, wo sie für die Karawane beladen wurden.

»Was seid ihr nur für Kamele!«, sagte da das kleine Kamel voller Verachtung und fühlte sich auf einmal sehr allein.

Doch das kleine Kamel wurde größer und größer und lernte, wie es in der Welt zuging. Es wurde stärker und konnte immer schwerere Lasten tragen. So zog es bald selbst in den Karawanen mit. Am Anfang war es aufgeregt und gespannt, weil es die große weite Welt kennen lernen konnte. Doch bald war es müde und matt und lernte sich zu fügen und hinzunehmen, was kam.

Eines Tages weidete es mit drei anderen Kamelen am Rande einer Oase, dankbar für die Ruhepause, die man ihm ließ. Sie hatten sich Kühle im Schatten großer alter Palmen gesucht und kauten genüsslich und langsam ein paar süße Datteln. Ein kleines, junges Kamel hatte sich zu ihnen gesellt, das noch nicht so ein dickes Fell hatte

*wie die älteren. Sie beobachteten gleichmütig eine eben
ankommende Karawane.*

*Die Kameltreiber schlugen wütend mit Stöcken auf die
Kamele ein, um sie anzutreiben. Denn die Kamele waren
langsam und von der Mittagshitze müde: Ihre Last war
schwer und schien immer noch schwerer zu werden.*

*Das kleine Kamel empörte sich über die Grausamkeit der
Kameltreiber und sagte zu den großen: »Weshalb tut ihr
denn nichts? Und weshalb lassen die sich das gefallen?
Man kann das doch nicht einfach so hinnehmen!«*

*»Du musst noch viel lernen, kleines Kamel!«, sagten da
müde die alten Kamele ...*

»Das geht ja dann immer so weiter«, sagte Phil junior. »Das ist
eine unendliche Geschichte! Sie geht immer wieder von vorn
los. Wie die Geschichte vom Vater mit den sieben Söhnen, der
seinen sieben Söhnen die Geschichte vom Vater mit den sieben
Söhne erzählt. Und auch der Vater in der Geschichte erzählt
diese Geschichte weiter ...«

»Die Schlange, die sich in den Schwanz beißt!«, rief Feli. »Das
Bild auf dem Buch!« Sie sah auf das geheimnisvolle Symbol.
Hatten sie seine Bedeutung erfasst? Ging etwa wirklich alles immer wieder von vorn los? Es war wie das Lied vom Hund, der in
die Küche lief und dem Koch ein Ei stahl. Als der Koch den Hund
totgeschlagen hatte, schrieben die Hunde auf den Grabstein:
»Ein Hund lief in die Küche und stahl dem Koch ein Ei ...« Feli
sang das Lied vor sich hin. »Es hat nie ein Ende!«, sagte sie. »Wie
die Gewalt.«

»Aber das ist doch nur, wenn man sich nicht wehrt!«, sagte Phil.
»Menschen sind keine Kamele.«

»Na hoffentlich«, meinte Feli. »Aber es gibt immer noch viele

Kinder, die geschlagen werden«, setzte sie hinzu. »Ich kenne welche.«

»Die sind zu schwach, sich zu wehren«, sagte Phil. »Es müsste bestraft werden.«

»Und wenn sie Schläge gewohnt sind, wehren sie sich auch später im Leben nicht. Und oft schlagen sie dann auch ihre eigenen Kinder, wenn sie welche haben. Es geht also wirklich immer wieder von vorn los.« Feli war wütend.

Jakob war vom Baum gestiegen und hatte zugehört. »Ich werde auch schon mal geschlagen«, sagte er. »Aber ich habe mir vorgenommen, dass ich das auf keinen Fall bei meinen Kindern tun will, und wenn sie noch so eklig sind. Gerade weil ich es so schlimm finde.«

Feli sah Jakob bewundernd an.

Phil schrieb in das Buch:

> Welche Arten von Gewalt gibt es?
> Was ist eigentlich Gewalt?
> Wie kann man sich wehren?
> Ist Gewalt immer Unrecht?
> Was können Außenstehende tun?
> Wird man mit der Zeit müde, sich zu wehren?
> Lernt man mit der Zeit, Gewalt hinzunehmen?
> Wo fängt Gewalt an? (Und was ist noch nicht Gewalt?)
> Welche Möglichkeiten gibt es, etwas zu ändern?
> Was kann man gegen Ungerechtigkeit tun?
> Ist es gut, seine Kräfte zu schonen?

Und Feli malte eine Gruppe von Kamelen, die immer im Kreis gingen.

## 25. Umzug ins Baumhaus

»Was sind denn Ultramäuse?«, fragte Feli. Sie betrachtete das Inhaltsverzeichnis des Buches. Sie saß mit Phil unter dem Apfelbaum und versteckte sich hinter dem Sonnenschirm.
»Vielleicht Ratten?«, schlug Phil junior vor. »Die sehen doch so ähnlich aus wie riesengroße Mäuse.«
Sie hatten Diogenes mit Frühstücksresten gefüttert und von Anne eine Keksdose mit Kathreinerle bekommen, weil sie wieder zum Bach ziehen wollten. Max und Moritz tobten auf dem Rasen. Der große Phil holte die alte Pingpongplatte aus dem Keller und stellte sie auf die Terrasse. Dann holte er Schläger und mehrere Schachteln mit Tischtennisbällen. Er wollte die Zwillinge sinnvoll beschäftigen; und dazu war Sport immer gut. Sophia seufzte zufrieden. Wenigstens musste sie nicht immer allein für Frieden sorgen. Sie legte sich in einem Liegestuhl in die Sonne und sah ihre Mutter kritisch an. Immer war sie in der Küche zugange! Konnte sie sich nicht mal für was Anspruchsvolleres interessieren? Aber sie war eben der Hausmütterchentyp.
Glücklich, wenn sie für andere sorgen konnte. Sie sollte wirklich mal ein gutes Buch lesen!


»Was heißt denn eigentlich ›ultra‹?«, fragte Feli nach. »Ich glaube, das heißt so was wie ›drüber hinaus‹«, sagte Phil und versuchte, sich an seine Lateinvokabeln zu erinnern.
»Dann ist Lutz jetzt ultra«, meinte Feli zufrieden.
Sie konnten nun mit ihrem Vater im Krankenhaus telefonieren. Es ging ihm immer besser, auch wenn er sich noch schonen musste. Und bald würde er aus dem Krankenhaus entlassen werden!

»Ich vermisse euch!«, hatte Lutz seinen Kindern am Telefon gesagt. »Na, ist es langweilig ohne Fernseher?« Sie vermissten ihn
auch, aber langweilig war es kein bisschen.

Plötzlich wurden sie an ihrem Platz unter dem Apfelbaum mit
Pingpongbällen beschossen. Und als die alle waren, nahmen
Max und Moritz Steine!

»Ihr immer mit eurem blöden Buch!«, rief Max.

»Jetzt reichts aber! Ihr seid wohl nicht ganz dicht!«, schrie Feli
aufgebracht. »Wir ziehen nach oben!«

Phil holte die Leiter, die wieder am Kirschbaum lehnte, und
stellte sie an den Apfelbaum. »Dann kommen wir mit!«, sagten
die Zwillinge.

»Max! Moritz!«, rief Sophia tadelnd. »Kommt weg da!«

Die beiden drehten sich zu ihr um und zogen eine Grimasse.
»Warum?«, riefen sie verärgert. Musste ihre Mutter ihnen alles
verbieten!?

Phil und Feli waren oben und zogen schnell die Leiter hinter sich
hoch. Gerade noch rechtzeitig! Max und Moritz stimmten ein
Wutgeheul an.

»Geht Diogenes ärgern!«, schlug Feli von oben vor.

Im Baumhaus war es kühl und schattig. Wie war das? Jeder
Baum ist eine Welt für sich? Das hatte in einer Fabel gestanden.
Wie richtig das war! Dies war eine andere Welt. Noch eine Anderwelt!, dachte Feli. Das grüne Laub des Apfelbaums rauschte
und kleine grünlichgelbe Äpfel hingen an den Zweigen. Bald
würden sie reif sein und sie brauchten nur hinauszulangen und
einen pflücken und essen, wann immer sie Lust dazu hatten. Der
glitzernde Bach sah von hier oben ganz anders aus.

Was hatten die Vögel in der Fabel gesagt? Dass es das Schönste
wäre, von hoch oben seinem Lauf zu folgen. Weil man dann eine

Ahnung davon bekäme, wie alles zusammenhängt. So etwas Ähnliches hatte auch die Sonne in einer Fabel gesagt.

Weil sie weiter weg war, sah sie alles im richtigen Verhältnis. Nur sich selber nicht!

»Glaubst du, dass man besser nachdenken kann, wenn man etwas weiter oben ist? Wenn man Abstand hat?«, fragte Feli ihren Bruder.

Das Baumhaus hatte nun ein Dach, und sie würden bei Regen nicht nass werden.

Es gab zwei Sitzbänke, die einander gegenüber lagen und nun repariert waren. In diesem Baumhaus hatte schon sein Vater gesessen, dachte Phil junior, als es ihn selbst noch gar nicht gab. Nur dass der Baum sicher seither gewachsen war. So wie sie alle sich mit der Zeit entwickelt hatten.

Als Phil das Buch aufschlug, fiel Felis Blick auf das Rätsel. »Nein!«, rief sie. Wieder hatte sie das Gefühl der Unwirklichkeit. ›MAL GEHT ES RAUF, MAL GEHT ES NIEDER‹ stand da ja! Das war ja wirklich unheimlich! Wer konnte gewusst haben, dass sie mit dem Buch vom Speicher runter in den Garten und auch wieder hoch – in den Baum – ziehen würden? Und dass sie das Buch jetzt immer mit rauf ins Baumhaus nehmen würden, um vor den Zwillingen sicher zu sein? Die Leiter rauf und runter!

»Der Schatten hier oben ist angenehm«, ließ Phil sich vernehmen. Und er schlug das Buch auf. »Hier ist ja eine Fabel über Schatten!«, sagte er.

»Lass mal sehen!«, meinte Feli, und Phil las: »Das Wesen des Schattens.«

»Was heißt überhaupt ›Wesen‹?«, fragte Feli. »Ich weiß, was es heißt, wenn jemand sein Unwesen treibt. Wie die beiden da unten.« Sie zeigte auf Max und Moritz, die unten im Bach einen Staudamm zu bauen versuchten. »Aber Wesen?«

»Ich glaube, das Wort hat zwei Bedeutungen«, sagte Phil junior. »Man sagt doch schon mal ›ein engelgleiches Wesen‹ oder so ähnlich.« Er wurde verlegen, denn das hatte sich auf ein auffallend zartes Mädchen bezogen, das ihm gefallen hatte. Sie hatte so ein besonders nettes Lächeln gehabt. »Und ich glaube, dann meint man den Charakter, also die besonderen Eigenschaften. Und ich habe Großvater mal gefragt, was Philosophie sei, und da hat er nur gesagt, das sei Wesenserkenntnis. Das habe ich nicht verstanden, und da hat er gesagt, dass man immer versucht, an den Kern der Dinge zu kommen. Aber wenn es zum Beispiel in Science-Fiction-Geschichten heißt, dass seltsame Wesen einen Planeten bevölkern, dann meint man einfach so was wie Lebewesen, also seltsame Gestalten.«

»Dann erfahren wir jetzt, was Schatten eigentlich ist! Oder etwas über seine Gestalt?«, wunderte sich Feli. »Da habe ich noch nie drüber nachgedacht.«

*Das Wesen des Schattens*

*Es war einmal ein Schatten. Der war traurig, denn er hatte kein Selbstbewusstsein: Er wusste zu wenig über sich. Er wusste nur, er war manchmal da – zu bestimmten Tageszeiten, und auch nur, wenn die Sonne schien. Nachts gab es ihn nicht.*

*Aber auch wenn die Sonne schien, war er nicht immer da. Er gehörte zu einem anderen Wesen, das wusste er, und wenn die Sonne genau oben stand, musste er verschwinden.*

*Komisch, dachte er, ich weiß nichts über meine Gestalt; mal ist sie größer, mal kleiner, mal länger, mal breiter, mal bin ich gar nicht vorhanden. Wie soll ich mich da er-*

*kennen? Wer bin ich? Wenn ich nur mehr über mich wissen könnte! Es soll ein Reich der Schatten geben, habe ich gehört, wo sich die Seelen der Menschen nach dem Tod aufhalten. Oder ist das nur eine Geschichte? Vielleicht bin ich ja wie eine Seele, immer nur abhängig von einem bestimmten Wesen! Oder ist das Wesen abhängig von mir? Aber er konnte auch die Frage nicht lösen, was eigentlich eine Seele ist, und so wusste er immer noch viel zu wenig über sich. Gäbe es ihn auch, wenn das Wesen, an das er gebunden war, nicht mehr da war? Oder gehörte er vielleicht zu verschiedenen Wesen? Manchmal, in der dunklen Jahreszeit, war er wochenlang nicht da. Wo war er, wenn man ihn nicht sehen konnte? War dann das Wesen, das ihm zugeordnet war, auch nicht vorhanden?*

*Er sah keine Möglichkeit, das festzustellen, und das machte ihn noch trauriger.*

*Und wieso gab es ihn dann plötzlich wieder doch? War er in dieser Zeit derselbe geblieben? Es gab viel nachzudenken, aber er fühlte sich nicht imstande, all die Fragen zu beantworten.*

*Ab und zu sah er andere Schatten und vermutete, dass sie genauso litten wie er.*

*Jeder Schatten war für sich allein und wusste nichts von seinem Wesen! Und nicht nur, dass man von sich selbst nichts wusste! Man wusste auch nichts über die Welt, in der man lebte. Oder sollte es etwa andere Schatten geben, die mehr wussten als er?*

*Und eines Tages geschah es, dass er mit einem anderen Schatten zusammen einen noch dunkleren, größeren Schatten auf dem Boden bildete. Er war nicht mehr allein nur auf sich angewiesen! Und da fragte er den anderen*

*Schatten: »Weißt du, wer du bist? Warum sind wir nicht immer da? Und wo sind wir dann? In welcher Beziehung stehen wir zu den Dingen?«*

*Der andere Schatten hatte sich zu ihm herübergebeugt. »Wer weiß schon wirklich, wer er ist?«, sagte er. »Es gibt so vieles, was sich beständig verändert!«*

*Der traurige Schatten fühlte sich auf seltsame Weise getröstet, auch wenn er sich jetzt von dem anderen Schatten wieder trennen musste. Er hatte viel nachzudenken, so lange es ihn noch gab. Oder konnte er auch weiterdenken, wenn es ihn nicht mehr gab? Er hatte es noch nie versucht ...*

»Können Schatten überhaupt traurig sein?«, fragte Feli. »Richtige Schatten, meine ich.«

»Ich habe noch nie über Schatten nachgedacht«, sagte Phil junior. »Es muss wirklich traurig sein, wenn man immer allein ist und niemanden fragen kann. Aber können Schatten Gefühle haben?«

»Aber noch trauriger ist doch, dass er nichts von sich weiß«, sagte Feli. »Allerdings haben Menschen ja auch nicht immer ein Bewusstsein von sich, wenn sie schlafen, zum Beispiel. Wir vermuten ja nur, dass wir da gewesen sind, wo wir aufwachen, wissen kann man das nicht.« Feli war mal geschlafwandelt. Sie hatte ihre Decke genommen und war im Haus ihrer Eltern spazieren gegangen. Und das alles im Schlaf! Als sie aufwachte, saß sie in ihre Bettdecke gewickelt im Flur und wusste nicht, wie sie dorthin gekommen war.

»Unsere Form kann sich auch verändern wie beim Schatten«, sagte Phil, »wenn wir wachsen zum Beispiel. Aber ich glaube, wir haben ein Selbstbewusstsein, weil wir uns an frühere Zustände von uns selbst erinnern.«

»Was ist eigentlich genau eine Seele?«, fragte Feli. »Ich glaube, das Problem des Schattens ist eher, dass er nicht weiß, ob er von einem Körper abhängig ist oder der von ihm. Und das weiß man bei einer Seele wahrscheinlich auch nicht.«

»Beim Schatten ist es leichter«, meinte Phil. »*Wir* wissen, auch wenn Schatten das nicht wissen, dass sie immer nur abhängig von Körpern sind, nie aber umgekehrt! Ein Schatten ohne Körper ist nicht denkbar«, sagte Phil. »Wohl aber ein Körper ohne Schatten. Nur bei Seelen weiß man das nicht so genau, glaube ich. Sind sie abhängig vom Körper oder ist der Körper abhängig von ihnen? Was ist zuerst da? Man müsste wirklich zuerst wissen, was man sich unter einer Seele vorstellen soll.«

»Vor allem ist interessant, ob eine Seele weiterdenken kann, wenn der Körper weg ist!«, warf Feli ein. »Kann denn die Seele so etwas sein wie ein Selbstbewusstsein? Und wo ist eigentlich mein Denken, wenn ich schlafe?«, setzte sie hinzu. »Und wieso ist es immer da, wenn ich wach bin? Abschalten kann man es nicht! Und ich kann es auch nicht einfach loswerden. Genauso wenig wie meinen Schatten.«

Feli war stolz, dass sie anders als der Schatten ein Selbstbewusstsein hatte. Sie war Feli, das war doch klar! Sie verbrachte gerade ihre Ferien bei den Großeltern und dachte über sich und die Welt nach. Und sie konnte ständig Leute fragen, wenn sie etwas nicht wusste. Und über ihr Wesen konnte sie auch nachdenken. Sie unterschied sich deutlich von den Schatten der Blätter, die über dem Baumhaus lagen.

»Glaubst du, dass Tiere ein Selbstbewusstsein haben?«, fragte sie ihren Bruder. »Weiß zum Beispiel Kant, dass er ein Hund ist? Und ein besonderer Hund, ein Mops? Weiß er das auch? Hat er ein Bewusstsein von sich selbst?«

»Wenn ich das wüsste«, entgegnete Phil. »Vielleicht nicht so

218

eines, wie Menschen es haben. Am besten fragen wir Großvater.«


Sophia hatte dem großen Phil gezeigt, wie man Frikadellen
macht, und Anne hatte sich ausruhen dürfen. »Ich werde auf
meine alten Tage immer praktischer!«, hatte der große Phil stolz
gesagt. »Dann kann ich Anne besser helfen.« Sie hatten sich die
Hausarbeit ja immer geteilt, nur an das Kochen hatte er sich nie
herangewagt.

Sophia hatte mit ihrem Mann telefoniert und freute sich. »In vier
Wochen kommt Maurice nach Hause!«, sagte sie gut gelaunt.
Und Anne freute sich, nicht nur weil sie sich ausruhen konnte,
sondern auch weil es Sophia gut ging. Sie war gleich ein anderer
Mensch!

»Großvater«, fragte Phil junior beim Essen, »haben Tiere ein
Bewusstsein von sich selbst? Weiß zum Beispiel eine Ratte, dass
sie eine Ratte ist? Und weiß Kant, dass er ein Mops mit genau
dieser Mopspersönlichkeit ist?«

»Da hast du eine Frage gestellt, über die man nur Vermutungen anstellen kann«, sagte der große Phil. »Unsere Begriffe müssen die Tiere nicht kennen, das sind ja nur äußere Namen, die
wir den Dingen gegeben haben. Die Frage ist, ob sie wie wir die
Welt ordnen können und imstande sind, sich selbst darin zu
erkennen, als genau das Wesen, das sie sind. Und wer Tiere
beobachtet, merkt, dass sie wie wir einen Willen haben. Ob sie
allerdings wissen, dass es ihr eigener Wille ist und wer genau
sie sind, darüber kann man nur Vermutungen anstellen.«


»Damit sind wir nicht viel weiter«, meinte Phil junior, als sie
wieder im Baumhaus saßen. »Wir lesen eine neue Geschichte.«

*Ultramäuse*

»*Willkommen, meine sehr verehrten Damen und Herren zur Eröffnung unserer diesjährigen Sommeruniversität. Ich freue mich, dass so viele von ihnen den Weg in diesen Schuppen gefunden haben.*«

*Eine weise alte Fledermaus hing kopfüber vom Dachbalken eines Schuppens herab und begrüßte ihre zahlreichen Zuhörer, die in respektvoller Entfernung wie sie vom Schuppendach hingen und ihr durch Flügelschlagen applaudierten. Der erste Ultraschallvortrag zur Eröffnung der Sommeruniversität war immer ein großes Ereignis, und man hatte die Freude, einer besonders berühmten und klugen Fledermaus zuhören zu dürfen.*

»*Mit meinem Vortrag, sehr verehrte Damen und Herren Artgenossen, möchte ich Ihnen die besondere Stellung der Fledermäuse im Kosmos und insbesondere im Reich der Säugetiere vor Augen halten. Schließlich sind wir die einzigen Säugetiere, die fliegen können! Dadurch haben wir eine andere und natürlich viel weiter gehende Raumerfahrung als alle anderen Säugetiere, Menschen eingeschlossen. Wir können uns weitere Welten erschließen und damit Grenzen überschreiten, die anderen Arten gesetzt sind.*

*Aber es gibt noch einen anderen Grund für unsere Überlegenheit, der Ihnen vielleicht noch gar nicht zu Bewusstsein gekommen ist. Die anderen Säugetiere sind Mängelwesen! Ihnen fehlt etwas! Ihre Wahrnehmungsfähigkeit ist eingeschränkt. Nehmen wir die Menschen, zum Beispiel. Sie haben fünf Sinne; sie können sehen, hören, riechen, schmecken und tasten. Dadurch machen sie Sinneserfah-*

»Welche Dinge kann man nicht wahrnehmen?«

rungen und können die Welt wahrnehmen, jedenfalls einen Teil davon. Niedrigere Tiere, Zecken und Würmer zum Beispiel, haben sogar oft noch weniger Sinne, ihr Erfahrungsraum ist sogar noch kleiner. Ist ihnen schon mal aufgefallen, dass Menschen sich im Dunkeln nicht zurechtfinden? Sie rennen gegen Hindernisse und werden erst durch Schmerzen aufmerksam, dass da etwas ist. Wir aber haben den sechsten Sinn: Radar! Was die Menschen mühsam erfinden mussten, gehört zu unserer natürlichen Ausstattung.

Die Menschen und die anderen Säugetiere sind weitgehend passiv. Sie nehmen mit ihren Sinnen Eindrücke aus der Erfahrungswelt auf. Wir aber sind aktiv und passiv und deshalb entwickeln wir auch Bewusstsein.

Unser hoch entwickeltes Gehirn ist nämlich gleichzeitig Sender und Empfänger für Ultraschallsignale, die Menschen gar nicht hören können. Wir aber können Ultraschallschreie ausstoßen und uns orientieren an dem, was als Echo zu uns zurückkommt. Und unser Gehirn weiß automatisch, welche Hindernisse wir wo meiden müssen. So finden wir unseren Weg auch in tiefster Dunkelheit.

Und weil unsere eigenen Ultraschallsignale reflektiert zu uns zurückkehren, entwickeln wir Selbstbewusstsein. Die anderen Säugetiere können nur ihre inneren Zustände wahrnehmen, ohne zu wissen, dass sie es sind, die da sehen und hören. So kann sich natürlich kein Geist entwickeln!

Wir Fledermäuse können seit Jahrtausenden unseren Geist von Generation zu Generation weitergeben. Wir haben schließlich ein perfektes akustisches Gedächtnis, das es uns erlaubt, jede gehörte Information exakt zu spei-

*chern! Deshalb brauchen wir auch dafür keine Bücher oder Computer wie die Menschen.*

*Und dann muss all dies Wissen nur noch an die nächste Generation weitergegeben werden. So, wie wir das hier gerade wieder tun. Und auf diese Weise wächst es beständig weiter.*

*Heute möchte ich Ihnen zum Beispiel meine Einsichten über den Raum mitteilen. Oben und unten zum Beispiel sind völlig relativ! Es ist mir erst kürzlich aufgegangen, dass für andere Säugetiere immer der Himmel oben und die Erde unten sein muss.*

*Dächer haben sie immer über dem Kopf, während für uns ein Dach sowohl über uns, wie auch – im Moment – unter uns sein kann. Wir benutzen diese Bezeichnungen immer nur in Bezug auf unsere Körper. Es hängt von uns ab, wie wir uns in der Welt orientieren! Und wir können das eben nicht nur auf eine Art. Raum ist also immer relativ und hängt von unserer Position ab! Und im Weltraum gibt es auch kein Unten und Oben. Den Raum an sich gibt es nicht. Das ist jedenfalls meine Überzeugung. Er ist nur eine Art Rahmen für die Weise, wie wir die Welt wahrnehmen wollen!«*

*Die Zuhörer waren stolz. Sie hatten Selbstbewusstsein als Fledermäuse und wussten, dass sie anders als andere Tiere herausragende Eigenschaften und Fähigkeiten besaßen, die sie zu etwas Besonderem machten. Und als der Ultraschallvortrag zu Ende war, applaudierten sie begeistert mit ihren Flügeln.*

»Hast du Töne!«, sagte Feli verblüfft. »Ein Ultraschallvortrag in einer Fledermaus-Sommeruniversität! Und über uns und unsere beschränkten Möglichkeiten! Da bin ich aber platt.«

»Sind Oben und Unten austauschbar?«

»Wahrscheinlich haben sie mit dem sechsten Sinn sogar Recht«, sagte Phil. »Radar haben wir nicht. Aber wir können neue Dinge erfinden und das können Tiere wohl nicht. Oder doch? Wir sind auch nicht passiv, wie die Fledermaus in der Fabel sagt. Wir sind aktiv und können Geist entwickeln. Und Selbstbewusstsein auch! Aber das können Fledermäuse mit ihrem Ultraschall nicht wahrnehmen. Der ist nur gut für das Orten von Raumgegenständen. Allerdings können wir uns über ihr Bewusstsein auch keine Vorstellung machen. Sie fühlen sich uns überlegen! Dabei sagt man doch, der Mensch sei die Krone der Schöpfung.«

»Ob wir wohl wüssten, wer Recht hat, wenn wir mehr über Gehirne wüssten und wie die funktionieren?«, fragte Feli.

»Keine Ahnung«, sagte Phil. Und er schrieb:

*Wie kann man wissen, wie andere sich fühlen?*
*Was ist Geist?*
*Was ist Bewusstsein?*
*Gibt es Tiere, die dem Menschen überlegen sind? Wieso?*
*Ist der Mensch Tieren überlegen? Wieso?*
*Wie sieht man die Welt, wenn man einen Sinn weniger hat?*
*Wieso ist die Fledermauswelt anders als die Menschenwelt?*
*Was ist Raum?*
*Welche Beziehung ist zwischen Körper und Geist?*
*Wie abhängig ist unser Denken von unseren Sinnen?*

Und Feli malte einen traurigen Schatten darunter. Jedenfalls glaubte sie, dass man ihn so malen müsste.

»Morgen machen wir einen Ausflug mit allen Enkelkindern!«, kündigte Anne am Abend an. »Dann hat Sophia mal einen Tag für sich.«

## 26. Das Buch ist weg!

Als Phil morgens wach wurde, hatte er das Gefühl, dass irgendetwas anders war. Er rieb sich die Augen und sah zum Schreibtisch gegenüber. Da stand das alte Puppenhaus, das zurzeit mit Hilfe von Tante Sophia liebevoll renoviert wurde.

Aber da war nichts anders als sonst.

Doch neben dem Schreibtisch! Feli stellte ihren Rucksack mit dem Buch jetzt immer neben Tante Sophias altem Schreibtisch ab. Aber da stand kein Rucksack!

Feli schlief im Etagenbett über ihm. »Feli!«, rief er nach oben. »Der Rucksack ist weg! Das Buch! Die Philofabeln!«

Feli setzte sich auf. »Was? Wieso?«, fragte sie verschlafen und gähnte. Sie war noch halb in ihrem Traum.

Sie hatte am Rand einer steilen Felswand gestanden und dort viele Schlangen in einem Nest gesehen. Plötzlich waren die Schlangen davongeglitten und im Nest hatte sich ein abgrundtiefes Loch aufgetan. Feli war hineingezogen worden und sah sich in die dunkle Tiefe fallen. Das Nichts war unter ihr! Oder fiel sie in einen tiefen Brunnen und unten warteten Frösche? Nein, sie fiel in tiefes dunkelblaues Wasser und hatte viele bunte Fische um sich. Sie musste sich durchkämpfen, um groß und stark zu werden! Und gleichzeitig war ein Teil von ihr oben auf der Felskante geblieben und überlegte fieberhaft, ob man die Schlangenlöcher nicht mit irgendwelchen Tropfen wieder zusammenziehen könnte wie eine Wunde. Und da hatte Phil sie gerufen. Das Buch war weg? Hatte es sich etwa selber unsichtbar gemacht? Nein, es war ja gar kein Zauberbuch. Dann kam sie in Fahrt.

»Was? Der Rucksack ist weg?«, wiederholte sie. »Das ist doch wohl die Höhe!« Sie war empört. Das konnten doch nur die Zwillinge gewesen sein.

»Diese Scheusale! Sie ärgern sich, weil wir sie ausschließen. Sie sind hereingeschlichen, als wir schliefen, und haben den Rucksack versteckt. Das ist ja wohl klar!«, rief sie wütend.

Auch Phil war sauer. »Na warte, die können was erleben!«, sagte er drohend. »Das geht zu weit.« Aber gingen die Zwillinge nicht immer zu weit? Und sie hatten gar kein Gefühl dafür, wo der Spaß aufhörte, dachte Phil.

Beim Frühstück schrie Feli Max und Moritz an. »Gemeine Diebe seid ihr! Aber von euch war ja auch nichts Besseres zu erwarten. Mir den Rucksack zu stehlen. Das tue ich mit eurem ja auch nicht!«

»Lohnt sich auch nicht, ist ja gar nichts mehr drin«, sagte Moritz kauend.

»Ihr gebt es also zu!« Feli war zornig.

Doch Max beteuerte: »Wir haben euch nichts weggenommen!«

»Lügen haben kurze Beine«, sagte Phil junior verächtlich.

»Wir haben keine kurzen Beine«, fuhren Max und Moritz auf.

»Wir sind nur für unser Alter etwas klein.«

»Da, sie haben es zugegeben! Dass sie gelogen haben!«, sagte Feli drohend.

»Wir haben überhaupt nichts zugegeben!«, sagten die beiden.

Schon am frühen Morgen Streit! Sophia war völlig entnervt. Wie sollte sie da eingreifen? Sollte sie ihre Kinder verteidigen? Sie wusste, dass sie allerhand anstellen konnten.

»Wollt ihr euch das wirklich antun heute mit diesem Ausflug?«, fragte sie ihre Eltern.

Obwohl sie sich auf einen ruhigen Tag gefreut hatte. Oder ob sie einfach mal mit dem Rad Reißaus nehmen sollte? Aber ihre

Eltern mit vier Kindern allein zu lassen, und dazu noch mit zweien wie den Zwillingen, das wäre ihr schäbig vorgekommen. Immerhin waren Anne und Phil schon alt! Und sie wurden auch schon richtig vergesslich. Immer diese Listen für alles!

»Das kriegen wir schon hin!«, sagte Anne beruhigend. »Was wird denn hier überhaupt vermisst?« Und sie ließ Feli ihren Rucksack genau beschreiben. »Ich mache euch einen Vorschlag«, sagte sie dann. »Der Rucksack muss ja eigentlich noch hier im Haus sein. Wir steigen gleich ins Auto und kommen heute Nachmittag erst wieder. Und Sophia kann in aller Ruhe mal im Haus nachsehen. Sie weiß ja nun genau, wie der Rucksack aussieht. Und dann werden wir ja sehen, wo er auftaucht.«

Phil und Feli waren zufrieden und auch die Zwillinge nickten.

Genial! Weshalb komme ich nicht auf so etwas?, fragte sich Sophia. So war der weitere Streit erst mal auf heute Abend verschoben. Aber sie ärgerte sich auch. Die Idee hätte von ihr kommen sollen. Immer musste ihre Mutter ihr vormachen, was sie hätte tun sollen!


»Vier Enkel auf dem Rücksitz!«, sagte der große Phil, als er ins Auto stieg, und blickte nach hinten. »Ihr sitzt ja ganz schön eng. Enkelschaschlik! Es fehlt nur der Spieß.«

Max und Moritz konnten über den Witz nicht lachen. Sie waren wütend auf Phil und Feli. Und nun mussten sie auch noch so eng aufeinander hocken! Immer waren sie die Bösen!, dachte Moritz. Und Phil und Feli waren so gemein. Sie trugen die Nase so hoch und taten immer, als ob sie alles besser wüssten! Und sie fühlten sich immer im Recht. Und dann hatten sie noch eine ganze Familie. Ihre war nur halb, und sie wurden oft damit aufgezogen, dass immer nur ihre Mutter in der Schule erschien. Phil und Feli hatten es eben in allem besser und das zeigten sie ihnen auch immer ganz deutlich.

Wenn sie doch wenigstens nicht so klein wären, dachte Max. Aber sie hatten sich ja Sophias Bauch teilen müssen. Und nun mussten sie zwar nicht mehr um Platz kämpfen, aber um Aufmerksamkeit. Doch ihre Aktionen gingen regelmäßig irgendwie daneben. Sie wurden meistens gemeinsam ausgeschimpft und das band sie aneinander. Zu zweit konnte man das besser aushalten als allein! Dabei mochten sie sich eigentlich gar nicht besonders, das wusste Max. Es war eher eine Art Notgemeinschaft. Und nun noch dieser Ausflug! Am liebsten hätten sie Diogenes im Rucksack mitgenommen, um die beiden anderen zu ärgern.

»Kennt ihr das Spiel ›Wörterkette‹?«, fragte Anne, weil sie merkte, dass sie die Kinder ablenken und für bessere Stimmung sorgen musste. »Ich sage einen Tiernamen, zum Beispiel Eichhörnchen. Und der Endbuchstabe N muss dann der Anfangsbuchstabe eines neuen Tieres sein.«

»Tiere haben keine Anfangsbuchstaben!«, sagte Moritz düster.

»Ich meine doch natürlich das entsprechende Wort!«, verbesserte sich Anne.

Und so ging die Autofahrt noch verhältnismäßig gut über die Bühne: Eichhörnchen, Nashorn, Nilpferd, Dachs, Suppenhuhn, Nachtigall, Luchs, Star, Reh, Hund, Dackel, Laus, Suppenhuhn, Nilpferd, Dackel, Laus … Und als ihnen keine neuen Tiere mehr einfielen, machten sie das Gleiche mit Blumen und Autos. Und speziell bei den Autos kamen die Zwillinge in Fahrt, und ihre Laune besserte sich, weil sie viele Automarken kannten.

»Wo fahren wir eigentlich hin?«, fragte Feli.

»Oh, zu Freunden«, sagte der große Phil. »Ein ehemaliger Kollege, der jetzt nur noch malt und sich ein Haus mit einem schönen großen Garten gekauft hat. Und sie haben für die Ferien zwei

Ponys in Pflege genommen. Ihr dürft darauf reiten. Ich dachte, dass euch das Freude macht. Und sie brauchen Hilfe mit den Himbeeren und dem Gemüse. Sie haben dieses Jahr so viel, dass sie gar nicht alles selber essen oder einfrieren können. Ihr dürft also nicht nur pflücken, sondern auch kräftig naschen.«

»Wir haben nur eine halbe Stunde Weg«, sagte Anne. »Ich weiß, dass es eng dahinten ist. Aber wir sind gleich da.«

Himbeeren!, dachte Feli. Frisch vom Busch gepflückt schmeckten sie am allerbesten. So lecker schmeckten gekaufte Himbeeren nie. Und man konnte Max und Moritz gut aus dem Weg gehen.

Der große Phil unterhielt sich mit seinem Freund und dessen Frau und die Kinder durften das Atelier anschauen. Dort standen halbfertige Bilder und Holzrahmen und überall Farbreste, Stofflappen und Pinsel in allen Größen und Stärken. Es war herrlich unordentlich! Und die Ponys weideten auf einer eingezäunten Wiese und ließen sich ohne Abwehr besteigen. Phil und Feli streichelten das warme Fell, während die Zwillinge schon in den Himbeersträuchern verschwunden waren. Was die wohl wieder ausheckten! Feli war immer noch empört. »Ob Sophia auch auf dem Speicher nachsieht?«, fragte sie.

»Bestimmt«, sagte Phil. »Sie kennt sich ja aus. Sie wird den Rucksack schon finden.«

»Und wenn nicht?«, fragte Feli. Den Zwillingen war alles zuzutrauen.

»Die versauen bestimmt eines der Bilder im Atelier«, sagte sie düster zu ihrem Bruder.

Aber Max und Moritz spielten mit den Ponys, holten sich mittags aus dem großen Suppentopf in der Küche Erbsensuppe und setzten sich zum Essen ordentlich an den Gartentisch, halfen Anne und dem großen Phil beim Himbeerpflücken und benahmen sich auch sonst gar nicht so schlecht.

»Die haben sicher ein schlechtes Gewissen«, sagte Feli.

Anne strahlte. Sie hatte Zucchini, Zwiebeln, Bohnen und Mangold in ihren mitgebrachten Körben und so viele Himbeeren in ihren Frischhaltedosen, dass vermutlich in der Tiefkühltruhe zu wenig Platz war. Sie würde Himbeermarmelade kochen. »Ihr kommt uns dann mit den Äpfeln und Birnen helfen, ja?«, sagte sie noch, als sie sich verabschiedeten.

Müde und immer noch ärgerlich kehrten die Geschwister am Nachmittag zurück. »Ihr seid Diebe!«, hatte Feli während der Rückfahrt erneut gezischt und die Zwillinge geknufft.

»Und Lügner!«, hatte Phil hinzugefügt.

Max und Moritz hatten empört zurückgeschlagen. »Wir sind keine Lügner!«, hatten sie gebrüllt.

»Wenn ein Lügner sagt: ›Ich lüge nicht‹, weiß man, was man davon zu halten hat«, sagte Phil junior. »Er muss es ja sagen, und natürlich lügt er, wenn er das sagt, denn er darf ja nicht zugeben, dass er lügt! Er ist eben ein Lügner.«

»Ruhe dahinten auf den billigen Plätzen!«, rief der große Phil. »So kann ich nicht Auto fahren.«

Feli war unruhig: »Und was machen wir, wenn Sophia den Rucksack nicht gefunden hat? Oder wenn das Buch fehlt? Ich traue ihnen zu, dass sie es in den Bach geworfen haben.«

Phil fiel etwas ein: »Erinnerst du dich? ›Ihr immer mit eurem blöden Buch!‹, haben sie gesagt.«

»Und was machen wir ohne das Buch?«, fragte Feli. »Wir wollten doch das Rätsel noch lösen! Die sind ja so gemein! Oder ob sie es nur versteckt haben?«

»Wir gehen erst mal rauf ins Baumhaus!«, schlug Phil vor. »Es ist noch hell, und dann beraten wir, was wir tun.«

Sophia hatte den Rucksack tatsächlich nicht gefunden.

»Hab ich mir gedacht!«, sagte Feli. »Die sind raffiniert.« Und so liefen sie, als sie angekommen waren, vom Auto direkt in den Garten. Die Leiter stand noch am Apfelbaum. Feli kletterte als Erste hoch.

»Nein!«, rief sie ungläubig und setzte sich hin.

»Was ist denn?«, fragte Phil. Dann war er oben und sah es auch.

Feli hatte den Rucksack gestern Abend hier stehen lassen. Und das Fabelbuch war auch da.

»Wir haben ihnen tatsächlich Unrecht getan«, sagte Phil fassungslos. Sie saßen sich auf den Holzbänken gegenüber und sahen sich an. »Und gelogen haben sie auch nicht.«

»Es hätte gepasst«, meinte Feli verdattert. »Und nur weil sie solche Scheusale sind, traut man ihnen alles zu!«

»Vielleicht sind sie ja auch solche Scheusale, weil man ihnen alles zutraut!«, sagte Phil langsam. »Jedenfalls war das eine Vorverurteilung und sie war falsch.«

»Wir haben uns ein Bild gemacht«, sagte Feli betroffen. »Wie Maus und Schildkröte. Und in Wirklichkeit war es ganz anders.«

»Wir hätten mit unserem Urteil nicht so schnell sein sollen«, meinte Phil. »Oder vorsichtiger.«

»Was machen wir nun?«, fragte Feli.

»Wir lesen noch eine Fabel«, sagte Phil. Er hatte das Buch auf den Knien. »Und dann entschuldigen wir uns.«

Feli setzte sich neben ihn und sah ihm über die Schulter. »Das ist ja ein Buch für alle Lebenslagen! Da ist etwas über Diebe. Man könnte glauben, das Buch erfindet immer neue Geschichten, solche, die gerade passen. Bist du ganz sicher, dass das vorher schon da gestanden hat?«

»Ich glaube schon«, grinste Phil.

## Diebische Elstern

»Reich ist, wer arm an Wünschen ist«, krächzte heiser eine große kräftige Elster. »Das soll angeblich ein berühmter Philosoph gesagt haben.«

Sie hatte allerdings noch viele Wünsche, denn für ihren Geschmack war sie noch nicht reich genug! Was gab es nicht auch alles zu stibitzen: Ringe und Ketten glänzten in offenen Badezimmerfenstern und sie konnte dem Geglitzer und Gefunkel in der Sonne einfach nicht widerstehen. Sie musste alles haben, was ihr Nest verschönern konnte: Alufolie, Pillendosen, Orden, Brillen, die jemand auf einer Terrasse liegen gelassen hatte. Alles reizte sie und so hatte sie immer neue Wünsche.

»Das Leben ist ja so interessant«, fand sie. »Wer keine Wünsche hat, ist tot, oder jedenfalls so gut wie. Das Leben muss dann doch langweilig sein.«

Ihr Nest war noch lange nicht voll! Und wenn das passierte, so musste eben angebaut werden, oder ein Zweitnest musste her. »Hauptsache ich werde reich! Reichtum adelt. Und hebt mich aus der Masse heraus.«

So kam sie nie zur Ruhe. Immer gab es entweder etwas zu stehlen oder zu verstauen, und dazu musste sie ihren Reichtum noch vor den anderen Elstern schützen. Denn natürlich stibitzten die Elstern auch untereinander, was immer sie kriegen konnten. Kerzenleuchter, Ohrringe, Autoschlüssel, silbernes Zigarettenpapier und vieles andere wanderte so von Nest zu Nest. Man konnte eigentlich gar nicht mehr von Eigentum sprechen, wenn jeder allen alles wegnehmen konnte. Gehörte dann etwa alles allen? Das ging nun wirklich zu weit!

»Diebisches Pack!«, schimpfte die Elster und sah in allen anderen Elstern eigentlich nur noch Feinde, die es abzuwehren galt. So hatte sie bald keine Freunde mehr und musste allen misstrauen, so wie man ja auch ihr misstrauen musste.

Keiner konnte sich mehr sicher fühlen, auch nicht im eigenen Nest. Die Elstern waren dazu übergegangen, Vogeleier zu zerstören. Denn die Jungen waren für gewöhnlich noch frecher als die Alten, und kein bedrohlicher Nachwuchs sollte je auf die Idee kommen, ihnen etwas wegzunehmen. Dem musste man zuvorkommen!

Aber genauso musste die Elster eben auch für das eigene Gelege fürchten.

»So kann es nicht weitergehen!«, rief sie. »Eigentlich sind wir arm dran!«, stöhnte sie und berief einen Elsterrat ein.

»Arm? Wieso das denn?«, hielten die anderen ihr entgegen.

»Weil wir uns allen immer nur misstrauen und uns voreinander fürchten müssen!«, erklärte sie. »Das ist doch kein Leben mehr! Und wir besitzen eigentlich gar nichts, wenn uns dauernd jeder alles wegnehmen kann. Man kann eigentlich kaum noch von Eigentum reden!«

Sie traf nun doch auf Nachdenklichkeit. »Wer könnte uns voreinander schützen?«, rief jemand. »Können wir nicht den Adler, den König der Lüfte, zu Hilfe holen?«

»Wir brauchen jemanden, den wir fürchten! Es muss Recht und Ordnung geben!«

»Diebische Elstern gehören bestraft!«, schrie eine. Es gab Aufregung. »Aber dann macht das Leben keinen Spaß mehr!« – »Stibitzen gehört zu Elstern wie Wasser zu Fischen!«

»Was soll uns der Adler helfen, der hat seine eigenen Probleme! Was versteht der von Elstern!«, krächzte es. »Können wir uns nicht selbst eine Ordnung geben? Jeder darf nur

*noch ein bisschen stibitzen!«, schlug eine kleine Elster vor.*
*Die großen Elstern protestierten, denn sie konnten mehr*
*stibitzen als kleine und sahen sich im Nachteil.*

*»Wir könnten ja vereinbaren, dass wir uns nicht mehr*
*untereinander bestehlen! Und wir könnten jemanden ein-*
*setzen, der darüber wacht, dass die Ordnung auch einge-*
*halten wird.«*

*»Aber woher soll jemand die Macht dazu haben?«, fragte*
*eine. »Wenn wir doch wieder tun, was wir wollen, hat er*
*keine!« – »Wie wäre es mit einem Stillhalteabkommen?*
*Oder vielleicht mit Gesetzen?«*

*»Das hilft doch alles nichts! Wir müssen jemandem die*
*Macht geben, uns strafen zu können! Zum Beispiel wäre*
*es eine echte Strafe, etwas zurückgeben zu müssen!«*

*Also wurde eine Elsterkommission eingesetzt, um zu er-*
*arbeiten, welche Gesetze und welche Strafen für welche*
*Vergehen es geben sollte. So gaben sie sich eine Rechtsord-*
*nung, damit jeder erkennen konnte, was gut und böse war,*
*und sich daran halten musste. Sie hatten nun Pflichten,*
*aber auch Rechte; und es konnte endlich Ordnung einkeh-*
*ren. Aber man musste immer fürchten, dass der alte Zu-*
*stand wieder aufbrechen würde, wenn einige sich nicht an*
*die selbst verordneten Regeln hielten.*

*Die jungen Elstern lernten nicht, dass es auch Spaß ma-*
*chen konnte, Dinge zu teilen.*

*Sie hätten vielleicht einen anderen Reichtum entdeckt ...*

»Hobbes und Kant!«, rief Phil.

»Wie bitte?«, fragte Feli.

»Na, das sind zwei Philosophen, die hierhin passen«, antwortete
Phil.

»Meinst du, dass Max und Moritz mit dieser Geschichte eingesehen hätten, dass man nicht stehlen soll?«, fragte Feli. »Aber sie haben ja gar nicht gestohlen«, setzte sie hinzu und schämte sich erneut für den ungerechten Verdacht.

»Ich glaube, es wird einem eher klar, dass es Regeln geben muss, an die man sich hält, und dass nicht jeder tun kann, was er will«, sagte Phil. »Und dass es vernünftig ist, sich so eine Ordnung zu geben. Es hat schließlich jeder etwas davon.«

»Meinst du, man müsste nur ordentlich Angst haben, und dann benimmt man sich ordentlich?«

»Denkst du an die Zwillinge? Ein Prügelvater wäre sicher auch nicht gut«, meinte Phil. »Besser ist, man sieht ein, dass etwas unrecht ist.«

»Aber wie kann man das denn?«, fragte Feli.

»Wenn man zum Beispiel an die Folgen denkt«, sagte Phil. »So wie man zu einem Lügner kein Vertrauen mehr haben kann – man muss dann an allem zweifeln –, so wird man auch einem Dieb nichts mehr anvertrauen können, zum Aufbewahren, zum Beispiel. Er würde es für sich behalten. Stell dir mal vor, wenn das jeder täte! Und das kann man nicht wollen.«

»Aber das steht in der Geschichte anders!«, sagte Feli. Sie hatte genau aufgepasst.

»Und das wundert mich! Da steht, dass erst mit der Rechtsordnung jeder erkennen kann, was gut und was böse ist! Man müsste also nur irgendwelche Gesetze machen und dann ist das automatisch gut. Aber kann es nicht auch schlechte Gesetze geben? Und woher weiß man, dass das, was die Gesetze sagen, auch richtig ist? Gibt es Gut und Böse erst, nachdem Gesetze da sind? Das kann ich gar nicht glauben.«

Phil sah Feli anerkennend an. »Diese Fragen musst du aufschreiben!«, sagte er. Und er setzte hinzu: »Das Problem ist, glaube ich, dass die Elstern sich auf Kosten anderer bereichern wollen. Und sie kriegen nicht genug und nehmen keine Rücksicht. Sie müssten eben an die Folgen denken: Nämlich dass so keiner leben möchte. Ohne Freunde, immer nur mit Misstrauen und Furcht. Das wäre doch wirklich unerträglich.« Phil erinnerte sich lebhaft an den alltäglichen Kleinkrieg auf dem Schulhof. Natürlich gab es dort auch oft Misstrauen und Furcht, dachte er. Aber eben auch Freunde.

Feli malte ein Bild von einer Elster in einem überquellenden Nest und währenddessen überlegte sich Phil noch ein paar Fragen. Dann wurde es dunkel. Und mit der Petroleumlampe wollten sie hier oben im Baumhaus lieber gar nicht erst anfangen. Einen Baum abfackeln! Das hätte gerade noch gefehlt! Sie wollten in Zukunft achtsamer sein.

»Es tut mir Leid«, sagte Feli, als sie ins Haus zurückgekehrt waren. »Ich habe den Rucksack im Baumhaus entdeckt. Ich habe ihn wohl gestern Abend dort vergessen.«

»Wir haben ja gesagt, dass wir es nicht waren«, sagte Moritz. »Und wir haben auch nicht gelogen.«

## 27. Die Zeitschiene

Morgens beim Abräumen des Frühstücks hatte Phil einen seltsamen Zollstock in der Küche liegen sehen. »Was ist dann das für ein komischer Zollstock? Was steht denn da drauf?«, fragte er.

»Den habe ich zur Jahrtausendwende von Freunden geschenkt bekommen, die hier zu Besuch waren!«, sagte der große Phil.

»Lass mal sehen!«, sagte Feli interessiert.

»Wieso sagt man eigentlich ›Wende‹?«, dachte Phil junior laut nach. »Es geht doch einfach alles immer nur weiter.« Es gab schließlich doch auch Kulturen mit anderen Zeitrechnungen, so viel hatte er in der Schule schon mitbekommen. Und für die hatte eben einfach nur ein anderer Tag begonnen.

Der Großvater zog den Zollstock aus und legte ihn auf den Küchentisch. »Zwei Meter! Das ist die übliche Länge für einen Zollstock«, erklärte er. »Und hier hat jemand die Idee gehabt, die 2000 Jahre unserer Zeitrechnung auf diese zwei Meter zu bringen. Das Mittelalter zum Beispiel war etwa von 500 bis 1500, Frühmittelalter, Hochmittelalter und Spätmittelalter. Und das ist hier von 50 cm bis 150 cm eingetragen. Und danach kommt die Renaissance und hier war die Französische Revolution. So sieht man, was wann war, und was vorher oder später war.«

»Aber die Geschichte hört nicht mit zwei Metern auf!«, sagte Feli. Der große Phil lachte. »Das soll auch wohl nur ein Rückblick sein auf das, was hinter uns liegt«, sagte er.

»Aber vor null hat es doch auch Zeit gegeben«, sagte Feli. »Man müsste also nach rechts *und* links verlängern.«

»Unendliche Zollstöcke gibt es nicht!«, gab der große Phil zu bedenken.

»Unendlich! Aber es hat doch einen Anfang der Zeit gegeben!«, rief Phil junior.

»Big Bang! Den Urknall!«

»Aber vielleicht gab es ja vorher auch Zeit«, meinte Feli. »Wenn jemand den Urknall gemacht hat.«

»Ja, die Frage vom Anfang und vom Ende der Zeit ist schwer zu beantworten«, meinte der große Phil. »Wir sind ja mittendrin. Wenn man nicht selber zu der Zeit gelebt hat, ist es schwer, darüber etwas Genaues zu sagen. Wir sind auf Vermutungen angewiesen. Auf wissenschaftliche Theorien. Oder auf das, was wir glauben.«

Phil junior interessierte sich für etwas anderes. »200 cm und 2000 Jahre!« Er rechnete. »Das heißt doch, dass 1 cm 10 Jahre sind. Und dann bleibt für ein Jahr nur ein Millimeter! Und dann ist eine Woche oder ein Tag gar nicht mehr zu sehen. Und erst recht keine Stunde oder Minute. Es passiert viel mehr als da draufstehen kann! Also könnte man noch viel mehr dazuschreiben, wenn genug Platz wäre.«

»Es ist eben nur ein ganz grober Überblick«, sagte der große Phil und räumte die Spülmaschine ein. Das Unendliche lauert überall, dachte er. In der großen Weite des Alls und im ganz kleinen Nahen. Wenn man daran dachte, konnte einem schwindelig werden. Unfassbar! Und doch war dieses unendlich kleine Jetzt immer nur ein Moment und im Nu vergangen. Er schaltete die Spülmaschine an.

»Dürfen wir den Zollstock mitnehmen?«, fragte Feli.

»Wenn ihr darauf aufpasst!«, sagte der Großvater. Er legte sich ein Cellokonzert auf und setzte sich zum Zuhören in einen Sessel.

Jakob hatte frei bekommen und erschien am Gartentor.

»Morgen, Jakob!«, rief Phil junior. »Kommst du mit ins Baumhaus?«

»Dafür haben wir es ja repariert!«, sagte Jakob.

»Wir wollen mit hoch!«, riefen Max und Moritz.

»Das ist wohl zu eng für uns alle!«, meinte Feli. Aber sie hatte noch ein schlechtes Gewissen. »Na gut, wenn ihr euch benehmt!«, sagte sie. »Wir können es ja mal versuchen.«

Die großen Jungen zogen eine Grimasse. Sie wären lieber mit Feli zu dritt gewesen.

Feli hatte den Rucksack mit dem Buch und den Stiften schon bei sich und tat den Zollstock hinein. Sie hatte auch weiße Blätter aus Opas Drucker und Tesafilm eingepackt. »Ich habe eine Idee!«, sagte sie geheimnisvoll. Als sie mit Max und Moritz oben im Baumhaus saßen, schlug sie vor: »Lass uns doch mal sehen, ob es auch Geschichten über die Zeit gibt.« Und sie öffnete ihren Rucksack. »Ich möchte nämlich eine Zeitleiste machen!«, sagte sie. »Bei der Geheimschrift steht doch immer auch dabei, wann die Philosophen gelebt haben. Hier auf den Zollstock kann man das nicht so gut draufschreiben, dann kann man das andere nicht mehr richtig lesen. Und Opa wäre sicher sauer.

Deshalb habe ich mir gedacht, wir machen aus den Blättern hier eine Zeitleiste.

So eine Art Zeitzahlenstrahl, auf dem wir eintragen können, wann wer gelebt hat.

Wir kleben die Blätter mit Tesa aneinander und es muss natürlich länger als zwei Meter sein. Es hat ja auch Philosophen in der Zeit vor Christus gegeben.«

»Das ist aber langweilig!«, sagte Moritz.

Und Max schlug vor: »Ich glaube, wir holen uns mal die Räder. Dann habt ihr hier oben auch mehr Platz. Wir können ja später noch mal wiederkommen.«

Phil und Jakob waren erleichtert, zeigten es aber nicht. Die Zwillinge kletterten den Baum herunter. Phil fand Felis Idee gut. Man musste die Maßeinheiten des Zollstocks auf den Papierstreifen übertragen. Und vielleicht fanden sie ja auch Bilder der Philosophen in einem von Großvaters Büchern. Dann könnte man auch gleich sehen, wie sie ausgesehen hatten, nicht nur, wann sie gelebt hatten. Die Bilder konnte er einscannen und ausdrucken, es ging auch ohne Kopieren; dafür mussten die guten Bücher nicht leiden. Konnten übrigens

Bücher leiden? Oder war das auch bloß so eine Redensart wie
»den Geist aufgeben«?

Feli klebte mit Tesafilm Blätter aneinander, so dass sich ein lan-
ges Papierband ergab.

»Hier«, sagte Jakob und wies in das Buch. »Hier ist etwas von
einem Bärenkalender.«

Und er las:

*Bärenzeiten*

*In einem tiefen dunklen Wald lebte einst eine Bärensippe.*
*Die Bären waren ängstlich, denn manche Dinge konnten*
*sie sich nicht erklären: Es wurde Tag und es wurde Nacht,*
*Blitz und Donner, Hagel und Stürme fielen über sie her*
*und verschreckten sie. Manchmal froren die Seen zu und*
*sie erlebten, wie einer ihrer Bärenfreunde einbrach und er-*
*trank. Dann wieder fielen wütende Bienen über sie her und*
*zerstachen ihnen ihre empfindlichen Nasen, nur weil sie*
*etwas Süßes gefunden hatten.*
*Und dann gab es eine Zeit, wo es ganz dunkel und kalt*
*wurde. Die Sonne schien auch am Tag nur wenig, wenn*
*sie sich überhaupt blicken ließ. Es wurde zwar hell, aber*
*nie so richtig. Es blieb grau und dämmerig und ungemüt-*
*lich. Es gab Tage, da waren sie richtig deprimiert und*
*konnten mit sich nichts anfangen, und wieder andere Ta-*
*ge, an denen sie sich ihres Bärenlebens so richtig freuen*
*konnten: wenn es Vogeleier zu fressen gab beispielsweise,*
*oder wenn sie Kaninchen jagen konnten.*
*In den klaren Nächten konnten sie staunend in die unend-*
*lichen Tiefen des Weltalls sehen. Sie schauten auf fun-*

kelnde Sterne und stellten fest, dass die Lichter, die sie Nacht für Nacht sehen konnten, irgendwann am Rand des Himmels verschwanden und nach etlicher Zeit wiederkehrten.

Nach einiger Zeit wussten sie, dass sie sich auf diese Wiederkehr verlassen konnten. Die Sternbilder wurden ihnen vertraut und sie gaben ihnen Namen. Da gab es zum Beispiel den »großen Menschen« und den »kleinen Menschen«. Und die »große Honigwabe«, ein regelmäßiges Sechseck, das sie sehnsuchtsvoll ansahen. Denn es verhieß ihnen das baldige Nahen der Zeit, in der man süßen Honig in gewissen hohlen Baumstämmen finden konnte.

Und so wussten sie auch bald, dass das Sternbild, das sie den »großen Schneebären« genannt hatten, ihnen die dunkle und unangenehme kalte Zeit des Jahres ankündigte.

Sie hatten immer weniger Angst vor der Natur, weil sie mit dem Lauf der Sterne rechnen konnten. Sie konnten sich so auf die regelmäßig wiederkehrenden Veränderungen einstellen. Sie fühlten sich in der Mitte eines großen Zeitenrades, das sich um sie drehte und stets wieder neu von vorn begann. Und das hatte etwas Beruhigendes.

Sie beschlossen, in der unangenehmen Jahreszeit eine Zeit der Ruhe zu halten und sich dabei gegenseitig zu wärmen. Wenn die ersten Strahlen der Frühlingssonne sie wieder hervorlockten, stand schon die große Honigwabe vertraut und verheißungsvoll am Rande des Nachthimmels. So konnten sie das Jahr in sieben gleich lange Abschnitte einteilen, die sie die Jahreszeiten nannten: Ruhezeit, Wassertauzeit, Eierzeit, Brunftzeit, Honigzeit, Babybärenzeit und Laubzeit.

*Und dann ging alles wieder von vorn los. Man konnte daher sogar zählen, wie alt ein Bär wurde.*

*Sie hatten einen Kalender erfunden und wussten seither immer, woran sie waren.*

*Und doch hatten sie sich einen Bärendienst erwiesen: Das große Staunen in den sternenklaren Nächten wurde immer seltener.*

*Denn es wurde alles selbstverständlich.*

»Die Zeit als Rad!«, rief Feli erstaunt. »Daran habe ich noch nie gedacht.« Sie sah den Papierstreifen an, den sie aus Blättern zusammengeklebt hatte.

»Wenn man nur an die Jahreszeiten und an die Sterne denkt, könnte man ja tatsächlich glauben, dass alles wiederkehrt. Aber die Vergangenheit ist vorbei! Oder glaubt ihr, dass Menschen wiedergeboren werden können?«

»Soviel ich weiß, gibt es Leute, die das glauben«, meinte Jakob. »Aber was ich wirklich interessant finde, ist, dass die Bären sich ihre Zeit machen und dass es nicht unsere Zeit ist. Sieben Jahreszeiten! Weshalb haben wir eigentlich vier? Und wir denken auch nicht mehr darüber nach. Es ist eben selbstverständlich.«

»Die Bären nennen ihre Sternbilder anders als wir«, sagte Phil nachdenklich. In Astronomie kannte er sich aus. »Wir haben zum Beispiel den Großen Bären und den Kleinen Bären als Sternbild und den Großen Wagen. Die Bären sehen vermutlich die gleichen Sterne, aber sie fassen andere zu anderen Sternbildern zusammen als wir. Eigentlich ist ja auch gar nicht vorgeschrieben, welche Sterngruppen man wie zusammenfasst. Und die Namen dafür nehmen sie eben aus ihrer Erfahrung. Und die ist nun mal anders als unsere. Wir sind nur unsere Bezeichnungen gewohnt und kennen nichts anderes.« Er hatte noch nie darüber nachgedacht, wie sehr die Erfahrungswelt die Begriffe beeinflusste, die man sich von der Welt machte. Interessant!

»Heißt das etwa, dass man sich die Zeit macht und dass sie nicht von sich aus da ist?«, fragte Feli.

»Ich glaube, sie ist da, aber man kann unterschiedliche Vorstellungen davon haben«, meinte Jakob.

»Die Zeit als Rad!«, wunderte sich Feli noch mal. Und sie hielt das Ende ihres Papierstreifens an den Anfang. »Dann gäbe es vielleicht gar keinen Anfang und kein Ende?«

»Richtig ist, dass auch unsere Zeit von den Sternen abhängt. Wie bei den Bären«, murmelte Phil. Und er schrieb:

### Gibt es die Zeit auch ohne die Sterne?

»Ja …«, sagte Jakob. »Was wäre, wenn die Erde sich nicht um die Sonne drehte?«

»Ich kann den Zollstock nicht auf das Papierband übertragen«, sagte Feli. »Hier oben im Baumhaus ist zu wenig Platz.«

»Dann machen wir es eben heute Abend in unserem Zimmer«, meinte Phil.

»Hört mal«, sagte Jakob. »Hier ist noch eine Geschichte mit Zeit. Soll ich die auch noch vorlesen?«

### Schneckentempo

*»Eile mit Weile!«, sagte der Schneckenvater zu seinen Kleinen. »Gut Ding will Weile haben; und was lange währt, wird endlich gut.«*

*»Aber alles dauert immer soooo lange«, seufzte da ein junges Schneckenkind. »Immer dieses Schneckentempo! Das*

244

ist ja gar kein Tempo! Ich möchte gern so flink wie ein Wiesel sein, dann könnte ich viel mehr erleben!«

»Ihr seid bloß unzufrieden, weil ihr noch langsamer seid als wir«, erwiderte der Schneckenvater.

»Wenn ihr erst mal so schnell seid wie wir, werdet ihr euch nicht mehr grämen. Alles ist relativ! Auf dem Mars dauert das Jahr doppelt so lang! Seid froh, dass ihr keine Marsschnecken seid. Unser normales Schneckentempo ist für uns Schnecken genau richtig. Wer zu schnell ist, wird oberflächlich und macht Fehler. Wir Schnecken wollen die Dinge eben gut machen. Und das braucht seine Zeit.«

»Aber wenn wir auf einem Planeten näher an der Sonne wären, würde die Zeit schneller vergehen!«, sagte da ein kluger Schneckenjunge.

»Au ja, ich will eine Venusschnecke sein!«, rief da ein altkluges Schneckenmädchen.

»Wird man da auch schneller älter?«

»Also da ist es jedenfalls viel zu heiß«, sagte der Schneckenvater ärgerlich, denn er wusste keine genaue Antwort.

»Und ich weiß nicht, wie das mit der Schwerkraft ist. Näher an der Sonne ist sie viel größer, vielleicht würdet ihr gar nicht vom Fleck kommen!«

»Aber in unserer Schneckenzeit dehnen sich die Minuten zu Stunden!«, klagte das Schneckenmädchen. »Und das ist öde.«

»Könnten wir uns nicht einen Planeten mit ganz wenig Schwerkraft aussuchen? Stellt euch vor, vielleicht könnten Schnecken da fliegen! Das wäre doch mal was!«, rief der Schneckenjunge begeistert.

»So ein Quatsch!«, sagte der Schneckenvater. »Wo immer

*man auch ist, es kommt darauf an, wie man seine Zeit füllt, nicht wie schnell oder langsam sie vergeht! Der Weg ist das Ziel,* das *ist Lebensqualität!« Und er beugte sich vor. »Ihr könnt zum Beispiel an eurem Schneckenhaus arbeiten. Es wird immer größer und schöner werden und euch Schutz bieten. Ihr müsst euch nur gut und mit aller Kraft darauf konzentrieren. Und Schnecken haben Zeit zum Nachdenken. Über die Welt und andere mögliche Welten. Stellt euch mal vor, ihr wärt wirklich Marsschnecken! Dann würde alles noch mal so lange dauern wie jetzt. Unsere Zeit gleitet, so wie wir. Und sie dauert uns nicht zu lang. Wir haben eben viel Zeit, und wer kann das schon von sich sagen?*

*Zeit ist der wahre Luxus. Ihr könnt auch über euch selbst und über eure Ziele nachdenken und ihr habt Zeit zum Träumen. Ihr könnt die Sonne und den Regen genießen und über die Welt staunen. Dies ist die beste aller Welten! Und es ist bloß eine Sache der Einstellung, ob man alles langweilig oder aufregend findet.«*

*»Aber da kann man sich nichts für kaufen«, sagte da das kleine Schneckenmädchen.*

*»Ich will lieber doch keine Schnecke sein.«*

*»Na, dann versuch's doch mal«, sagte da der Schneckenvater ruhig.*

»Das ist eigentlich keine Geschichte über die Zeit, sondern über die Geschwindigkeit, mit der die Zeit vergeht«, sagte Phil.

»Gibt es wirklich andere Orte im Weltall, wo die Zeit schneller oder langsamer läuft?«, fragte Feli. »Ich möchte zum Beispiel gerne schnell groß werden, und ich denke, Oma und Opa möchten gern langsam alt werden.«

»Auch bei uns auf der Erde läuft die Zeit nicht immer gleich schnell«, bemerkte Jakob. »Wenn etwas Spaß macht, geht die Zeit schnell vorbei, und wenn etwas öde ist, dauert es ewig.«
Der Gedanke kam Phil irgendwie vertraut vor.
»Die Zeit ist also nicht nur abhängig von dem Ort, an dem wir uns gerade befinden, sondern auch von der Art, wie wir mit ihr umgehen. Oder wie wir sie erleben. Das ist komisch, wenn man bedenkt, dass wir sie ja gemacht haben.«
Der Jakob ist ganz schön schlau, dachte Feli. »Fliegende Schnecken!«, sagte sie belustigt. »Also auch das Gewicht ist vom Ort abhängig! Oma kämpft doch immer um ihre Figur. Und woanders wäre sie ganz von allein leichter! Das muss ich ihr unbedingt erzählen.« Ob sie eine fliegende Schnecke malen konnte?
»Ihr müsst euch noch Fragen ausdenken!«, erinnerte sie die beiden Jungen. »Oder sonst etwas Kluges!« Sie nahm ihren Stift und schrieb:

»Liebes Schneckenmädchen, ich kann ja gut verstehen, dass du schnell groß werden willst. Bei uns Menschen dauert es auch viel zu lange.
Aber dass man auf dem Mars wirklich langsamer altert oder auf der Venus schneller groß wird, kann ich nicht glauben. Ich glaube, wir haben eine innere Uhr für das Großwerden und das Älterwerden.
Egal wo wir uns befinden. Wir würden nur äußerlich ein anderes Alter haben.«

Feli ist ja klug, dachte Jakob. Aber stimmte das wirklich? Er war sich da nicht so sicher.
»Zeit zum Mittagessen!«, kam es von der Terrasse. »Käsespätzle!«
»Wieso haben wir eigentlich immer bestimmte Zeiten zum Essen

und zum Schlafen und zum Arbeiten?«, fragte Feli. »Das ist doch nicht selbstverständlich! Wir müssten in jeden Tagmillimeter auf der Zeitleiste auch noch Tag und Nacht und morgens und mittags und abends eintragen! Wenn man schon Stunden, Minuten und Sekunden nur noch mit dem Vergrößerungsglas sehen kann.« Aber nein, das war ja ganz falsch! Denn ein Millimeter war ja kein Tag, sondern ein ganzes Jahr. Die Gegenwart war noch viel kleiner.

Sie aßen auf der Terrasse, weil es so schön sonnig war. Diogenes bekam das gleiche Hundefutter, das auch Kant bekam. Und natürlich bekamen beide auch Wasser.

»Ich kann mich immer noch nicht daran gewöhnen, dass wir eine Ratte bei uns haben«, sagte Anne.

»Ich habe auch noch Schwierigkeiten damit und Kant auch«, seufzte Sophia. »Seht mal, wie er die Ratte anknurrt!«

»Na, kein Wunder, wenn sie doch von seinem Fressen bekommt!«, sagte Jakob.

»Das sind Tiere wie andere auch«, sagte der große Phil. »Nur dass sie die Ängste von Generationen tragen und zu Außenseitern geworden sind. Als Haustier kommen sie deshalb nicht in Frage, es sei denn, man möchte jemand damit schocken. Und es gelingt eigentlich auch selten, sie wirklich zu zähmen.«

»Das ist mit Max und Moritz doch auch so, die lassen sich auch nicht gut zähmen«, meinte Feli.

Kant kläffte die Ratte an.

»Vielleicht hat sie einen Geruch, den er nicht mag. So wie manche Menschen auch!« Phil rümpfte die Nase und sah Max vorwurfsvoll an, denn der hatte sich gerade unrühmlich hervorgetan.

Doch Sophia hatte heute starke Nerven. Maurice hatte angerufen

und das hatte ihr gut getan. Sie war heute durch nichts zu erschüttern.

Feli hatte in ihrem Zimmer das Papierband auf den Boden gelegt
und die Einheiten des Zollstocks übertragen. Dann hatte sie ausprobiert, wie fein die Striche waren, die man mit einer Lupe auf
dem Zeitzahlenstrahl einzeichnen konnte. Sie wollte eine Vorstellung davon kriegen, wie ein Augenblick aussah. Aber sie
stellte fest, dass das kaum möglich war. Man konnte den Millimeter immer weiter teilen, wenn man immer stärkere Lupen
hätte und Bleistifte, die fein und spitz genug waren. Aber man
kam nie an ein Ende.

»Augustinus!«, sagte Phil junior, als sie wieder im Baumhaus
saßen. Er hatte die Abschrift überflogen und etwas Passendes
gefunden.
»Wie bitte?«, hatte Feli gefragt.
»Augustinus hat sich überlegt, dass der Augenblick unendlich
klein ist. Hier steht es in der Geheimschrift! Und er hat überlegt, ob es eine Zeit gäbe, wenn die Gestirne still ständen! Das
passt zur ersten Geschichte!« Phil konnte wieder etwas durchstreichen. Er nahm sich das Fabelbuch noch einmal vor. »Es ist
doch komisch, dass wir immer irgendwie eine Geschichte finden, die zu dem passt, was wir gerade gedacht haben!«, staunte
er. Er wies auf eine Seite. »Noch eine Geschichte zur Zeit! Hört
mal!«

## Das Zeitlupentier

*Es gab einmal ein Tier, das die Menschen nie entdeckt haben, und wahrscheinlich ist es mittlerweile ausgestorben. Hätten sie ihm einen Namen geben können, hätten sie es vielleicht das Zeitlupentier genannt. Es war zu klein und langsam, als dass es den Menschen groß aufgefallen wäre. Denn die Menschen waren immer hektischer geworden und hatten nicht die Ruhe, genau hinzusehen. Und das musste man, denn das Zeitlupentier war fast durchsichtig. Es brauchte nicht viel zum Leben, nur Luft und Liebe und die Achtung, die man ihm entgegenbrachte.*

*Das Zeitlupentier war ein ganz besonderes Tier, denn es wurde von allen Tieren um Rat gefragt. Es hatte nämlich ganz besondere Augen, und zwar riesige Lupenaugen. Aber wenn ihr euch jetzt vorstellt, dass es damit Dinge ganz groß sehen konnte, so ist das nicht ganz richtig. Das Zeitlupentier konnte die Zeit langsamer machen, so dass sich die Sekunden und Minuten dehnten. Und wenn man glücklich ist, will man nichts sehnlicher.*

*Aber das Zeitlupentier konnte auch in die Vergangenheit sehen und Rückblenden wie in einem Film langsamer laufen lassen. So sah es viele Dinge, die anderen verborgen geblieben waren. Es sah, zu welchem Zeitpunkt was in der Vergangenheit falsch gelaufen war, und konnte einem sagen, was genau man hätte besser machen können. Daraus konnte man für die Zukunft lernen! Deshalb waren die Dienste des Zeitlupentiers geschätzt und es wurde ganz besonders geachtet.*

*Doch die flinken Wiesel hatten Schulen gegründet, in denen man lernen konnte, wie man seine Schnelligkeit steigerte. Langsamkeit wurde altmodisch! Zeit war Geld! Man lernte deshalb, immer mehr Tätigkeiten in einen Tag hineinzupacken; und nutzlose und unergiebige Zeit, die nichts brachte, musste gerafft werden.*

*Die schnellen Wiesel waren sehr geschäftstüchtig. Es gab Reklameplakate gegen Zeitvergeudung: Schnelligkeit ist Stärke! Langsamkeit macht schwach! Besucht die Wieselschulen! Geht mit der Zeit! Werdet schneller! Schneller ist besser! Weg mit dem, was euch bremst!*

*Die Plakate waren sehr eindrucksvoll. Tempo galt nun als schick, und man verlernte es, richtig zuzuhören. Denn das kostete unnötig Zeit. Langsamkeit galt nun als Schwäche. Deshalb traute sich kaum noch jemand zu den Zeitlupentieren und sie wurden immer weniger geachtet. Sie galten sogar bald als Bedrohung und zogen sich immer mehr zurück.*

*Und da man sie schließlich gar nicht mehr sah, weiß heute kein Mensch, ob sie schon ganz ausgestorben sind oder ob es nicht vielleicht doch bloß Fabelwesen waren.*

»So ein Zeitlupentier brauchten wir, damit die Ferien länger dauern!«, sagte Phil.

»Wenn jemand in der Schule langsam ist, zum Beispiel beim Abschreiben, werden alle ungeduldig!«, bemerkte Feli. »Die Schnellen sind immer im Vorteil. Und auch die, die viel und schnell reden. Es muss gar nicht toll sein, was sie sagen, aber sie sind im Vorteil.«

»Auch im Sport ist schneller immer besser!«, sagte Phil.

»Man müsste mal eine Sportart erfinden, in der es auf Langsamkeit und Schönheit ankommt!«, meinte Feli. »Oder gibt es das vielleicht schon?«

Und Phil fragte: »Kommt es bei Denksportaufgaben eigentlich auf Schnelligkeit an?«

»Im Fernsehen schon«, erwiderte Feli.

»Aber wir können uns ja mit dem Rätsel Zeit lassen. Gut Ding will Weile haben. So heißt es doch in der Schneckenfabel.«

Am Abend nahmen sie sich die Zeit, die Zeitleiste zu malen und die Namen der Philosophen einzutragen. Dabei entdeckten sie, dass es ja auch Philosophen gibt, die noch leben! Und dann setzten sie ihre eigenen Namen hinzu. So konnten sie die Zeitabstände zwischen sich und den anderen besser abschätzen. Und sie gehörten ja nun auch zu denen, die sich Gedanken über alles machen. »Weißt du was?«, meinte Feli schließlich. »Wir können es anders als auf dem Zollstock machen. Da sind überall gleiche Abstände, für jedes Jahr, für jedes Jahrzehnt. Aber da, wo wir sind, also in unserer Zeit, wissen wir doch gut Bescheid. Und in unserer Nähe steht viel mehr als weit von uns weg. Wir wissen mehr darüber! Also können wir doch die Zeit, die ganz weit weg liegt, etwas raffen und kleiner machen. Und unsere Zeit können wir ein bisschen dehnen. Dann können wir mehr hineinschreiben. Auch unsere Ferien.«

»Zeit zum Schlafengehen!«, rief es von unten.

## 28. Des Rätsels Lösung

»Wir sind mit dem Rätsel immer noch nicht weiter!«, seufzte Feli.

»Vielleicht haben wir bloß noch nicht gut genug nachgedacht? Lasst uns noch eine Fabel lesen.«

»Hier ist eine Geschichte von einem Adler«, sagte Phil. Er saß mit Feli und Jakob im Baumhaus und hatte das Fabelbuch auf den Knien.

Nach der Anstrengung mit der Zeitleiste hatten sie einige Tage pausiert und waren mit Rädern in der Umgebung unterwegs gewesen. Max und Moritz waren inzwischen auch allein im Baumhaus gewesen und hatten ihre Initialen eingeritzt. MM! Doch nun gehörte das Baumhaus wieder ihnen.

»Lass hören!«, sagte Jakob.

Und Phil las:

*Ins Nichts geworfen*

*Es war einmal ein junger Adler in einem hohen, am Rande einer steilen Felswand gelegenen Adlerhorst. Alle seine Geschwister waren schon aus dem Nest und hatten gelernt zu fliegen. Er aber hatte fürchterliche Angst vor der endlosen Tiefe unter sich, denn seine Federn waren noch kurz und flaumig und seine Flügel noch klein.*

*»Woher soll ich wissen, ob diese kurzen Flügel mich tragen werden?«, fragte er bang.*

*»Und wie soll ich lernen zu fliegen, wenn ich es nicht vorher ausprobieren kann und weiß, dass es geht? Ich bin sicher nicht stark genug.« Er verglich sich insgeheim mit seinem Vater, dessen mächtige Schwingen groß und eindrucksvoll und kräftig waren. Er wusste nicht, dass Adlerflügel erst durch Übung stark und kräftig werden.*

*»Du musst es einfach probieren!«, ermutigte ihn die Adlermutter. »Du musst dich einfach trauen, ohne das geht es nicht. Breite deine Flügel aus, benutze Kopf und Schwanz als Steuer, so wie ich es dir gezeigt habe, und es kann gar*

*nichts passieren. Die Luft wird dich tragen, so wie sie alle Adler trägt.«*

*»Aber woher weiß ich das?«, fragte der kleine Adler. »Ich glaube nur, was ich sehe, und ich sehe die Luft nicht. Ich sehe nichts. Und wenn ich nach unten sehe, wird mir ganz schlecht, und ich habe keinen Mut mehr. Und woher weiß ich, dass ich ein Adler bin und dass die Luft mich tragen wird wie euch auch? Ich sehe doch ganz anders aus als ihr! Und ich bin das allerkleinste eurer Kinder!«*

*»Dann müssen wir dich eben aus dem Nest werfen, damit du das Fliegen lernst!«, sagte der Adlervater, der eben hinzukam, mit strenger Stimme. »Du musst lernen, für dich selber zu sorgen, und kannst nicht immer hier im Nest bleiben. Irgendwann brauchen wir Platz für ein neues Gelege und müssen wieder brüten, und überhaupt – warum bist du denn nur so ängstlich?« Er konnte sich offenbar an seine eigene Zeit als Adlerküken gar nicht mehr erinnern.*

*»Ich habe so elende Angst, weil ich ganz allein bin beim Fliegen und nur auf mich gestellt«, rief der kleine Adler. Und da wurde er auch schon gnadenlos ins gefürchtete Nichts geworfen.*

*Vor lauter Entsetzen – denn er wollte nicht nach unten sehen – hielt der kleine Adler sich die Flügel vor die Augen. Die kleine flaumige Kugel fiel immer tiefer und tiefer.*

*»Flügel raus!«, schrie da die Mutter, als sie sah, was passierte. Sie stürzte sich dem Kleinen im Sturzflug nach, war bald unter ihm und breitete ihre Flügel aus.*

*Da fand der kleine Adler den Mut – mit geschlossenen Augen –, die Flügel auszustrecken. Sie bremsten seinen Fall, das spürte er sofort, und er flatterte einige Male, um wieder hochzukommen. Da merkte er, dass die Luft ihn tat-*

*sächlich trug, auch wenn er sie nicht sehen konnte. Aber er*
*konnte sie spüren! Sie half ihm, wieder an Höhe zu gewin-*
*nen. Ein köstliches Gefühl von Freiheit durchdrang ihn,*
*das er nie für möglich gehalten hatte. Und er probierte*
*aus, wie und in welche Richtungen er steuern konnte.*
*»Es geht! Ich kann fliegen! Ich bin ein Adler!«, rief er voller*
*Begeisterung.*
*Offenbar war er doch nicht zu schwach. Er konnte fliegen*
*wie seine Brüder und Schwestern! Unternehmungslustig*
*machte er ein paar Flugexperimente. Ob er sogar höhere*
*Gipfel ansteuern konnte als den elterlichen?*

»Ein Nest am Rande einer steilen Felswand! Und man fällt ins Nichts! Das habe ich schon geträumt!«, sagte Feli verdattert.
»Angst und Freiheit«, sagte Jakob. »Angst kann uns bremsen und verhindert den Mut zur Freiheit. Man traut sich dann nichts zu.«
»Ich hatte auch Angst! Furchtbare!«, sagte Feli. Sie dachte an den kleinen Adler.
»Eigentlich würde ich auch ganz gern Fliegen lernen. Es muss toll sein«, überlegte sie. »Aber mit dem Laufenlernen ist es ganz anders, man hat immer den Boden unter sich, und den kann man sehen.«
»Etwas Angst ist gar nicht schlecht, sagt Laura doch immer. Man ist dann vorsichtiger«, warf Phil ein. »Aber es gibt auch Angst, die lähmen kann. Man kann krank davon werden!«
Feli dachte daran, dass sie einmal nachts in ihrem Bett wach gelegen hatte, weil sie glaubte, vor dem Fenster stehe ein schwarzer Mann und beobachte sie. Sie war in Panik gewesen! Sie konnte nicht einschlafen, wenn jemand sie dauernd beobachtete. Es war so bedrohlich gewesen! Und dann hatte sie beim Morgengrauen festgestellt, dass es eine von Lutz' Jacken gewesen war, die auf einem Bügel am Griff der Balkontür hing.

»Ob es wirklich Tiere gibt, die Angst vor dem Nichts haben? Oder denken sie einfach bloß nicht nach, wie die Leute ohne Flugangst?«, fragte Jakob.

»Wovor kann man eigentlich Angst haben?«, wollte Phil wissen.

»Oh, vor Spinnen, Schlangen, vor Eltern, wenn man etwas angestellt hat, vor Lehrern, vor Schmerzen, vor Krankheiten, vor dem Tod …«, zählte Feli auf und dachte an ihren Vater. »Und vor Knecht Ruprecht!«, setzte sie hinzu. »Jedenfalls wenn man an ihn glaubt!« Er sollte angeblich die bösen Kinder in seinen Sack stecken und ihre Freundin hatte als Kind daran geglaubt.

Welche Ängste hatte er selber, überlegte Phil. Unter Jungen redete man nicht darüber, das war verpönt. Aber für sich selbst konnte man doch darüber nachdenken. Vielleicht konnte man dann besser damit umgehen.

»Knecht Ruprecht! Den gibt es doch gar nicht«, sagte Jakob.

»Deswegen kann man trotzdem Angst davor haben«, verteidigte sich Feli.

Jakob schrieb in das Buch:

> *Angst ist wirklich, auch wenn der Grund nicht wirklich sein muss.*
> *Was ist überhaupt Angst? Woher kommt sie?*
> *Wie kann man frei von Angst werden?*
> *Kann man Mut lernen?*

Phil hatte wieder ein Puzzlesteinchen gefunden. »Sartre!«, sagte er. »Man ist in die Freiheit geworfen. Komische Formulierung. Und davor hat man Angst, weil man die volle Verantwortung für alles hat.« Zufrieden setzte er den Namen Sartre unter die Fabel. Oder war es doch Heidegger gewesen?

Während Phil noch schrieb, fiel Feli etwas ein. Knecht Ruprecht,

Christkind, Osterhase, dachte sie. Woran erinnerte sie das? Und da fiel es ihr wieder ein. »Ich wollte doch noch die Hasengeschichte zu Ende denken!«, rief sie. »Die mit den ängstlichen Häschen, die alles glauben, was man ihnen erzählt.«

Sie schlug die Hasengeschichte auf. »Aufklärung«, sagte sie. »Die Häschen müssen stark und mutig werden ...«

»Ich hab's!«, rief sie plötzlich. »Das hätte uns schon viel früher auffallen können!«

»Was denn?«, fragten Jakob und Phil.

»Na, da ist doch ein Häschen, das glaubt, dass seine Eltern es lieb haben, und es ist unsicher, ob es das noch weiter glauben darf. Hier steht es!« Sie zeigte auf die Geschichte. »Und die Hasenlehrerin sagt, dass dieser Glauben stark macht und deshalb gut ist. Und hier!« Sie blätterte in dem Fabelbuch, bis sie das Rätsel hatte. »Hier steht: ›ES HILFT EUCH, STARK UND FREI ZU WERDEN!‹ Das ist die Liebe! Oder vielleicht der Glaube daran? ›ES GEHT MAL RAUF, MAL GEHT ES NIEDER‹: Das stimmt! Es gibt immer mal mehr oder weniger Liebe, es geht rauf und runter. Und ich habe immer gedacht, damit ist das Buch gemeint!

›IN IMMER NEUEN KLEIDERN KEHRT ES WIEDER‹: Das stimmt auch. Für das Buch ist es blödsinnig, aber für die Liebe macht es Sinn! Die Liebe zwischen Eltern und Kindern, zwischen Männern und Frauen, Tierliebe, die Liebe zu Büchern, die Liebe zur Musik, die Liebe zu gutem Essen, die Liebe zur Natur ...«

Ihr Bruder las weiter: »›KEIN MENSCH WEISS, WIE'S ENTSTANDEN IST. ES IST GANZ SCHLIMM, WENN MAN'S VERMISST.‹ Für die Liebe stimmt das! Für das Buch stimmt es nicht, jedenfalls nicht das mit der Entstehung, darüber haben wir schon nachgedacht. Jemand muss das Buch gemacht haben, und dieser Jemand zumindest weiß, wie es entstanden ist.«

Jakob las weiter: »›KEIN MENSCH KENNT SEINEN UR-

SPRUNGSORT. UND DOCH SETZT ES EIN JEDER FORT.‹ Das stimmt auch. Glaube ich jedenfalls. Ich glaube nicht, dass es Menschen ganz ohne Liebe gibt. Und dann gibt man sie weiter.«

»›ES WEIST DEN WEG, DEN WEG ZU FINDEN? ES TRENNT, KANN ABER AUCH VERBINDEN‹?«, las Feli. »Kann Liebe trennen? Ich dachte immer, sie verbindet die Menschen!«

»Maurice und Sophia sind oft getrennt!«, sagte Phil junior. »Aber das ist wohl eher der Beruf von Maurice, der sie trennt, nicht die Liebe. ›ES HILFT EUCH, STARK UND FREI ZU WER-DEN‹? Stark ja, aber wird man durch die Liebe auch frei? Kann das sein, wenn man sich bindet? Und ›AUS ALT MACH NEU, AUS NEU MACH ALT!‹ Das stimmt nicht. Die Liebe kann zwar alte Leute wieder jung machen oder jung bleiben lassen. Das gibt es! Aber aus neu mach alt? Das passt nicht. Man wird nicht durch die Liebe alt, höchstens durch Kummer.« Und er legte das Buch zur Seite.

»Schade«, seufzte Feli. Doch sie wollte noch nicht aufgeben. Sie schlug die Hasengeschichte erneut auf und las noch einmal nach. »Da!«, sagte sie. »Die Hasenlehrerin sagt: ›Ihr werdet Richtiges und Falsches unterscheiden lernen und niemand kann euch mehr etwas vormachen. Nur so könnt ihr frei und stark und mutig werden‹. Es geht um das Denken!«

»Ja, klar!«, rief Phil.

»Jetzt stimmt alles! ›AUS ALT MACH NEU‹. Alte Gedanken können neu gedacht werden. Für uns sind sie neu, auch wenn sie an sich alt sind. ›AUS NEU MACH ALT‹. Die neuen Gedanken in den Fabeln sollten so aussehen, als gehörten sie in ein altes Buch. Aber gibt es überhaupt ganz neue Gedanken? Das Denken kehrt in immer neuen Kleidern wieder und es geht auch auf und nieder.«

»Und es kann trennen und kann verbinden!«, ließ sich Jakob vernehmen. »Und natürlich muss nicht jeder immer neu von vorn anfangen zu denken. Die vielen klugen Leute, die vor uns gedacht haben, haben ihre Spuren hinterlassen.«

»Wir können das, was sie sich gedacht haben, weiterdenken«, sagte Feli.

Nur so macht Forschung Sinn, dachte Phil. Nicht auszudenken, wenn man zum Beispiel mit der astronomischen oder der medizinischen Forschung immer wieder ganz von vorn beginnen müsste. Eine solche Arbeit war kaum zu schaffen, es brauchte Jahrtausende! Ob es wohl auch in der Philosophie Fortschritt gab? Wurden die Gedanken immer besser? Wer konnte das beurteilen?

»Und es ist auch schlimm, wenn man das Denken vermisst«, sagte Jakob. »Die einzelnen Menschen wären dumm. Und sie könnten nicht zusammen nachdenken und sich ein Bild von der Welt machen. Und es gäbe keinen Fortschritt!«

Phil nickte zustimmend.

»Das Denken ist die Lösung!«, jubelte Feli. »Und jetzt brauche ich etwas zu trinken!«, setzte sie zufrieden hinzu.

Phil und Feli kamen in die Küche, um Limonade zu holen, als Anne gerade Zitronensaft auspresste. Es war heiß draußen.

»Ist jemand krank?«, fragte Feli. »Nein, ich mache eine Zitronencreme für einen Kuchen«, sagte Anne. »Zitronensaft ist für vieles gut.« Und sie lächelte vielsagend.

»Oma!«, rief Phil junior. »*Du* warst das mit der Geheimschrift!«

Nun lachte Anne. »Ich war gespannt, wann ihr draufkommen würdet!«, sagte sie.

»Und? Habt ihr das Rätsel gelöst?«

»Es ist das Denken«, antwortete Feli. »Obwohl ich zuerst dachte, es müsste die Liebe sein.«

»Liebe ist auch gut«, sagte Anne. »Vielleicht sogar noch wichtiger. Aber ich habe an das Denken gedacht. Schließlich sind die Geschichten ja Nachdenkgeschichten. Ihr solltet was zum Nachdenken und Knobeln haben! Damit die Zeit besser herumgeht. Und ich weiß natürlich, dass Kinder gern etwas entdecken. Oh, entschuldige Phil, natürlich weiß ich, dass du kein Kind mehr bist.«

»Schon gut«, sagte Phil. »Hast du das Gedicht etwa selbst gemacht? Ich wusste gar nicht, dass du dichten kannst!«

»Das habe ich bisher auch nicht gewusst«, meinte Anne. »Man erlebt eben immer noch Überraschungen mit sich.«

»Und hast du dir etwa auch die Geschichten ausgedacht?«, fragte Feli.

»Ja, stell dir mal vor! Ich kann nicht bloß kochen, wisst ihr. Und ich habe viel Zeit. Es hat Spaß gemacht! Früher schon habe ich Lutz und Sophia immer selbst erfundene Geschichten erzählt. Und die haben immer gesagt, ich sollte das doch mal aufschreiben. Zum Beispiel eine Geschichte von Kühen, die rosa Blumen fressen und dann selber rosa werden und direkt Erdbeermilch geben.«

»Da gibt es doch ein Bilderbuch von Tante Sophia!«

»Richtig«, sagte Anne. »Sie hat dann später die Geschichte noch weiter ausgeschmückt und wunderbare Bilder dazu gemalt.«

»Und das mit den Philosophen in Zitronensaft, wo hast du das her?« Feli war neugierig.

Anne musste lachen. Philosophen in Zitronensaft, das hörte sich ja fast an wie Hering in Aspik, dachte sie. Aber sie wusste natürlich, was Feli meinte. »Aus einem Philosophenlexikon«, sagte sie. »Hier stehen ja genug Bücher herum.«

»Das mit der Geheimschrift haben wir zuerst gar nicht entdeckt, das war eher ein Zufall«, sagte Phil. Ob sie die Sache mit dem Feuer beichten sollten?

»Ja, und ich dachte, man sollte auf die freien Seiten etwas schreiben oder malen wie in ein Poesiealbum!«, sagte Feli. »Aber dadurch ist es unser Buch geworden.«

»Das müsst ihr mir aber unbedingt mal zeigen!«, sagte Anne. »Da bin ich aber neugierig. Und hier ist eine Flasche Limonade für das Baumhaus.«

## 29. Selber denken

»Wir sollten uns also Gedanken machen«, sagte Feli zu ihrem Bruder. »Anne hatte sicher Angst, dass wir uns langweilen ohne Fernsehen und Computer.«

»Und ohne unsere Freunde«, setzte Phil hinzu. »Und da hat sie sich was einfallen lassen. Ob sie die Geschichten an Großvaters Computer ausgedruckt hat? Das muss ich sie noch fragen. Es darf doch sonst niemand dran.«

Die beiden saßen am Ufer des Baches und genossen die Morgensonne. Das Denken war die Lösung. Den eigenen Verstand gebrauchen!

»Irgendwelche Gedanken hat man ja immer«, sagte Feli. »Oder kann man ganz ohne Gedanken sein? Es denkt eben in uns.«

»Aber ich glaube, es kommt darauf an, sich ganz bewusst Gedanken zu machen, und über wichtige Dinge«, meinte Phil.

»Und was ist wichtig?«, fragte Feli ihren Bruder.

»Ich denke, das kann man irgendwann selbst beurteilen«, antwortete Phil.

»Wir müssen nicht ins Baumhaus«, sagte Feli, denn die Zwillinge waren mit dem großen Phil ins Dorf gegangen. »Groß-

vater«, hatten sie gefragt, »weshalb hast du keine Kuckucks-
uhr?«

»Das ist was für Touristen«, hatte der große Phil gesagt. »Ich habe
doch keinen Vogel und hänge mir so was an die Wand, bloß weil
ich im Schwarzwald lebe. Aber ich weiß, wo ich euch eine besonders schöne zeigen kann.« Und so war er mit ihnen losmar-
schiert.

Phil und Feli saßen unter ihrem Baum am Bach und beobachteten den Mops. Kant jagte einen Schmetterling am Bachufer, der
ihm immer direkt vor der Nase herumtanzte.

»Schmetterlinge sehe ich jetzt mit ganz anderen Augen«, sagte
Feli. »Als ob sie Wünsche haben können und ihre Freiheit genießen. Ob es wohl auch eine Geschichte von einem Hund gibt?«

»Das können wir ja sofort feststellen!« Phil holte das Fabelbuch
aus Felis Rucksack und blätterte. »Hier!«, sagte er und legte das
Buch zwischen sie.

Phil und Feli lagen auf dem Bauch und lasen:


*Ur-Sachen*

*»Hör mal, wo kommen eigentlich meine Gedanken her?«,
fragte aufgeregt ein kleiner Hund einen großen. »Mache
ich die etwa selbst? Und wieso erschrecken sie mich dann
oft?«*

*Der kleine Hund hatte einen Floh und der hatte mitgehört.
Er hat Gedanken? Gedanken, was ist das denn?, fragte er
sich. Komisch. Wo sollen hier Gedanken sein? Ich sehe
hier nichts als Hundefell, und soweit ich sehe, bin ich hier
der einzige Floh. Also wo hat er Gedanken?*

*»Ja, mit den Gedanken ist es schon seltsam! Das habe ich
früher auch gedacht, wenn ich mich recht erinnere«, ant-*

262

wortete der große Hund. »Wieso eigentlich? Alles hat eine Ursache, sagt man. Wenn wir die Gedanken selber machen, dann sind unsere Gedanken die Ursache, dass wir uns Gedanken darüber machen.

Ganz schön kompliziert! Die Gedanken sind in uns, aber wie sind sie in uns hineingekommen? Zum Beispiel kann ich an eine Katze in dem Garten drüben denken. Und dann sind die Katze und der Garten Ursachen dafür, dass ich daran denke.«

»Dann wäre ja jeder Gedanke eine Erinnerung an eine Tatsache!«, sagte der kleine Hund, denn er war schlau. »Aber ich denke mir manchmal ganz verrückte Sachen aus, zum Beispiel dass Hunde und Katzen miteinander spielen und sich mögen. Und dass Hunde dann auch auf Bäume klettern und schnurren und dass Katzen dann auch bellen und Fährten schnüffeln können.«

»Also das ist wirklich verrückt!«, sagte da der große Hund. »Aber das ist dann eher eine andere Art Gedanke, ein Wunschgedanke. Du hast offenbar einen Wunsch und der ist die Ursache für deine Gedanken.«

»Aber ich weiß ja gar nicht, ob ich mir das wünschen soll«, sagte der kleine Hund. »Bei den Erfahrungen, die ich mit Katzen habe! Das ist eher wie ein verrückter Traum, manchmal auch ein Albtraum! Und was heißt überhaupt Ur-Sache? Und wenn alles eine Ursache hat, hat dann auch eine Ursache eine Ursache?«

Also jetzt spinnt er wirklich, dachte sich der Floh. Wer denkt denn an so was?

»Tja, das ist gar nicht so einfach«, überlegte der große Hund. »Also, dein Urgroßvater ist die Ursache dafür, dass es deinen Großvater gibt, und der ist die Ursache, dass es deinen Vater gibt. Und der wiederum ist die Ursache, dass es dich gibt. Mhhh, eigentlich spielt ja auch deine Mutter noch eine gewisse Rolle, aber lassen wir das mal beiseite. Jedenfalls gibt es immer eine ganze Kette von Ursachen für alles, was es gibt.«

»Das ist aber seltsam«, sagte der kleine Hund und wurde sehr nachdenklich. »Wie hat denn dann alles nur angefangen? Wenn es immer eine Ursache gibt, kann es ja keine erste Ursache geben, denn die müsste ja auch wieder eine Ursache haben, und auch die wäre nicht ohne Grund ...« Er war wirklich sehr klug. »Aber nun weiß ich immer noch nicht, wo meine Gedanken herkommen! Mache ich sie nun selber oder nicht? Vielleicht sitze ich ja bloß in einem Film!«

»Es gibt Leute, die meinen, Gedanken sind ohne Erfahrung nicht möglich. Ob wir uns nun erinnern oder etwas für die Zukunft wünschen oder fürchten oder auch träumen, immer ist die Erfahrung, die wir machen, Ursache für unsere Gedanken.«

»Haben dann etwa alle Leute mit gleichen Erfahrungen gleiche Gedanken?«, fragte der kleine Hund nach.

»Na ja, es gibt auch Leute, die meinen, dass unser Verstand die Ursache ist für die Art, wie wir die Welt sehen. Unser Hundeverstand sieht eine Hundewelt, ein Katzenverstand sieht eine Katzenwelt, ein Pferdeverstand sieht eine Pferdewelt und so fort.«

»Dann können ja auch meine Gedanken eine Ursache sein!«, freute sich der kleine Hund und kam sich sehr wichtig vor.

»Ja klar, wenn sie eine Wirkung haben ...«, meinte der große Hund.

*Also jetzt sind die total übergeschnappt, dachte sich der Floh. Worüber reden die da eigentlich? Und er zwickte den kleinen Hund ärgerlich. Der zuckte zusammen und wusste gar nicht, wieso es ihn plötzlich so juckte.*

»Ob wir auch Mitbewohner haben, die uns zuhören?«, fragte Feli. »Zum Beispiel Bakterien oder so. Und wir wissen auch nicht, was sie mit uns machen.« Sie dachte nach. »Ist dann die Ur-Sache Ursache für die Sache, und der Urknall Ursache für den Knall, und ein Urteil Ursache für ein Teil? Komisch. Drücken andere Sprachen das wohl auch so aus? Und wir haben doch neulich schon darüber nachgedacht, ob es wohl eine Ursache für den Urknall gegeben hat. Wäre das dann der Ur-Urknall?«

Phil dachte an etwas anderes. »Ich finde es wichtig, dass es mehrere Ursachen für etwas geben kann. Ich glaube, die Hundemutter ist nur deshalb nicht vorgekommen, weil es so mit der Ursachenkette einfacher zu erklären ist. Es gibt also nicht bloß *eine* Ursache dafür, dass es uns gibt, sondern viele.«

»Und für unsere Gedanken …«, ergänzte Feli.

»Ich meine, sie kommen nicht bloß von außen in uns hinein, wir können sie auch selber machen.«

»Aber womit machen wir unsere Gedanken?«, fragte Phil.

»Ich glaube, man braucht einen Anstoß von außen. Wenn wir nun blind wären und nicht hören und tasten könnten, was für Gedanken hätten wir dann? Wären das überhaupt Gedanken? Und worüber? Kämen die Gedanken dann bloß aus uns selbst? Und wenn nicht: Könnten wir ohne Gedanken denken?« Meine Güte, dachte Feli. Das sind vielleicht Fragen. Woher hatte sie ihre Gedanken? Den jetzt zum Beispiel: den mit den Gedanken. Was für Gedanken haben Hunde? Haben sie überhaupt welche? Dass sie das jetzt dachte, lag das daran, dass Kant gerade wieder einem

Schmetterling nachjagte? Aber man hätte ja auch anderes denken können, dachte sie. Zum Beispiel, ob er wohl Hunger hatte oder bloß spielen wollte oder ob er die Sonne auch so genoss wie sie.

Wieso dachte sie gerade an Gedanken? Weil sie die Geschichte gelesen hatten?

Hätte sie auch ohne die Geschichte über Gedanken nachgedacht? Und was hatte sich Anne gedacht, als sie die Geschichte schrieb? Was hatte sie gedacht, bevor sie über Gedanken schrieb? Urgedanken? Und wo kamen Annes Gedanken her? Es ist schon so mit dem Denken, wie es im Rätsel steht, dachte Feli. Kein Mensch kennt seinen Ursprungsort. Ur-Sprung? Und doch setzt es ein jeder fort. Was würde aus ihren Gedanken werden?

»Ich habe viel zu viele Gedanken«, sagte sie. »Ich kann gar nichts in das Buch schreiben. Zum Beispiel: Wie können meine Gedanken wirklich werden?«

Es gab da eine Fernsehserie, bei der man immer sofort sehen konnte, was sich die Hauptfigur vorstellte oder wünschte oder fühlte. Einen Pfeil ins Herz zum Beispiel.

Oder dass ihr große Brüste wuchsen. Man konnte heute die Filme so bearbeiten, dass es ganz echt aussah. Feli strich mit den Händen über ihren Oberkörper. Was konnte man mit seinen Gedanken erreichen? Konnte ein Fluch oder eine Verwünschung Wirklichkeit werden? Weshalb fürchtete man Verwünschungen? Musste man sie fürchten? Was konnten böse Gedanken anrichten? Und was konnten gute Gedanken bewirken?

»Vielleicht sind Gedanken ja schon wirklich«, antwortete Phil. »Aber es ist eine andere Art von Wirklichkeit.«

»Das genau würde ich gern wissen, ob das stimmt«, meinte Feli. »Und was heißt überhaupt Wirklichkeit? Dass wir hier am Bach liegen und ein Buch vor uns haben, das scheint uns wirklich.

Aber vielleicht hat uns ja jemand bloß erfunden und wir sind bloß in seinen Gedanken.«

»Die Welt ist ein Gedanke Gottes«, sagte Phil abwesend. Das hatte er irgendwo mal gelesen und sich gewundert. Wo war das nur gewesen? »Ich verstehe bloß nicht, was das bedeuten kann«, sagte er. »Wir können uns doch frei entscheiden und niemand schreibt uns vor, was wir denken und tun sollen. Wie kann jemand eine Welt planen oder denken, in der so viel Freiheit möglich ist? Und weshalb gibt es dann so viel Böses in der Welt? Und wenn jemand alles schon vorher weiß, welchen Raum gibt es noch für unseren eigenen Willen?«

Die Sonne stand schon hoch am Himmel.

»Jedenfalls habe ich jetzt den Willen, etwas zu essen«, sagte Feli. »Und der Gedanke kommt aus meinem Bauch.« Sie packte die Philofabeln in den Rucksack, denn Phil senior war mit den Zwillingen zurückgekehrt.


Anne hatte ein Blech mit Zwiebelkuchen und eines mit Zucchiniquiche gemacht. Der große Phil hatte ihr geholfen, das Gemüse, Schinken und Speck zu schneiden und auf dem Teig zu verteilen. Anne hatte einen Guss aus Eiern und saurer Sahne und Gewürzen darüber gegeben und alles in den Herd geschoben, aus dem es jetzt bereits verführerisch duftete. Die Lage mit den restlichen Eiern hatte Anne auf der Fensterbank am Küchenfenster stehen gelassen. Daneben stand die Tür zur Terrasse offen und sie konnte die Zwillinge draußen im Garten sehen.

Max und Moritz hatten sich über Kant geärgert. Dieser Kläffer! Er war immer noch nicht netter zu Diogenes und der war schließlich ihr persönlicher Schützling. Außenseiter mussten zusammenhalten! Sie mussten die Ratte verteidigen, die konnte schließlich in ihrem Käfig nichts tun.

Sie hatten Kant mit Pingpongbällen beworfen und die waren nun alle. Aber da in der Küche am Fenster, da stand Nachschub! Sie griffen zu den Eiern und warfen sie auf den Mops.

Kant stand völlig erstarrt. Er sah kläglich aus. Eigelb und Eiweiß klebten an seinem Fell und rutschten langsam nach unten. Zerbrochene Eierschalen lagen um ihn herum auf dem Boden der Terrasse.

Phil und Feli hatten alles beobachtet.

»Das reicht!«, rief Feli entschlossen und griff nach den restlichen Eiern. Und so bekamen Max und Moritz auch ihre Portion ab.

»Damit ihr mal fühlt, wie das ist!«, rief sie.

Die Zwillinge standen verdutzt da. Damit hatten sie nicht gerechnet! Ihh, das war ja eklig!

Der große Phil und Anne waren auf die Terrasse getreten und Sophia hatte sich aus ihrem Liegestuhl unter dem Kirschbaum erhoben. Die Erwachsenen sahen abwechselnd zu den Zwillingen und zu dem Mops. Dann sahen sie Feli an.

Diogenes rüttelte an den Käfigstäben.

»Man muss sich in andere hineinversetzen können!«, sagte Feli wie zur Entschuldigung. »Das sagt auch Schopenhauer. Da sehen sie mal, was Mitleiden bedeutet.«

»Was? Bie witte? Was hast du gesagt?« Der große Phil sah Feli völlig entgeistert an.

»Schopenhauer sagt, man muss mit anderen fühlen. Und dann kann man ihnen nichts Schlechtes mehr wollen«, wiederholte sie. »Wenn ich das richtig verstanden habe. Und ich glaube, er hat Recht«, fügte sie noch hinzu.

Der große Phil hatte sich auf einen Gartenstuhl fallen lassen und öffnete den Mund. Dann machte er ihn wieder zu. Er war sprachlos.

Anne lächelte.

Sophia beobachtete ihren Vater gespannt. Er sah aus wie vom Blitz getroffen. Völlig verstört!

Phil junior grinste.

»Wie kommt das Kind …«, setzte der große Phil an.

»Das Kind hat sich gebildet«, sagte Anne. »So unwissend wie du glaubst, sind Kinder nicht!«

»Ich schlage vor, wir essen erst mal«, sagte Sophia.

Das holte den großen Phil auf den Boden des Alltags zurück.

»Und dann erzählt ihr mir, was hier eigentlich los ist!«, verlangte er.

»Wir müssen erst Kant und die Zwillinge säubern«, bemerkte Anne. »Die schönen Eier! Ein Jammer!«

Und als sie schließlich bei Tisch saßen, erklärten sie alles. Der große Phil war fassungslos.

»Und ich habe immer gedacht, Kinder können so was überhaupt nicht verstehen«, sagte er.

»Aber wieso denn nicht?«, sagte Phil junior. »Übrigens bin ich gar kein Kind mehr.«

»Na jatürlich«, sagte der große Phil zerstreut. Und er schaute Anne ungläubig an.

»Und du hast das Buch gemacht, ohne dass ich es gewusst habe?«, sagte er staunend.

Anne lächelte liebevoll. »Ein paar Geheimnisse hat doch jede Frau«, sagte sie. »Sie sollten halt etwas zu entdecken haben und zum Nachdenken. Damit die Ferien nicht langweilig werden. Du sagst doch immer, man muss in ihnen das Denken wecken!«, fügte sie hinzu. »Und hier stehen ja genug philosophische Bücher herum. Glaubst du, dass nur du allein darin lesen kannst?«

Sophia staunte. Offenbar hatte sie ihre Mutter unterschätzt!

»Zum Denken erwecken! In der Tat. Und ich habe immer gedacht, das kann man nur mit älteren Schülern machen. Ich habe immer gedacht, für Jüngere ist das zu hoch«, sagte der große Phil langsam.

»Ich muss euch mal eine Anekdote erzählen«, sagte er dann. »Es gab mal einen Philosophen, Thales hieß der.«

»Das ist der mit dem Wasser«, warf Phil junior ein.

»Das wisst ihr auch?«, stellte der große Phil fest. »Erstaunlich! Also Thales soll einmal an einen Brunnen gekommen sein, an dem eine Magd gerade Wasser holte. Und er hat dauernd in den Himmel gesehen und die Sterne angeschaut. Der Sternenhimmel, müsst ihr wissen, steht bei Platon – der hat die Anekdote erzählt – für die Ideenwelt. Thales hat also dauernd in den Himmel geschaut und war mit den Gedanken in dieser Ideenwelt. Und da soll er in den Brunnen gefallen sein. Und die Magd hat ihn ausgelacht. So ähnlich komme ich mir jetzt auch vor. Ich war dauernd mit dem Kopf in Ideenwolken und habe überhaupt nicht gemerkt, was direkt vor meiner Nase ist. Und ich komme mir ganz lächerlich vor, weil ich gerade eben auf dem Boden der Tatsachen gelandet bin.«

Phil junior lachte. »Hat es wehgetan?«, fragte er.

»Ich bin ja nicht wirklich hingefallen. Ich habe mich eigentlich nie für völlig unpraktisch gehalten. Ich habe durchaus beide Beine fest auf der Erde. Dachte ich jedenfalls«, sagte der große Phil langsam. »Ich war immer der Meinung, dass Philosophie auch einen Bezug zum praktischen Leben haben muss. Und deshalb habe ich immer über die Thales-Anekdote geschmunzelt. Ich kenne solche Philosophen! Und nun bin ich doch tatsächlich selbst so einer.«

Anne lächelte. »Welch edle Selbsterkenntnis!«, sagte sie herzlich.

»Und nun will ich das Buch sehen«, verlangte der große Phil.

Feli holte es aus dem Baumhaus. Sie setzten sich auf das Wohnzimmersofa. Sogar die Zwillinge hörten interessiert zu. Der große Phil schlug das Buch auf.

»Habe den Mut, dich deines eigenen Verstandes zu bedienen!«, las er. »Unglaublich! Und hier hinten ist das Rätsel. Seit wann kannst du dichten?«, fragte er Anne. Die lächelte strahlend. »Es ist mir eben einfach so eingefallen«, entgegnete sie. »Ich wollte, dass es spannend ist und geheimnisvoll.«

Feli sagte: »Ich dachte zuerst, es ist die Liebe. Aber dazu passte nicht alles im Rätsel. Und natürlich haben wir dauernd unseren Verstand gebraucht. Bis wir auf die Lösung gekommen sind.«

Der große Phil sah sich die Bilder und die Fragen an. Und die Geheimschriftabschrift, die hinten ins Buch eingelegt war. Er war beeindruckt. »Ich kann mit euch über Philosophie reden!«, sagte er langsam. »Das muss ich erst verdauen. Ich habe immer geglaubt, erstens interessiert es euch nicht, und zweitens versteht ihr es nicht. Und dann diese Sprache!«

»Die muss ja nicht sein«, sagte Anne. »Die Probleme kann man auch so bedenken.«

»Es war spannend«, sagte Phil junior. »Aber wir haben noch gar nicht gut genug über alles nachgedacht.« Und zu den Zwillingen gewendet sagte er: »Jetzt versteht ihr auch, weshalb wir so wütend waren, als das Buch weg war. Wir wollten doch das Rätsel lösen.«

»Wir haben noch nicht alle Geschichten gelesen!«, sagte Feli. »Ich glaube, wir haben auch welche überschlagen.«

»Dann lesen wir die jetzt zusammen«, entschied der große Phil. »Ich bin ganz gespannt.« Und er setzte seine Brille auf die Nase, die er auf die Stirn geschoben hatte.

»Darf ich vorlesen? Ich kann schon richtig gut lesen!«, rief Max. »Na gut«, sagte Feli. Und Max las:

*Eseleien*

»Kannst du mir sagen, woran du gerade denkst?«, sagte ein alter Esel zu seiner Eselin. »Du siehst so komisch aus!«
»Die Gedanken sind frei«, sagte die, »wer kann sie erraten? Aber wenn du es unbedingt wissen willst: Meine waren gerade hoch oben im Himmel. Ich hatte eine völlig verrückte Idee: Wenn wir doch nur unsere Ohren wie Hubschrauberpropeller benutzen könnten! Dann könnten wir uns hoch in die Lüfte erheben und hätten endlich mal den vollen Überblick! Ich komme mir so beschränkt vor; ich verstehe so vieles nicht! Aber wir sind eben dumm, solange wir bloß hier unten umherstolpern.«
»Iaaa, die Menschen trauen uns das Denken nicht zu, jedenfalls nicht das, was sie darunter verstehen«, entgegnete der alte Esel. »Wo sie ihre Gedanken nur immer herhaben! Ihre Köpfe sind kleiner als unsere!«
»Wahrscheinlich kommt es darauf an, wie man sie benutzt. Die Menschen müssen immer logisch und scharfsinnig sein und sie müssen immer Recht haben. Wissen ist Macht, sagen sie, und sie denken wohl, wer am klügsten ist, hat die meiste Macht.«
Stimmte das? Die Eselin fand das ungerecht, denn sie würde wohl nie die Klügste sein.
»In der Tat«, entgegnete der alte Esel, »das scheint für sie besonders wichtig zu sein. Das Denken ist für sie ein Beweis, dass sie keine Esel sind. Und wenn sie denken, wissen sie das, und dann wissen sie auch, dass sie da sind.«
»Aber kann man das nicht auch fühlen?«, fragte die Eselin verwirrt. »Wenn man doch im Denken nicht so gut ist«, setzte sie entschuldigend hinzu. »Woher willst du wissen,

*ob ich wirklich da bin oder ob du nur von mir träumst?«,*
*fragte sie kokett. »Aber du kannst mich fühlen, und dann*
*weißt du, dass ich da bin. Oder kann man das Fühlen etwa*
*auch träumen?«*

*»Iaaa, vielleicht! Aber ich glaube, man kann immer nur so*
*richtig von sich selbst etwas wissen. Und von der Welt, die*
*direkt um uns herum ist. Vielleicht wäre es ja wirklich von*
*Vorteil, wenn man alles von oben übersehen könnte!«,*
*sagte der Esel vor sich hin. »Vielleicht könnten wir ja*
*dann wirklich besser denken?«*

*»Ich habe eine glänzende Idee!«, rief die Eselin plötzlich.*
*»Iaaa! Das ist es! Wir lassen denken! Wir engagieren die*
*kluge Eule! Sie sieht alles von oben und kann uns sagen,*
*wie alles richtig ist. Und dann wissen wir, was wir denken*
*müssen. Wir können unsere Gedanken von der Eule bezie-*
*hen! Und sie ist zweifelsohne ein kluges Tier, da können*
*wir nichts falsch machen.«*

*»Hervorragend!«, rief der alte Esel begeistert. »Da sieht*
*man, dass auch Esel großartige Ideen haben können!«*
*Und die Eselin errötete unter ihrem grauen Fell und warf*
*dem alten Esel einen dankbaren Blick zu.*

»Ja, da haben wir Descartes und Marc Aurel«, sagte der große
Phil wie zu sich selbst. »Donnerwetter! Ich bin wirklich beeindruckt!«

»Und denken lassen! Anderen das Denken überlassen! Das ist
wirklich eine Eselei!«, sagte Phil junior.

»Aber was glaubt ihr, wie viele Leute ihr Weltbild aus dem Fernseher beziehen!«, sagte der große Phil. »Das ist doch auch nichts
anderes. Und das ist gar nicht so selten.«

»Und die wären dann auch nicht viel klüger als diese Esel?«, fragte Feli. »Oder doch? Es ist natürlich bequem, wenn man sich auf andere verlässt. Politiker lassen ihre Reden ja auch von Fachleuten schreiben. Aber woher weiß man, dass die immer das Richtige denken?«

»Da ist die Eselin eben einfach doch dumm, auch wenn sie glaubt, so klug zu sein!«, sagte Max. Und Phil junior meinte: »Und dabei kann man doch durch Selberdenken immer klüger werden! So wie Adlerflügel erst durch Übung groß und stark werden!«

Das stand in einer Fabel, erinnerte er sich.

»Aber ich finde die Eselei gar nicht so dumm!«, sagte Moritz.

»Ich muss euch heute Abend mal von Descartes und den großen Philosophen der Aufklärung erzählen«, sagte der große Phil. »Und was haben wir denn da?« Er war neugierig und hatte weitergeblättert. Da stand:

### Schlaufüchse

*»Wieso nur jagen die Menschen uns?«, fragten sich die Füchse verzweifelt. Es war Herbst und sie mussten wieder einmal um ihr Leben fürchten. Sicher jagten Füchse auch, Hühner und Hasen zum Beispiel, aber doch nur, wenn sie Nahrung brauchten, und nicht einfach nur aus Spaß am Töten. Es war schon ein Kreuz mit den Menschen! Sie zerstörten die Natur immer mehr, aber sie hatten die Macht . . . Was war nur zu tun? So konnte es nicht weitergehen.*

*Die Füchse trafen sich und hielten Rat. Sie kamen zu dem Schluss, dass die Menschen so mächtig seien, weil sie eine Wissenschaft und auch eine Technik entwickelt hatten.*

*»Ohne Gewehre wären sie uns nicht so gefährlich!«, sagte ein alter Rotfuchs.*

»Ja, dann müssen wir eben auch forschen!«, schlug ein pfiffiger alter Silberfuchs vor.

Ein Blaufuchs hatte die Idee, im Weltraum nach Einfällen zu suchen, die man auf der Erde noch nicht gehabt hatte, und ein Weißfuchs hatte auch schon eine Vorstellung, wie man den Plan in die Wirklichkeit umsetzen konnte.

Die schlauen Füchse erfanden und bauten neuartige Fernrohre und entdeckten tatsächlich nach einigem Suchen drei schwarze Planeten.

Die schwarzen Planeten waren bewohnt! Und sie waren den Menschen bisher noch nie aufgefallen, weil sie normalerweise unsichtbar waren. Sie hoben sich nämlich von ihrer Umgebung, dem schwarzen Weltraum, nicht ab. Die Bewohner der schwarzen Planeten wollten ihre Ruhe haben und hatten deshalb um ihre Planeten eine schwarze lichtschluckende Hülle konstruiert, in die – nach innen – Solarzellen eingebaut waren. So waren sie innen vom Stand der Sonne unabhängig. Sie mussten nur für genügend Luftaustausch sorgen, und weil die schwarze Hülle daher einige Öffnungen hatte, waren die Füchse auf der Erde auf sie aufmerksam geworden. Nun also konnten sie zu den schwarzen Planeten Funkkontakt aufnehmen und interplanetarische Videokonferenzen mit den Füchsen der anderen Planeten abhalten.

Auf Alpha, Beta und Gamma, so wurden die schwarzen Planeten der Einfachheit halber genannt, war die Fuchswissenschaft und die Fuchstechnik tatsächlich weiter.

Auf Alpha trugen die Füchse Waffen und jagten die Menschen, auf die ein Kopfgeld ausgesetzt war. Doch seltsamerweise hatten die Füchse mehr und mehr die Gewohnheiten der Menschen angenommen, von denen es ja

»Bewohnt nicht jeder seinen Stern für sich allein?«

*kaum noch welche gab. Sie wohnten in ihren Häusern,
schliefen in ihren Betten und fingen an, sich Gedanken
um Geld zu machen ...*

*Auf Beta hingegen hatte man einfach einen neuen Kalen-
der erfunden: Es gab einen Wochentag mehr.*

*Auf Sonntag und Montag folgte ein Sterntag und man
hatte so eine gerechte Regelung gefunden. Denn an den ge-
raden Tagen der Woche durften die Menschen die Füchse
jagen und an den ungeraden Tagen war es umgekehrt.
Doch so gab es nie Ruhe!*

*Auf Gamma schließlich hatte es eine Fuchsrevolution ge-
geben und die Menschen wurden nun in Farmen gehalten
und als Nutzmenschen gezüchtet. Sie erhielten Zusätze ins
Futter gemischt, die sie sanft und willig machten, denn
dann konnten sie vielfältig eingesetzt werden, zum Beispiel zum Ziehen schwerer Lasten oder für Arbeiten, die
große Fingerfertigkeit erforderten. Die geschäftstüchtigen
Füchse auf Gamma ernteten sogar regelmäßig Haare und
Zähne auf den Menschenfarmen.*

*Denn die Zähne waren als Schmuck bei den Füchsen sehr
begehrt und die Haare wurden zu besonders feinen Tex-
tilien in wundervollen Farben verarbeitet.*

*Doch die so geschmückten Füchse schienen den Fuchsfor-
schern von der Erde gar nicht mehr besonders fuchsartig.*

*Auch fanden sie es schade, dass die meisten Menschen auf
Gamma keine Zähne mehr hatten und nicht mehr richtig
beißen oder sprechen konnten. Die ganze Fuchsforschung
hatte anscheinend auf den schwarzen Planeten zu keiner
besseren Gesellschaft geführt.*

*Menschen und Füchse hatten Rechte! Die Fuchsforscher
mussten sich also für die Erde etwas Eigenes einfallen*

*lassen. Und so kamen die schlauen Füchse auf die Idee, Fuchsrechte zu formulieren, die den Menschenrechten an die Seite gestellt werden sollten. Dazu gehörte natürlich auch der Schutz vor Verfolgung jeglicher Art und das Recht auf Gleichbehandlung, egal ob man ein Weiß-, Blau-, Silber- oder Rotfuchs war.*

*Das Problem war nur, dass die Rot- und Blaufüchse andere Vorstellungen von ihren Rechten hatte als die Weiß- und Silberfüchse. Doch die allgemeinen Fuchsrechte waren ein guter Beginn, und man hoffte allgemein, dass sich nun auf der Erde alles zum Guten wenden würde.*

Phil junior hatte vorgelesen und meinte: »Wenn ich mich recht erinnere, werden in Gullivers Reisen die Menschen von den Pferden als Haustiere gehalten. Und hier sind es die Gammafüchse!«

»Was ist eigentlich eine gute Gesellschaft?«, fragte Feli. »Kann sich denn überhaupt in einer Gesellschaft jeder wohl fühlen?«

»Jedenfalls muss man sich Gedanken darum machen, wie das gehen könnte«, sagte der große Phil.

»Haben dann auch Ratten Rechte?«, fragte Moritz.

»Wenn sie wie die Füchse in der Fabel Wissenschaft getrieben und eine Technik erfunden hätten, hätten sie wohl die Macht, solche Rechte einzufordern«, sagte der große Phil. »Die Frage ist nur, ob sie das wohl könnten.«

»Aber haben nicht auch kranke Menschen Rechte? Und die können nicht dafür kämpfen!«, überlegte Phil. »Die Rechte muss man doch haben, unabhängig davon, ob man in der Lage ist, dafür zu kämpfen! Sie stehen einem zu!«

»Da hast du wohl Recht, nehme ich an«, entgegnete der große Phil. Und er lächelte seinen Enkel anerkennend an.

»Wissen ist Macht!«, warf Feli ein.

»Hahaha, Rattenforscher erfinden Rattentechnik!«, lachte Max.

»Und dann sprengen sie alle Menschen in die Luft, die sie schikaniert haben. Auch Ratten haben Rechte.«

»Jedenfalls sind die Füchse nicht so dumm wie die Esel von vorhin«, meinte Phil junior. »Sie lassen sich was einfallen. Wenn man sein Denken abgibt, kann die Welt ja nicht besser werden. Man muss schon mitdenken.«

»Und wer selber denkt, kann schließlich auch die Folgen seines Handelns bedenken«, sagte der große Phil und blickte Max und Moritz an. Dann blätterte er wieder in dem Buch. Er war wirklich beeindruckt und sah Anne bewundernd an.

»Und die Liste mit den Philosophen?«, fragte er sie. »Lass mal sehen! Da hast du ja einen Komödiendichter drunter geschmuggelt, Anne! Aristophanes! Und wie ich sehe, auch einen Architekten und einen Psychologen!«

»Das mit den Kugeln fand ich eben so schön. Und es ist doch auch irgendwie philosophisch«, verteidigte Anne sich.

Kugeln? dachte Feli. Wo kamen bloß Kugeln vor? Der kleine Adler im freien Fall, fiel es ihr ein. Aber wie konnte man das schön finden? Oder meinte Anne doch etwas anderes? Sie musste es noch mal nachlesen.

»Und? Habt ihr für jede Geschichte einen Philosophen gefunden?«, fragte Max interessiert.

»So weit sind wir noch nicht«, sagte Feli. »Aber manchmal gibt es auch zwei. Wir werden noch viel zu tun haben. Dürfen wir das Buch mit nach Hause nehmen? Wir müssen ja dann auch noch über unsere vielen Fragen nachdenken, die wir aufgeschrieben haben! Damit haben wir noch gar nicht richtig angefangen.«

»Und die werden euch zu neuen Fragen führen«, sagte der große Phil.

»Wissen wir«, sagte Phil junior. »Das Denken hört nie auf.«
»Aber vielleicht kann es ja doch Fortschritte geben«, sagte der großen Phil. »Jedenfalls muss man das hoffen.«

## 30. Ende gut, alles gut?

Die Ferien waren fast zu Ende. Lutz hatte sich die letzten Wochen zu Hause erholt, und das Loch im Rücken war nun auch fast schon zugeheilt. Doch er brauchte noch Ruhe und durfte sich nicht überanstrengen. Sie hatten oft miteinander telefoniert, und nun wollten Lutz und Laura Phil und Feli abholen kommen. »Ob sie es wohl langweilig gefunden haben? So ohne Fernseher?«, fragte Lutz Laura, setzte sich auf den Beifahrersitz und tat sich ein Kissen in den Rücken. Er sollte noch nicht selber Auto fahren.
»Es war sicher mal eine gute Erfahrung. Sie werden sich schon irgendwie beschäftigt haben. Und Sophia und die Zwillinge sind ja auch da«, sagte Laura und setzte sich hinters Steuer.
Während der Fahrt hingen sie ihren Gedanken nach. Die Landschaft glitt vorbei und wurde immer ländlicher. Immer mehr Bäume säumten die Straße. Und je näher sie Lutz' Elternhaus kamen, desto mehr dachten sie an ihre Kinder. Sie hatten sie beide vermisst, aber nun würden sie sich ja bald wieder haben. Für eine Familie lohnt es sich zu leben, dachte Lutz dankbar. Wie immer rief Laura aus dem Auto an, damit Anne die Kaffeemaschine schon mal anwerfen konnte. Was die Kinder wohl gerade machten?

Phil und Feli saßen mit Jakob im Baumhaus.

»Wir müssen noch eine Geschichte lesen«, hatte Feli gesagt.

Und Jakob hatte vorgelesen:

*Auf dem Rücken der Pferde?*

*Es war einmal eine Zecke. Die saß in einem Baum und fühlte sich recht unglücklich.*

*»Ach, wenn ich doch nur aus meinem Körper heraus könnte!«, seufzte sie traurig. So richtig satt und zufrieden war sie nur, wenn sie sich voll Blut gesaugt hatte. Doch das war oft das Unglück der anderen und so konnte sie nie richtig glücklich sein.*

*»Elender Blutsauger!«, so hörte sie oft schimpfen, und alle fürchteten sich vor ihr, denn sie konnte schlimme Krankheiten übertragen.*

*»Wenn ich nur wüsste, was Glück ist! Es muss wunderbar sein! Wie gern wäre ich glücklich!«, sagte sie zu sich und fasste einen Plan. Sie hatte die Menschen oft reden hören, das Glück der Erde liege auf dem Rücken der Pferde. Daher wollte sie sich auf einen Pferderücken fallen lassen, um in Erfahrung zu bringen, was das Glück sei und wie man es erleben könne. Sie ließ sich also bei der nächsten Wärmequelle, die unter ihrem Baum auftauchte, fallen und landete auf dem Rücken eines Hundes. »Bist du ein Pferd? Kann ich bei dir das Glück finden?«, fragte sie, denn sie konnte nicht sehen.*

*»Ich bin ein Jagdhund!«, bekam sie zur Antwort. »Und das Glück kannst du schon finden, wenn du nur bei mir bleibst. Wenn ich von der Leine gelassen werde und ein Reh oder einen Fuchs hetzen darf, bis er müde geworden ist, das ist*

das Glück! Es macht mir Spaß, andere zu verfolgen oder zu verbellen. Sie haben dann Angst vor mir und ich fühle mich ganz stark. Es ist wie ein Spiel; auch wenn ich geschossene Hasen apportieren darf...«

Die Zecke sah, dass es dem Jagdhund nicht anders erging als ihr selber: Auch hier ging der Spaß auf Kosten der anderen. Des einen Freud war des anderen Leid, nur dass er sich gar keine Gedanken darum machte.

Die Zecke kehrte auf einen Baum zurück und startete einen neuen Versuch. Diesmal landete sie auf einem Kuhrücken und stellte ihre Frage erneut. Sie hoffte, diesmal eine gute Antwort zu bekommen.

Doch die Kuh antwortete: »Glück ist, wenn ich rechtzeitig gemolken werde und es im Mai frisches grünes Gras zu fressen gibt. Allerdings muss ich nicht nur meine Milch, sondern auch meine Jungen hergeben, das Fleisch scheint bei den Menschen begehrt zu sein. Aber wenn es sie glücklich macht...«

So viel Selbstlosigkeit schien der Zecke unnatürlich. Musste man für das Glück anderer leiden und konnte man etwa selbst dadurch glücklich werden?

Sie zog sich wieder zurück und wartete auf eine neue Gelegenheit.

»Bist du ein Pferd?«, fragte sie das nächste Tier, auf dessen Rücken sie sich fallen ließ. Doch nun war sie auf einem Hirschrücken gelandet und stellte ihre Frage erneut.

Der Hirsch stellte die Sache aus seiner Sicht so dar: »Glück ist, wenn das Geweih jedes Jahr wächst! Du wirst immer kräftiger und kannst immer mehr Kämpfe gewinnen. Dann wird dein Rudel immer größer und der Wald gehört dir. Allerdings wird man auch für Jäger immer begehrter. Du musst eben nur immer schlauer sein. Und mit jeder überstandenen Gefahr wächst dein Glücksgefühl weiter. Man genießt das Leben immer intensiver.«

Die Zecke wurde immer ratloser. Wirklich schlimm war, dass Glück für jeden eine andere Bedeutung hatte. Wahrscheinlich wussten nur Pferde richtig über das Glück Bescheid!

Und als sie eines Tages wirklich auf den Rücken eines Pferdes fiel, war sie ganz aufgeregt. Das Pferd wieherte auf die Frage nach dem Glück und sagte:

»Das ist ganz einfach. Wenn ich ohne schweren Sattel und Zügel losgaloppieren kann über Stock und Stein, über Wiesen und Weiden; jederzeit stehen bleiben kann, wann immer ich will, und genug Hafer fressen kann, zu trinken habe und Sonne auf meinem Fell, dann bin ich glücklich. Und am liebsten hätte ich dann Flügel und würde davonfliegen! Menschen allerdings sind glücklich, wenn sie mit Sattel und Zügel auf mir sitzen und ich sie trage, wohin sie wollen. Sie sehen alles von oben, haben alles unter Kontrolle – meinen sie jedenfalls, solange ich mitmache – und erreichen ohne große Anstrengungen ihr Ziel. Und sie können in einen Rhythmus mit den Dingen kommen, den sie sonst nie spüren.«

»Also ist das Pferdeglück etwas anderes als das Menschenglück!« Die Zecke war nun wirklich enttäuscht.

»Das Glück gibt es nicht«, sagte das Pferd weise. »Du musst schon in dir selbst suchen, was dich glücklich macht.«

»Verleiht Glück Flügel?«

»*Das* Glück gibt es nicht …«, wiederholte Feli verwirrt. »Die Zecke hat keine Antwort auf ihre Frage bekommen! Vielleicht hätte sie mal jemanden fragen sollen, der von ihrer Art ist! Schließlich hat sie weder ein Geweih noch ein Euter!« Bei der Vorstellung musste sie lachen.

»Aber das wäre ein Widerspruch«, sagte Phil junior. »Sie soll in sich selbst nach einer Antwort suchen und dann fragt sie doch noch mal jemand anderen. Dann erfährt sie wieder nichts über sich selbst.«

Feli hatte gar nicht zugehört. »Und wenn die Zecke versuchen würde, sich zu beherrschen und anderen so wenig zu schaden wie nur eben möglich?«, fragte sie. »Aber ob das wohl Glück wäre?«

Sie war enttäuscht, wohl weil in der Fabel keine Antwort stand. Könnte man die Geschichte weiterschreiben? Zumindest musste doch die Zecke eine Antwort finden.

»*Das* Glück gibt es nicht …«, wiederholte sie nachdenklich.

»Es ist eben für jeden etwas anderes«, sagte Jakob.

»Aber stimmt das denn wirklich? Ist das denn bei Menschen auch so? Und fühlt es sich etwa auch bei jedem anders an?«, fragte Feli.

Und wann bin ich eigentlich glücklich? dachte sie bei sich.

Was war überhaupt Glück?

Da hörten sie Anne rufen: »Hallo, Phil und Feli! Eure Eltern kommen!«

Die drei kletterten vom Baum herunter und gingen zur Vorderseite des Hauses. Das Auto, das Phil und Feli vor fast sechs Wochen hergebracht hatte, kam die Straße entlang und hielt vor der Tür.

Lutz und Laura stiegen aus dem Auto. Phil sah genau hin: Lutz war noch etwas schlanker geworden. Sie hatten sich fast sechs

Wochen nicht gesehen und deshalb fiel ihm die Veränderung auf. Aber seine blonde Haartolle und sein Lachen waren unverändert.

»Papa!«, rief Feli und lief auf ihn zu.

Lutz breitete die Arme aus, fing Feli auf und wirbelte sie im Kreis herum, wie er es früher so oft mit seinen Kindern getan hatte.

»Lutz, bist du noch bei Verstand! Dein Rücken!«, rief Laura ängstlich.

Lutz setzte Feli ab.

»Ja, ja, der Verstand«, sagte Phil junior augenzwinkernd, als sein Vater den Arm um ihn legte. Wenn der wüsste, was sie alles erlebt hatten! Es war kein bisschen langweilig gewesen. Doch nun war er froh, dass sein Vater wieder da war.

»Ich bin gesund!«, sagte Lutz glücklich und legte die Arme um seine Kinder. »Und nun freue ich mich, dass ich euch wiederhabe.«

»Aber du musst dich noch schonen, Lutz«, sagte Laura warnend und strich ihren Kindern liebevoll übers Gesicht.

Lutz nahm seine Mutter in den Arm und dann Sophia und den großen Phil.

»Lass dich anschauen, Junge«, sagte der nur, um seine Rührung zu verbergen.

»Du brauchst was Gutes zu essen«, rief Anne und führte die Familie in den Garten, wo Max und Moritz mit Kant spielten.

»Unser Vater kommt auch bald!«, sagten sie zur Begrüßung.

Anne hatte unter dem Kirschbaum einen großen Kaffeetisch gedeckt – denn nun waren sie zehn Personen! – und Gartenstühle aus dem Schuppen dazugestellt. Auf dem Tisch wartete natürlich einer von Annes Kuchen. Sie setzten sich um die Tafel.

Und Kant stand vor Diogenes und knurrte.

»Aufwachen, Phil!«, rief eine Stimme von weither. Phil drehte sich schläfrig zur Seite.

»Aufwachen! Es ist Zeit!«, rief Laura erneut von unten hoch.

»Aufwachen, du Schlafmütze!« Diesmal hatte Feli ihn gerüttelt und war wieder aus dem Zimmer gelaufen.

Phil setzte sich verstört auf. Wo war er? Er saß in seinem Bett und seine Schwester war schon fertig angezogen. Durch das Fenster kam die Morgensonne. Er blickte um sich. Er war in seinem Zimmer zu Hause. Neben ihm stand seine Reisetasche, die er aus den Ferien wieder mitgebracht hatte. Oder hatte er sie gestern erst gepackt und die Reise sollte heute erst losgehen? Auf dem Schreibtisch lag noch sein Zeugnis, das er zu Ferienbeginn bekommen hatte, und neben dem Schreibtisch stand sein Schulranzen. Laura kam in sein Zimmer.

»Na du Träumerle! Nun beweg dich doch endlich. Marsch, marsch! Aufstehen! Anziehen! Das Auto wartet!«

Auto, Automobil, selbstbeweglich …, dachte Phil.

Fing jetzt alles wieder von vorn an? Wie die Geschichte mit den Kamelen? Die Ferien waren doch schon vorbei.

Oder fingen sie gerade erst an? War alles etwa nur ein Traum gewesen?

Aber es war alles noch so deutlich! Und das sollte alles nicht wirklich gewesen sein? Phil rieb sich die Augen. Konnte man so etwas in einer einzigen Nacht träumen?

Viele Tage in einer einzigen Nacht, ein Buch im Buch, ein Haus im Haus, Träume in einem Traum, Geschichten in einer Geschichte?

Sein Blick fiel auf sein Bücherregal. Da stand ein Buch mit den faszinierenden Bildern eines holländischen Graphikers. Escher hieß der und Phil hatte sich gerne die Bilder angesehen. Es waren ganz ungewöhnliche Nachdenkbilder.

Das Symbol von dem Buch! Auf dem Titelbild prangte eine seltsame gewundene Schlange, die sich in den Schwanz biss.
Doch nein, das waren ja in Wirklichkeit drei Schlangen! War das
etwa der Grund für seinen Traum?
Phil setzte sich auf die Bettkante und dachte nach. Woher konnte
er sicher sein, dass er nicht jetzt auch träumte? Von irgendwoher
drang ein Autohupen in sein Bewusstsein. Würde er gleich aufwachen?

War die Welt nur in seinem Kopf? Wie ein Traum? Und wenn ja, war es seine eigene Phantasie, die die Geschichte erfunden hatte, so wie ein Schriftsteller in seiner Phantasie seine Figuren erfand? Konnte er sich eine Traumwelt erfinden wie das Drachenhuhn? Wie gehörte sie zu seinem Leben? Oder hatte ihm wer bloß einen Film vorgespielt?

Da fiel sein Blick erneut auf das Bücherregal. Neben dem Escherband stand noch ein anderes Buch. Es hatte vorher nicht da gestanden. Das Fabelbuch!

Die Ferien waren vorbei und die Schule würde wieder beginnen.

# Nachwort

Philofabeln – so haben sie die Kinder in meinen Kinderphiloso-
phiekursen genannt – sind Nachdenkgeschichten.
Ich hatte für meine eigenen Kinder und die Kinder in meinen
Philosophiekursen Geschichten geschrieben, denn die Mate-
rialien und Veröffentlichungen der klassischen didaktischen
Literatur zu diesem Thema waren mir entweder zu einseitig ra-
tionalistisch oder zu belehrend, weswegen ich – z.B. in meinen
Klett-Büchern – ein Philosophieren mit Bildern und Geschichten
entwickelt habe, das auch Spaß machen sollte. Philofabeln – die
Kinder wollten immer mehr davon – sind offene Geschichten
ohne die berühmte »Moral von der Geschicht'«, in der man ab-
schließend und ein für alle Mal erfährt, wie und was man zu
denken hat. Sie können daher als Denkanregung dienen, obwohl
sie natürlich auch einfach als kuriose Geschichten gelesen werden können. Doch das wie immer sehr menschliche Verhalten
der Fabeltiere kann auch dazu einladen, sich in die unterschiedlichen Lebenswelten dieser Geschichten hineinzudenken und sie
in ihrer Gleichnishaftigkeit zu deuten.
Als ich mit meinen Innsbrucker Studenten einige dieser Fabeln
didaktisch bearbeitet habe, erfuhr ich, dass sie auch für Erwachsene noch interessant sind. Schließlich kam ich zu der Überzeugung, dass ich sie in eine Rahmengeschichte einbetten sollte, die
auch für ältere Leser noch anregend ist, einen möglichen Um-
gang mit diesen Fabeln verdeutlicht und meine eigenen philosophischen Positionen durchscheinen lässt. Außerdem wollte ich
zeigen, dass Philosophie bis in den Lebensalltag hinein relevant

ist und nicht elitär bleiben muss. Sie führt unsere Fragen zu vorläufigen Antworten, um uns dann mit neuen Fragen zu beschäftigen, durch die wir auch uns selbst immer besser kennen lernen. Die großen Fragen der Philosophie betreffen uns ganz existenziell, und doch ist es oft schwer, einen Zugang zu ihr zu finden. Ich habe die Erfahrung gemacht, dass Kinder und Jugendliche gern etwas selbst entdecken und dafür Raum und Gelegenheit brauchen. Werden Kinder oft einfach von rein intellektueller Neugier getrieben, so fragen Jugendliche häufig aus einem lebhaften Interesse nach Ichwerdung heraus. Für den Schweizer Entwicklungspsychologen Jean Piaget ist die Jugend gar *das* metaphysische Zeitalter par excellence. Jugendliche lösen sich von den Eltern und fragen – wie auch schon Kinder – nach dem Warum und Wozu des Selbstverständlichen und gewohnten Üblichen, um für sich eigene Wege zu finden. Ich habe die Erfahrung gemacht, dass man ihr Denken für gewöhnlich unterschätzt. Viele von ihnen können außerordentlich reife moralische Urteile fällen und sie auch begründen; sie wachsen an dem, was man ihnen zutraut. Und die intellektuelle Entwicklung von Kindern und Jugendlichen lässt sich auf viele Weisen fördern. Eine der besten ist meiner Meinung nach ein Philosophieren, das Kindern und Jugendlichen eigenes Denken abverlangt und sie auf den Weg zu sich selbst führt.

Und ein solches Denken kann man schon mit Kindern beginnen, wenn man ihr bildhaftes Vorstellungsvermögen und ihre Phantasie anregt.

Für den englischen Philosophen John Locke ist das originelle und unverbrauchte Fragen der Kinder ein Anlass, dass sogar Erwachsene lernen können, die Dinge neu und anders zu sehen. Er schrieb schon 1692: »Die natürlichen, aller Schulweisheit fremden Einfälle wissbegieriger Kinder bringen oft Dinge aufs Tapet, die einem erwachsenen Mann zu denken geben. Und meines Erachtens ist oftmals mehr von den unerwarteten Fragen eines Kindes zu lernen als von den Unterhaltungen der Männer, die sich in ausgetretenen Geleisen bewegen, gemäß den Begriffen, die sie anderen entlehnt haben, und den Vorurteilen, die ihre Erziehung ihnen beigebracht hat.« Es geht also um ein gemeinsames Nachdenken mit Kindern und Jugendlichen, in dem diese sich ernst genommen fühlen und das auch für Erwachsene noch eine Bereicherung sein kann. Noch einmal John Locke: »Ich zweifle nicht daran, dass ein Hauptgrund, warum viele Kinder sich albernen Spielen ganz hingeben und all ihre Zeit ohne Nutzen für ihren Geist vertrödeln, darin liegt, dass sie die Erfahrung machten, dass ihr Wissensdrang gehemmt und ihre Fragen nicht beachtet wurden. Hätte man sie aber mit mehr Güte und Rücksichtnahme behandelt und ihre Fragen, wie es sich gehört, zu ihrer Befriedigung beantwortet, so hätte es ihnen ohne Zweifel mehr Vergnügen bereitet, zu lernen und ihre Kenntnisse zu verbessern …« In der Tat darf man Kindern und Jugendlichen den Weg zu solchen Themen nicht versperren, indem man ihr Denken unterschätzt. Es ist meine Erfahrung beim Philosophieren mit Jugendlichen und hochbegabten Kindern, dass solches auch auf sehr vergnügliche Weise und trotzdem ernsthaft geschehen kann. Philosophie ist dann kein System von erbaulichen Lebensweisheiten und erhabenen Gedanken, sondern kann aus eigener Denktätigkeit heraus problem- und handlungsorientiert erlebt werden, ohne dass damit Belehrung verknüpft sein muss.

Zwar hat Jean-Jacques Rousseau 1762 in seinem »Emile« Lockes Position, die er gründlich missversteht, kritisiert. Vernunft kann für ihn immer erst am Ende einer Entwicklung stehen und auf dem Weg dahin brauchen Kinder klare Anweisungen: »Den Kindern mit Vernunftgründen kommen zu wollen, war Lockes

Hauptmaxime, und heute ist sie große Mode. Indessen scheint mir ihr Erfolg nicht recht geeignet, ihr Vertrauen zu schenken. Ich für meine Person kenne nichts Dümmeres als diese Kinder, denen man so viel vorräsoniert hat … Spricht man … schon in ihrem zartesten Alter mit ihnen in einer Sprache, die sie nicht verstehen, gewöhnt man sie daran, sich mit Worten abzufinden, alles zu bemäkeln, was man ihnen sagt, sich für ebenso weise zu halten wie ihre Lehrer und streitsüchtig und trotzig zu werden …«

Natürlich muss man eine altersangemessene Sprache finden und der jeweiligen kognitiven und psychischen Entwicklung einfühlsam Rechnung tragen, doch es geht eben gar nicht darum, Kindern – und Jugendlichen – etwas »vorzuräsonieren«. Hingegen geht es sehr wohl darum, sie auf den Weg des Denkens zu bringen und im gut sokratischen Sinn dabei Hilfestellung zu leisten. Wenn wir dabei durchaus nicht immer diejenigen sind, die auf alles eine Antwort haben müssen, kann ein partnerschaftliches gemeinsames Nachdenken sie herausfordern und einen neuen Kommunikationsstil prägen. Die Antworten der großen Philosophen können dabei, ganz wie Kant es sich vorgestellt hat, nur als Beispiel für mögliche Antworten und als weitere Anregung des eigenen Denkens genommen werden. Wenn wir über die großen Fragen – über die Generationen hinweg – miteinander im Gespräch bleiben, ergibt sich zudem die Chance einer besseren Einfühlung in das Denken des jeweils anderen. Es ist meine Überzeugung, dass sich durch mehrperspektivisches Denken neue Welten erschließen lassen, dass man selbstkritischer wird, den Dingen gerechter werden kann und in der Lage ist, besser zu verstehen und Vorurteile abzubauen, was nicht zuletzt in Zeiten der Globalisierung auch Aufgabe jeder interkulturellen Hermeneutik sein muss. Die Hinführung zu einem solchen

Denken ist aber schon für Kinder und Jugendliche möglich. Sie kann auch auf unterhaltsame Art geschehen und deshalb habe ich dieses Buch geschrieben.

Gabriele Münnix

Von Gabriele Münnix sind u.a. erschienen:

*Für Kinder und Jugendliche*
Philosophie für Einsteiger (3 Bände), Klett-Verlag, Leipzig 1996/7
(Mensch und Ethik/Gesellschaft und Ethik/Erkenntnis und Ethik)

*Für Eltern und Erzieher*
Leben statt gelebt zu werden. Wie wir Kindern Orientierung
geben. Walter-Verlag, Zürich/Düsseldorf 1998 (zusammen mit
Norbert Münnix)

*Für philosophieinteressierte Erwachsene*
Multiperspektive Erkenntnis als ethisches Postulat, in: Inter-
kulturalität und Pädagogik im Zeitalter der Globalisierung.
Band XIII der Studien zur interkulturellen Philosophie (Hrsg.:
R. Mall/H. Kimmerle), editions Rodopi, Amsterdam/Atlanta 2002

Bildnachweis